民族自決権の奪回へ

先住民アイヌの曙光

堀内光一 Horiuchi Kouichi

社会評論社

海に舟を漕ぎだすとき、男たちがよくうたう唄

セイヤス　セイヤス　　（掛け声）
カラフト　アトゥイリーリ　　樺太の海　波たかい
カヤリーリ　アトゥイサーマ　　帆を揚げて　波打ち際へ
セイヤス　セイヤス

カニポンポン　カニポン　　わたしはとっても小さい　わたしは小さい
チョロロカ　オランダーノー　　舟の魚置き場に　舞い降りる
コタンコロカムイ　　村の守り神（シマフクロウ）
セイヤス　セイヤス

（注・上記の舟唄は、平取町出身の北川しま子媼の記録をもとに、著者が翻訳した）

はじめに

近代以降、ヨーロッパ人の世界進出と植民地化のなかで、非欧州地域に独自の文化をたもちながら平穏に暮らしてきたさまざまな民族集団は、暴力をふくめて残虐な支配と抑圧の対象とされた。だが、長かった大航海時代をのりこえ第二次世界大戦後、世界の植民地支配体制がくずれるなかで大半の植民地が宿願の独立をはたし、国連に加盟した。それはとりもなおさず、植民国の政治と法の下におかれてきた植民地人民や先住民族の自決権が、地球規模で定着してきたことを如実にしめしている。

しかし、いまだ世界七十数カ国・三億七千万人ともいわれるマイノリティの自決権（自己決定権）の問題は、遅々として進まない。平和のために闘って牢獄につながれた政治犯がそうであるように、マイノリティの自決権をぬきにして、真の自由な世界はやってこない。植民国が被征服者から奪った土地などの〝先住権〟をかえし、これまで奪われてきた彼（女）たちの経済的・社会的・文化的発展を自由に追求する先住民族の自決権を回復させることができるか否か、マイノリティは固唾をのんで見守っている。

蝦夷地《えぞち》（北海道の古称）や、現在ではロシアが実効支配しているクリル諸島（和名・千島列島）などに先住してきたアイヌ民族もまた、紛うかたなく民族の自決権を奪われたままの「先住民族」である。隣り合う和人（大和民族）ともロシア人とも言語・宗教・習俗などの文化や、政治的・経済的制度を異にしてきたアイヌ民族は一五世紀中頃、和人によって「北海道」最南端部の領地を侵攻されると武装蜂起（後に「コシャマインの戦い」と呼ぶ）し、その後の「シャクシャインの戦い」では和人軍と互角にわたり合う。

また、クリル諸島の島々でロシアの毛皮商会の狩猟者がラッコ密猟でアイヌともめごとを起こした時には、ロシア人三〇人を殺害。それでもロシア人が退去せずにいると、今度は大胆にも和人に加勢をもとめるなどの外交手腕を発揮、両国を手玉にとって生き長らえてきた一騎当千の民族である。

しかし明治初期、日本政府はクリル諸島や南樺太などのアイヌモシリ（アイヌの島）を頻繁におびやかすロシア帝国の南下政策に対抗して、北上政策を決行。「北海道」やクリル諸島などのアイヌモシリに邦人を植民させる。以来、北海道での「アイヌ民族のゆるやかな絶滅化政策」（アイヌ同一化政策）は、現在も進行中である。また同様に、クリル諸島というアイヌ民族固有の領地をめぐる日露双方の植民地主義的な争奪戦は、「北方領土」返還運動というかたちでいま尚つづいている。

アイヌ民族の絶滅化政策の柱だった《北海道旧土人保護法》（一八九九年三月公布）は、アイヌ（人間の意）を当時、大部分が農民だった和人の生活様式になじませようとする企てであったが、その政策も戦中から戦後しばらくの間は有名無実化していた。ところが一九七三年九月になって政府・北海道庁は、アイヌ民族の絶滅化政策の続編ともいうべき「北海道ウタリ福祉対策」を策定する。窮乏するアイヌたちの暮らしむきを和人並みにひきあげることが表向きの目標だった。

マイノリティの声をより政治に反映させる戦後世界の潮流のなかで、ニッポンが明治期以来の古典的な原住者政策をアイヌたちに強いることは、おのずと世界を敵に回すことになる。しかも、ウタリ（同胞）が一日千秋のおもいで切望していた「民族自決権」をたからかに謳う《先住民族に関する国際連合宣言》は、二〇〇七年九月に国連総会で採択された。くびきをつけられたアイヌ同胞をはじめ世界のマイノリティの復権の叫びを前にして、日本政府はとりあえず同宣言に賛成した。しかし、その条件として①民族自決権は分離独立権を認めない②アイヌの土地権とその行使は国法に従い、第三者の権利および公共の利益と調和するように合理的な制約をうける③集団自決権は認めない――ことを挙げ、事実上、アイヌたちの民族自決権をすげなく拒絶するという矛盾撞着の挙にでた。

国際社会からニッポンに注がれるきびしい眼。その凝視をかわすために日本政府がとった手段は、「欺瞞」で難局を乗り切ることしかなかった。従来の「アイヌ同一化政策」の表紙だけを現代風にアレンジした到底、アイヌモシリを奪った代償とはなりえぬまやかしの代物を、アイヌ同胞に押しつけるだけである。

　哀しい笑いをたたえながら、老いさらばえたアイヌの一人はつよい信念をもって語っていた。「日本はアイヌの島を侵略した明白な事実があるから、それを白日の下にさらされることを一番気にかけ、先住民から〝先住権〟を求められることを最も恐れている」と。

　この卑劣な「アイヌ同一化政策」をウタリにばらまきながら、アイヌ絶滅の日を待望しているのが、征服者の本音であろう。なお、本書では登場人物の敬称を省略させていただいたが、ご容赦願いたい。

堀内　光一

先住民アイヌの曙光——民族自決権の奪回へ＊目次

釧路市ハルトリ周辺地図

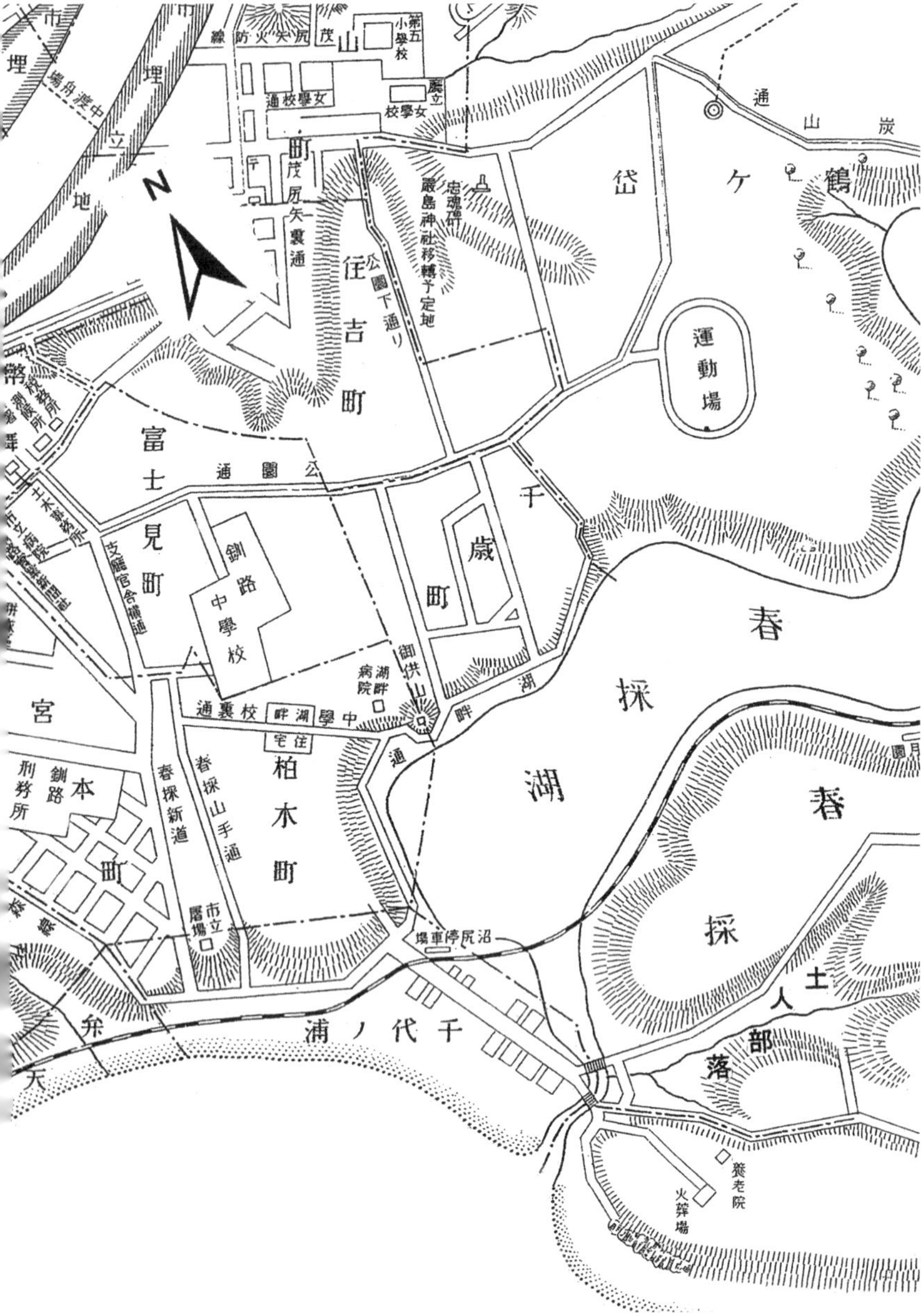

I　あるエカシの記憶

幻影の釧路川左岸

年末から正月にかけての降雪が融けたり凍ったりして、それが氷の道となった坂をゆっくり上ってゆく。丘のてっぺんに近づくにつれ、凍えそうな海風がときおり頬をたたく。さらに勾配のきつくなった坂道を、しばらく前かがみになって歩いた。道路ぞいに、灯台を模した展望台のある公園がみえてきた。そこで一息入れようとおもい立ち、ふらりとその方角へ足をすすめる。

ふと、その先の高台を見上げると、荘厳な神社の拝殿がわたしの目にとびこんできた。北海道・釧路市米町《よねまち》にあるその建物は厳島神社といい、このマチ最古の神社らしくその界隈は、百数十年以上の由緒ある神社仏閣がとりわけ集中している地域であり、いまも旧市街の栄華の名残をかすかにとどめている。鳥居をくぐりぬけ、砂利をひきつめた傾斜のある参道をのぼりつめ、やっとのことで神社境内にたどり着く。

厳島神社略記には、「本神社ハ釧路ガ未開草叢ノ際漁場請負人佐野孫右衛門ナルモノ漁場ノ安全ヲ奉祈センガ為芸州（広島県の西部）厳島神社ノ神霊ヲ勧請奉祀シタルヲ起源トスル由伝ヘラル」としたためられている。また、同神社の社務所からもらったパンフレットによると、当初ここから目と鼻のさきにある「カムイシュマ」（神岩の意）とアイヌ民族が呼び慣わし、アイヌの神々にイナウ（木幣）をささげお祈りしていた高台に一八〇五（文化二）年、弁天社（厳島神社の前身）が建立され、一八九一（明治二四）年になって現在地へそれが移転改築されたと記されている。

　厳島神社が移築された後、カムイシュマの地には一九三九年から料亭「八浪」が営業をはじめ、一九九六年に廃業したらしい。いま、その「神岩」と呼ばれていた場所は、昔のままの状態で保存されているのだろうか――。

　あたかも、海賊伝説をたよりに、財宝探しに明け暮れるひとりの探検家よろしく、わたしの胸は期待で高鳴った。地図を片手に徒歩で難なく現地に到着したものの、初めて見るカムイシュマの地は、高台にあるなんの変哲もない荒涼とした雪原の光景だった。広さ約四〇〇坪。すでに料亭の建物はとりこわされ、放置されたままの神岩の地には約一〇《メートル》の高さにものびた一本の雑木のこずえにカラスが巣をつくっていた。

　料亭の建物の一部とみられる廃材が枯草のうえにうち捨てられ、その上に雪がうっすらと降り積もっている。しばらくその敷地内を歩き回ったけれど、肝心の「カムイシュマ」らしきものの痕跡も社殿跡も一向にみつけられず、アイヌの神々をまつるヌサ（祭壇）さえもない。そこは、料亭跡に残されたコンクリート片が空地の所々に散らばるがらんどうの空間でしかなかった。

それどころか、かつてアイヌたちが崇拝してきた聖地であり、てっきりアイヌ文化財とおもっていた「神岩」は、なぜか〝史跡〟ともなっておらず、それゆえに案内板ひとつ設けられていない。旧料亭の出入口付近に長さ約二、三メートルのひらべったい長方形の岩石が数個ころがっていたものの、それが「神岩」そのものなのか、単に旧料亭の庭石、敷石として使われてきたものなのか、まったく真相はつかめなかった。ただ、この程度の敷地面積では祠《ほこら》ほどのこぢんまりした神社しか建立できなかったであろうことは、想像に難くない。

だが、なにゆえアイヌ民族にとって神聖なカムイシュマの地に、あたかも狙い撃ちするかのように、日本文化のシンボル的存在である神社をたてる必要があったのだろうか。

当時、アイヌの領地であるクリル諸島（アイヌ語のクルに由来する。クルは人とか影の意）と南樺太（現・サハリン南部）をめぐる、ロシアと日本の領土の奪い合いはなんら決着をみておらず、ために江戸幕府・松前藩は、蝦夷地《えぞち》の先住民族であるアイヌがロシアになびかぬよう、ときに酒食や物品を与えてぬかりなく懐柔策を施してきた。

同時に漁猟民族のアイヌを農耕民化させる作業も急務であり、最終的にアイヌ文化の柱ともいうべき自然崇拝の宗教をじょじょに和風に改めさせようと意図した結果なのであって、まかり間違っても神社建立の適地がなかったからやむをえず、とは言わせまい。

この点について『新釧路市史』は、「アイヌ人が神域と考えるところに和人の神社を建て、しかもそれに対する反発に対しては、アイヌ人が古来信仰している神を、日本古来の神と等位置においてまつることで避けつつ、神社を支柱とする漁村共同体の形成のなかにアイヌ人をもくみこんでいこうとする懐柔政策と無縁ではなかったのである」と論考する。

今でこそ、釧路川左岸の丘陵一帯は住宅密集地であるけれど、やしろがこの神岩の地に建てられたころの米町周辺は、和人商人が占有する漁場の管理を任されていた配下の者たちと、その漁場の労働力として奴隷労働につき従うアイヌたちが居住していたにすぎない。しかも、この丘陵地帯は釧路川の上流部にかけて台地がどこまでもつづいているのだから、神社の適地などいくらでもあったはずである。

アイヌ民族が先住する蝦夷地の最南端である渡島《おしま》半島には、江戸時代以前から「和人支配地」があり、和人勢力による蝦夷地経営の一大拠点となっていた。そこは一般の和人の出入りも禁ぜられ、もっぱら幕府や松前藩から蝦夷地交易を許された一部の商人（場所請負人）のみ出入りが認められていた。これら商人は、自分に代わってアイヌの労務をとりしきる支配人、またアイヌとの通訳や商務をになう通詞、支配人や通詞をたすけ直にアイヌたちを強制労働に駆りたてる番人など、ごく限られた手下のものを蝦夷地各地の漁場に配置させていた。

蝦夷地南部の「和人支配地」から定期的に釧路川入江のクスリ会所前に商船が着岸すると、

米・塩・煙草・古着・反物・酒・漆器などの船荷が下ろされる。これらの物品は奴隷以下の待遇で強制労働にしたがうアイヌたちのわずかな食糧と、現地にとどまる邦人の生活必需品である。空になった船倉にはアイヌたちを酷使して生産され内地に運べば高値で売れそうな漁猟の天産物が運びこまれ、積荷がいっぱいになると、支配人一行は釧路川左岸のカムイシュマの地にある海路守護の女神をまつる弁天社をおとずれ、ただただ商船の海上安全を祈願したことであろう。いや、商売繁盛の神をまつる近くの稲荷社に参拝することも決して忘れなかったはずである。

一方、地元のアイヌたちは毎年秋、サケ・マスがふるさとの釧路川を溯上するころ、強制労働の合間にこの神岩にあるヌサに集い、霊験あらたかなる漁猟をつかさどる神々にコタンの平穏を祈願する。祭司であるエカシ（長老）が、おごそかに口上をのべる。

「入江の神よ、また秋がめぐってきました。河口を守る神よ、このアイヌ集落のために海からたくさんのサケをのぼらせてください。ただいまサケがのぼってきますが、川に不浄なものは入れませんから、たくさんのサケをのぼらせてください。キツネの神よ、山海の幸をわれらにたくさん与えてください」と。

確かに、すこぶる見晴らしのきく神岩の地は、海や陸地からの侵入者を監視するチャシ（とりで）の役割もはたせる絶好の場所である。チャシでは、ときにアイヌ同士でいざこざがあり、当事者間で円満解決ができない場合、コタン（集落）の長老をはじめ村人が見まもるなかで、当人同士のチャランケ（話し合い）が決着をみるまで、一晩でも二晩でもえんえんとつづけられる「法廷」の場ともなっていたであろう。

　しかし、この「カムイシュマ」の地は本当にアイヌの神々をまつる〝神域〟だったのだろうか。その場所がチャシであるならば、深さ三《メートル》ほどの塹壕のような溝を掘りあげ、俗世間と神域をへだてる境界がつくられていたはずであるが、じっさい現地に立ってみても、俗世間と神域をへだてる溝状の構築物らしきものは見当たらない。いや、かつてはあったけれども、和人によって神岩ともども無残に破壊され、溝も埋め戻されてしまったとでも言うのか。

　いや、松前藩や場所請負人によってひねもす過酷な奴隷労働を強いられ、支配人や番人らから監視されていたウタリ（同胞・仲間）に、アイヌ伝統の神事を執りおこなう時間が許可されていたものかどうか、それは保証の限りではない。なるほどわたしは、いま目の前で和人侵略以後のアイヌモシリ（アイヌの土地、島）の光景を眺めているにすぎないのだから。

　……アイヌ民族の奴隷労働の歴史はふるく、おおよそ中世から近代まで延々とつづけられた。蝦夷地南端部に侵入・定住し、一五世紀には館主と呼ばれる小領主を形成するようになった和人たちが次第に勢力圏をひろげると、先住するアイヌとの間で利権をめぐり対立は決定的となる。それを機縁として一四五七年五月、アイヌの首長・コシャマインは周辺のウタリ（同胞、仲間の意）を糾合して蜂起、後にこの戦争を「コシャマインの戦い」と呼ぶ。

　アイヌ軍は和人館（城）の大部分を占拠したものの、コシャマイン父子が花崎館主の客将・

武田信広の策略にはまって殺されると、コタンコロクル（村長の意）を失ったアイヌ陣営は降伏し、のちに信広は蝦夷地支配の礎をきずく。

しかし、その後もアイヌと和人の利害対立が鋭くなり、抗争は約一〇〇年間にもわたり断続的にくり返され一六六九年六月、蝦夷地決戦ともいうべき「シャクシャインの戦い」では、シブチャリ（現・新ひだか町）の首長・シャクシャイン率いる約三〇〇〇人のアイヌ軍は、蝦夷地全域の覇権をにぎろうとする松前藩に立ちふさがって武装蜂起する。アイヌたちが勇敢にたたかい、戦争は長期戦になるかと思われたが同年一〇月、総指揮をとるシャクシャインが松前藩の謀略にはまって戦死すると、戦況は一変。

やがて各地のアイヌがつぎつぎと松前軍に屈すると、勝ち誇った征服者はクスリ（釧路）・厚岸《アッケシ》・根室《ネムロ》をはじめ、ほぼ蝦夷地全域のアイヌ民族から戦利品（主に武器）をぶんどって「刀狩り」をおこなう。そのうえで▽アイヌ民族は私心を捨てて松前藩に服従すること▽アイヌの労働は以後「奉仕」であること――などをアイヌに誓約させた。実質的な「奴隷制」のはじまりである。それまで松前藩士（場所持とも）と同等の地位だったコタンコロクル（村の長）は、それを機に支配者に服従を迫られ、アイヌ民族は和人勢力の私有物とみなされ、強制労働につき従うはめに陥った。

その誓詞は七カ条の起請文（松前泰広『渋舎利蝦夷蜂起ニ付出陣書』）というかたちでまとめられているが、なかでもアイヌたちが獣皮五枚と干鮭五束（一束は二〇尾・サケの内臓をとりだし乾燥加工を施したもの）を生産するごとに、松前藩はわずか米一俵（七升・もみ殻つきでなく白米なら一一キロ前後）しかアイヌたちに与えていない。しかも、天産物の収穫量は毎年一定であるはずもなく、不漁年のアイヌたちの労働はノルマを達成するために過酷をきわめ、終日はたらいても実績のあがらない年のアイヌの暮らしは生き地獄と化したであろう。

春はニシン漁、夏は昆布漁、秋はサケ漁。これを塩漬けすれば長期保存ができるものの、当時の塩は高級品であったから、おいそれと塩蔵することもできず、いずれの海産物も乾燥作業は欠かせず、それらの苦役もアイヌたちの務めだった。そして、冬場はシカ皮などの獣獲品を生産するため連日にわたり狩猟に駆りだされる。それでも奴隷労働に従事するアイヌたちには、一日一人当たりわずか二合ほどの米しか与えられなかった。

例えば、明治時代に豪雨災害のため北海道に移住した奈良県十津川郷移民団にたいし、移民の暮らしが安定するまでの二年間にわたり、北海道庁は大人一日一人当たり米五合を、小人にも同じく三合を支給したのに比べ、アイヌたちはよもすがら強制労働に従っても、和人の子どもより少量の米しか給与されなかったわけである。

とても一日二合（約三〇〇グラム）の米だけでは体力が持たないから、空腹のアイヌたちは寝る間を惜しんで自分たちの食料を賄わざるを得ず、越冬用の食糧をたくわえる時間さえ与えられずに強制労働を強いられたアイヌやその家族は餓死する外なく、このような残酷無比な暮らしに追いこまれたアイヌ民族の人口は激減した。

鎌倉時代、荘園制解体により郷村制が発展している時期に現れた村落の代表者を乙名《おとな》とよび、領主はかれらに村人の年貢や課役徴収の責任を負わせている。その代わりとして、領主は乙名などに棟別銭《むなべつせん》（家屋の棟数別に賦課された臨時税）を免除する特権を与えて、じょうずに手なずけていた。

アイヌ民族の征服者である大和民族は、この呼称と制度を蝦夷地にも用いて、コタン（集落）の首長を乙名と呼び、その補佐役の脇乙名（副村長）、乙名の指図に従ってコタン住民に号令をかける小使を選任して、松前藩の蝦夷地経営にかかわる村役人的な性格をもつ「役土人」の仕組みをつくった。

むろん、藩士はこれら各地の役土人にたいし、コタンから労働力をきちんと供給してくれるなど有用な役土人と、そうでない役土人の実績を記録し、貢献度に応じてかれら一人ひとりに何らかの特権を与えて抱き込んでいたはずである。これら役土人は支配者に都合のいい帰順アイヌばかりで占められ、役土人は松前藩の支配機構に組み込まれていたから、コタン住民は抑圧され従属する対象でしかなかった。

そもそも和人がいう蝦夷地とは、蝦夷の住む土地のことである。また、「蝦夷」とは現在のアイヌ民族の古称であり、「未開の野蛮人」という意味が込められている。従来、この国では和人の植民地であるアイヌモシリにおいて、あたかも不平等ながらも〝対アイヌ交易〟が成立していたかのような、和人勢力にとって我田引水にすぎる虚構の歴史観が後世に伝えられてきた。これをもって〝対アイヌ交易〟と表現するのは、あまりに虫のいい話であり、歴史の改ざんと指弾されても致し方ないであろう。松前藩や商人（場所請負人）による蝦夷地経営の歴史は、アイヌ民族にとって奈落の底の世界でしかなかったのだから。

農地を耕す牛馬であろうと征服者に酷使される被征服先住民であろうと、朝から夜まで酷使された挙句に、食物が与えられなければ労働どころか生存さえ危うい。したがって、奴隷制は不払い強制労働であるとともに、所有主に常時扶養の負担をかける制度である。それでも、他人を養いつつ、その労働力をもぎとったほうが有利なのである。

ところがコシャマインの戦い、シャクシャインの戦いなどをへて、幕末に至るまでの約四〇〇年間というもの、欲に目がくらむ松前藩の藩士やその下でカネ儲けに走り回っていた商人たちが、あろうことか奴隷労働につき従っていたウタリの食糧の出費をけちったため、彼たちは田畑を耕す牛馬以下の存在として生存権を脅かされ粗末に扱われた。

蝦夷地南部の「和人支配地」の商人は、釧路川左岸の河口で強制労働にしたがうアイヌたちの支配機関「クスリ会所」を設け、河口に面する小高い丘に植民地経営に関わる配下の和人たちを配属させて、虐使に耐えかねて番人の指図に従わないアイヌには一日二合の撫育米を支給しないなど警察的取締りを強めていた。そのような囚われの身のアイヌたちに組織化はむずかしく、彼たちにできるのは、ただ逃亡という消極的な反抗であった。

たとえ、虐使に耐えかねたアイヌが、番人のきびしい監視の目をくぐりぬけクスリ（釧路の意）場所から脱走に成功したとしても、両親や小さな兄弟、妻子のまつ故郷のアイヌ集落にたどり着けば、そこには彼たちをクスリ場所へ労働力として送り込んだコタンの「役土人」が待ち受けている。クスリ場所へ戻るよう「役土人」からとがめられた逃亡者は、悲痛の涙を流しながら苦役にしたがう以外に生きる術はなかったであろう。

わたしは当初、「カムイシュマ」をはじめから朽ち果てた小さな記念碑でも探すかのように、一つの点としてしか見てこなかった（『新釧路市史』の解釈も同様である）。いや、物事をそのように固定的に捉えるのではなく、神岩をひとつの点からひとつの面として把握することで、これまで視界にはいらなかったものが、くっきり表出するということもあるのではないか。

一八四五年より五年間に三度もアイヌモシリにわたり、一八五五年から蝦夷御用のため幕府御雇となった松浦武四郎は、自書『久摺《クスリ》日誌』（丸山道子訳）に記している。

（上略）クシロ川を渡って東岸には、久摺会所までの間、人家が軒を並べあたかも町並のようで、まずは蝦夷地第一の人家密集の地である。（中略）久摺会所（通行屋、板蔵十六棟、会所、大工小屋三、鍛冶蔵一、勤番所三棟、備米蔵一、馬小屋二、秋味（サケ）小屋一、茅蔵二、昆布小屋多し、武器蔵、備品蔵二棟）はすべて丘のふもとにあり、上の方に立派な鎮守社（稲荷社、弁天社）それに阿閑《アカン》社と、合わせて三つの社がある。またこの地には戸数合わせて二百五十二軒、人別（戸籍上の人口）千二百九十八人が住んでいる。（下略）

以上のように、高台周辺にはアイヌたちの草ぶきの人家が点々としており、この事からしてもアイヌたちは最もおそれる大津波に備えていたことがおのずと推測できるのである。たしかに河川の氾濫はこわい。ただ、大湿原を蛇行して流れる釧路川の洪水ならば、避難活動をするにしても割りあい時間的余裕があるけれど、漁猟民族のアイヌにとって大津波はたちどころに釧路川河口で働いているウタリの生命を一瞬に奪うばかりでなく、幾つもの集落を一気に飲みこんでしまう致命的な打撃をあたえることは、二〇一一年三月に発生した「東日本大震災」によって、海岸線沿いにあるマチやムラの地獄絵図のような惨状をみれば明々白々である。

日高や釧路、十勝などの太平洋岸に暮らしていたアイヌ民族の大津波に関する伝承は幾つもあり、津波除けのまじないまであった。いにしえのアイヌたちは先祖の言い伝えやじぶんたちの経験知から、河口付近や海辺に面してコタンをつくらず、かならず海岸や河口にちかい安全な高台に集落をつくって暮らしていたのである。

それゆえ、この地に暮らしてきたアイヌ民族は、いくたびも大津波の難を逃れることのできたこの釧路川左岸の丘陵地帯の土地の神をあがめ、「カムイシュマ」と名付けたのであろう。神岩を従来のひとつの点とみるのではなくむしろ、ひとつの面、ひとつの地域として捉えることのほうがより合理的で説得力がある。

この丘陵地帯からは、なるほど竪穴式住居群や貝塚、土器・石器のたぐい、墳墓が大量に発見されている。そのような状況からみてアイヌ、もしくはアイヌにつながる祖先のゆたかな生活をささえる場として、カムイシュマが継続的に使われてきた証明となるであろう。まさに、どこまでもつづくその小高い丘陵一帯は、アイヌの平穏な暮らしをまもってくださる〝神岩〟そのものなのである。

蝦夷地交易の一場所にすぎないクスリという地名は、釧路川の水源である屈斜路《クッシャロ》湖にちなんでいるらしい。湖口付近にはアイヌ民族のコタンがてんでばらばらに形成され、そのむかし釧路地方のどこよりも人口の集中していた地域であったらしい。釧路川の源流付近をクッチャロ（喉口）と呼び、クッシャロもクスリもクシロもおなじ語源より発しているというのが通説となっている。そして一六三五（寛永一二）年、松前藩の指示によりクッシャロのアイヌたちは、クスリ場所でまさに奴隷労働にしたがうため、強制移住を余儀なくされる。

そして、あの有名な「シャクシャインの戦い」でアイヌ民族を負かした松前藩は、蝦夷地東部の奥地とクリル諸島を残して、植民地をひろげアイヌたちを強制労働に駆りたててゆく。こうして、蝦夷地での経済的・社会的・文化的発展を自由に追求する民族の自決権をうしなったアイヌたちは、虐待酷使に耐えかねて民族の自決権獲得と脱植民地化をもとめて一七八九（寛政元）年、根室海峡をはさむクナシリ（アイヌ語でクンネシリ・黒い島の意）島と根室地方で解放戦争＝解放闘争（この民族解放闘争は後に「クナシリ・メナシの戦い」と呼ぶ）を起こしたものの作戦は失敗。ためにアイヌ民族は、とうとう「北海道」全域とクリル諸島（和名・千島列島）

北海道根室市ノッカマップ――。1789年、和人支配に不満をもつクナシリと根室地方のアイヌたちは民族解放を求めて蜂起し、両地の和人計71人を殺害する。和人を殺したアイヌ37人は松前藩により、この地で処刑された。アイヌ民族はこの戦いに敗北し、クリル諸島まで和人支配地とされた。38年前から毎年秋、根室・釧路のアイヌが中心となり、「クナシリ・メナシの戦い」で処刑されたアイヌ民族の弔魂祭をこの地で開いている。

南部を和人勢力にのっとられた。

　この戦で密偵の役割などを果たし、松前藩勝利に功績をあげた有力「役土人」であるクナシリアイヌのツキノエや、アッケシアイヌのイコトイなどの帰順アイヌ一二人は、松前藩に招かれ労をねぎらわれた。彼たちはきらびやかな蝦夷錦(山旦交易でもたらされた中国・清時代の朝服)に身をつつみ、それぞれの肖像画は松前藩家老にして絵師の蠣崎波響《かきざきはきょう》の作品『夷酋列像《いしゅうれつぞう》』に納められている。

　いうまでもなく和人が蝦夷地に侵入するまでのアイヌ民族の生活は、漁猟を生活の糧としており、集落の男女が分業ではたらかなければ、たちどころに生存さえ危ぶまれる原始共産制の社会であった。大和民族(和人)とは社会形態がちがい、剰余生産物をたくわえて豪奢にくらす支配階級はなく、いわば野牛やシカを獲って生活する北米インディアンや海獣を主食として暮らすイヌイット(エスキモー)などと同様の部族社会であったから、千軍万馬の圧倒的な軍事力をもつ和人勢力をまえに、アイヌたちのとるべき有効な対抗手段は皆無であったといっていい。

　松前藩の家臣は約二〇〇人。うち上級の藩士たちにはアイヌ民族から略奪した「北海道」を八五場所にくぎって、藩主から給地があたえられた。給地(場所、もしくは商場といった)をうけた藩士は当初「場所持」との肩書で、周辺のアイヌたちをただ同然の労働力として強制労働にかりたて、本州方面むけの主に海産物(ニシン・サケ・昆布、干アワビ、イリコなど)や獣獲品(シカ皮など）や木材の販売で生計を立ててきた。

　だが、その交易品の販売は商魂たくましい豪商にまかせたため、藩士たちは利益をうむどころか赤字になることもあり、そのつど大商人から借金することもままあった。そこで貨幣経済にうとい場所持（藩士）は、めんどうな場所経営を豪商にまかせ、大商人たちは一定の運上金（場所独占料）を場所持に支払ってその給地を請け負うこととなった。以後、場所における家畜以下の待遇を強いられるアイヌたちの労務管理は、「場所請負人」たる大商人が担ったのである。

　蝦夷地の各地方から天産物をどっさり積みこんだ商船を、松前藩主の「領地」（江差・松前・箱館）に集荷させ、だいたい夏から秋までに二回ほど蝦夷地交易の一大拠点にやってくる内地の帆船「北前船」に交易品を移しかえる。速力より積載量の増大に意をそそいだ豪商の交易船は、蝦夷地の海産物などを満載して本州の日本海各地の漁港にたちより、商いをしながら下関海峡をへて、兵庫・大坂の港へと向かった。

　しかし、明治時代に突入すると新政府による北海道の植民政策は大転換、これまでの搾取植民地（少数の邦人が先住民族・アイヌを強制労働に駆りたて、蝦夷地経営を展開すること）から居住植民地（内地から大量の植民が「北海道」に移住し、水産・農業などに携わること）に転じたため、「場所請負人」たる大商人は、積極的に邦人を募ってじぶんの漁場で働かせた。クシロの市街地には内地から一度に一七〇戸・六三七人が移住し、近間の漁場にも一〇〇人ほどを漁雇として働かせたが、そのおおくが冷害のため地主や高利貸しから借金を背負った主に東北の農民たちであった。彼たちは否が応でも借金を返済するため、北海道での漁雇に従事させられた。

　北海道に働きにきた和人たちを、アイヌたちは「ヤン」（陸・岸に上がる、北海道に来る）と呼び、北海道のニシン漁場に出稼ぎにくる東北地方の人たちは、いつとなく「ヤン衆」と呼ばれるようになる。


「北海道は〝無主の土地〟である」政府や地元の役人がウソを喧伝してきたおかげで、ヤン衆をはじめ内地からの移住民はアイヌ民族にたいし、罪悪感に苛まれることもなかったと思われる。「アイヌどもは蝦夷地のあちこちに住居をかまえて暮らしているが、彼（女）にはどうやら私有の意識もないらしい」政府や地元の役人たちはアイヌたちを劣等民族ときめつけ、それら広大なアイヌモシリを、国有地に編入してしまった。

　いや、それこそ和人とは世界観のちがうアイヌ民族に対するいわれのない偏見だ。自然の摂理に重きをおくアイヌ民族は、じぶんたちの集落を家族と親類ほどの最小単位でつくり、生活環境をまもりながら静かに暮らす。いくら天産物が豊富だからといって、仲間がその土地に集中して住みつけば、その周辺の食べ物などの資源が遠からず枯渇してしまうことを、ウタリは経験的に知っていた。

　太古の昔からだれの束縛もうけずに集落単位でくらしており、各コタンでは大自然の恵みだけで衣・食・住をまかなっており、ときどき山アイヌと浜アイヌがそれぞれの特産品を交換しあって、たがいに不文律の漁業権や猟区の権利を尊重しあいながら平和的に生活してきた。

しかも、そのように各コタンが自治をまもることで、大きな共同体や他人から支配や拘束をうけずに、自由に平穏に暮らすことが可能となるのである。ときに、アイヌ民族の存亡にかかわる戦争などの一大事のときだけ、ウタリは協力しあって敵に立ち向かう。むろん、彼（女）たちの自由とはいい加減に、自堕落に生きるという意味ではなく、じぶんたちの信ずる生き方をだれにも邪魔されずにおこなう積極的な自由のことである。

従って、戦国武将たちのように虚しい領地の争奪戦に明け暮れ、その拡大に狂奔するなんの理由もなかった。むしろアイヌたちの眼からみれば、大自然を私物化しそれを収奪するなどは大自然の神々への冒とくであり、そのような文化・文明はいずれ大自然の神々からこっぴどいしっぺ返しをくらうだけだ。アイヌ民族からすれば、人道に反することばかりする野蛮人は、どうやら大和民族ということになる。

たとえば、ヨーロッパ人が北米に移民をおくりだす以前の、いまの「アメリカ合州国」には五〇〇種族・約一〇〇万人のインディアンが先住していた。もともと褐色の皮膚と黒髪のインディアンは、遠くアジア大陸から集団を組んで未踏のアメリカ大陸に移り住んだ。なかにはアイヌ民族と同じように、誰にも束縛されずシカや魚を獲ったり、山菜や木の実などを採集したりして平穏に暮らしていたスー族、ショショーニ族や、野牛をとって生活の糧とする狩猟民族のコマンチ族やアパッチ族などもいた。ここには、すでに民族自決権のモデルがある。

大自然との共存なくして先住民のくらしは、到底なりたたない。多勢に無勢。マイノリティの哀しさか、アイヌモシリはアイヌ民族になんの相談もなく契約を取り交わすこともなく、ただ暴力によって和人勢力の手に落ちる。したがって〝無主の土地〟とは、先住民族の土地をうばった圧倒的多数の植民者が、少数民族の領地を略奪する際に述べる彼らのいつわりの専門用語なのであり、〝無主の土地〟と植民者がよぶ島々や土地には、圧倒的少数の先住民族が暮らしていることの証しでさえある。

一八六九（明治二）年、明治政府は「北海道」とその属島の行政・開拓をつかさどる各省と同格の「開拓使」をサッポロに置くと、アイヌの風習を改めるため一八七一年、アイヌ女子のいれずみ・男子の耳輪、死亡者の居家の自焼や転住の禁止を矢継ぎ早に布達した――。

一八七五年、日本とロシアとの間で南樺太をロシアにゆずり、かわりにクリル諸島全域を日本領土とする「樺太・千島交換条約」が結ばれたことで、アイヌモシリをめぐる両国にとって最重要の国境問題に、いちおうのケリがつく。

そこで開拓使は廃止となり、北海道を内地の府県とおなじく県政のもとにおき、諸制度をそのように均等化するねらいから、道内を函館・札幌・根室の三県にわけて支配することとした。日露間の国境問題の危機をのりこえて以後の三県には、もはやアイヌ民族にたいする懐柔策は無用だった。政府はアイヌ民族の従来の生活手段だった漁猟の暮らしを禁じて、おおかたの和人とおなじ農耕民としての道をあゆむよう、アイヌたちを巧妙に導いたのである。まず、内地の猟師を毎年一二月から二月までの三カ月間だけ道内各地におくりこんで、無制限にシカ猟をやらせる。ピーク時の一八七五年には全道のシカ皮の産額が七万七〇〇〇枚にも達した。

そして、釧路地方の厚岸と札幌近郊の千歳《チトセ》の二カ所に新設した「官立鹿肉缶詰所」では、臨時雇いの作業員を深夜まで働かせて製品をつくらせる。缶詰は外国に輸出され、そしてシカ皮は毛皮商人が道内各地をめぐって一枚一円五〇銭で買いとり、軍隊の防寒着の材料などとして重宝された。

だが、その五年後になるとシカ捕獲頭数はいっぺんに激減し、シカ皮も一万枚ほどに低迷し、アイヌ民族にとって生活の糧であるシカ猟におおきな影響をもたらした。行政は和人猟師の乱獲のためにシカの絶対数が不足している現状を熟知していながら、こんどは逆にシカの絶滅をふせぐことを口実に「鹿猟仮規則」なるものを道内各地に布告し、アイヌたちをより困窮化させる悪魔の制度をつくった。

加えて、アイヌ伝統の毒矢をつかうアマッポ（仕掛け弓）によるシカ猟も禁じられ、その代わりとして官はアイヌに猟銃を貸与し、収穫の二割に相当するシカ皮を猟銃の貸与料に充てさせた。が、すでに和人猟師によって絶滅寸前に追いこまれていたシカを、しかも不慣れな銃によって仕留めることは至難の業であり、ために山に暮らすウタリは飢えにのたうちまわった。

山アイヌばかりではない。今度はシカとともにアイヌたちの主食であるサケ漁までも禁止されるに至った。明治以前であれば邦人のサケ漁は、もっとも美味で商品価値のたかい河口付近でおこなわれ、和人のサケ捕獲場をすり抜けて溯上する味覚がおち栄養価のひくい〝猫またぎ〟ともいうべき産卵前後の魚のみ、その上流部に追われたウタリは獲ることを黙認されてきた。ところが、明治以降になると邦人による漁業の大規模化は、必然的に乱獲をもたらし、その結果、サケの資源が枯渇しはじめると資源保護の名のもと、即座にアイヌたちの暮らしにしわ寄せされた。根室県は布達をだし、和人がいとなむ河口付近でのサケ漁以外の川漁を禁止したため、釧路、根室、網走地方のアイヌたちの暮らしに大打撃をあたえる。

札幌県の十勝地方でも官によるシカやサケの捕獲禁止令がたてつづけに出され、十勝川河口付近にある和人経営のサケの捕獲場以外は全面禁漁となり、和人による密漁取締りが強められるなか、上流部の各コタンでは少なくとも十数人のウタリが餓死したと公文書（一八八四年、十勝地方を巡回した札幌県御用掛・栂野四男吉の報告）は伝えている。その禁止令は当然のことながら、道内のウタリ全体の生死にかかわる重大問題であった。糧道を断たれたアイヌ民族は、なお絶望的な日々を生きのびるため、逮捕覚悟で官憲の目を盗み「密猟」や「密漁」をする以外に生きる方法はなかったはずである。

アイヌモシリで明治政府が、ウタリの主食であるシカやサケの捕獲禁止令をだす同時期、アメリカでも西部のインディアン地を白人勢力が侵略し、先住民の主食であるバイソン（野牛）をあえて絶滅寸前に追いやったため、狩猟で暮らすインディアンの食糧不足は深刻だった。

先住民に対しこのような厳しい生活環境をこしらえたうえで、白人勢力は自分たちにとって都合のよいドーズ法（一八八七年、西部開拓の必要に応じてアメリカ合州国がとった原住者政策で、インディアンを農耕民化させるための土地割当法）を制定した。この保留地解体政策によって以後、部族単位の土地所有を禁じ、漁猟生活を送ってきた先住民を白人の生活様式に改めさせようとした。インディアンの各世帯主にたいし農民として暮らせるだけの土地・六三町歩あまりを与え（土地の売買は可能）、残った土地は白人入植者に開放した。追いつめられた北部平原インディアンの間に絶望感がひろがる。

だが、連邦政府は保留地解体政策を継続し、それに刃向うインディアンに対しては有無を言わせず殺害。また、白人の軍隊は保留地解体政策をすすめるため、スー族の保留地から数百人の先住民をウンデッド・ニー（サウス・ダコタ州）に強制移住させたものの、武装解除をめぐってもみ合いとなりインディアンが大量虐殺される事件なども起きた。

また、リンカーン大統領の奴隷解放宣言のころ、アフリカ大陸ではオランダ人植民が先住民を強制労働に駆りたてようと企図したものの、先住民はふるさとの山にもどりバナナなどの天産物をたべて従来の自給自足の採集生活をはじめた。けれども、オランダ植民は先住民にたいしバナナの耕作を禁止したうえ、バナナ樹を切り倒して先住民族の生活手段をこわし、賃金労働を強いている。

根室県下の釧路地方の浜辺には、東北地方の冷害で農産物が凶作となり、地主や高利貸から生活費を借りた農民たちが家族の暮らしを支えるため、クワを漁網にもちかえて季節労働者となり、あるいはそのまま釧路に定住して漁業をいとなむ移民が年ごとに増えつづけた。一八八一年の釧路市街の人口・一六三〇人あまりのうち、大半が本州からの単身者。津波を避けるため、そのおおくが釧路川左岸にのびる丘陵地帯の米町（米町の町名は場所請負人の屋号からとった）付近にかたまって居住していたから、本州から送られてきた植民がそこに住みつけば、真っ先に先住民が釧路川河口から三キロほど上流部のモシリヤ（村、集落の意か）などへと追われていった。

和人植民が増加するにしたがい、これまで浜の安価な労働力としてこき使われてきたウタリは御用済みとなり、次第に厄介者とされてゆく。魚を主食とする点ではアイヌ民族も和人も共通しており、それゆえ利害関係が対立するアイヌ同胞は、植民者にとってうとましい存在だったはずであり、根室県では道内の他県にさきがけてアイヌの勧農策を実施し、釧路アイヌは集団で釧路川上流部の湿地帯に追放される。

開墾授業の為、釧路土人を移転せしむるの義伺

釧路土人開墾授業の義に付いては予《かね》て熟考仕居候義も有る之候処、何分にも釧路の市街連続の内にて開墾すべき土地更に無之、偶々《たまたま》春採近傍の山中に耕地と為すべき個所にあらざるも、如何せん半里以上を隔てたる処に候えば、日々出張して耕耘するの不便を与えざるべからず、

市街は追々戸口増殖商売繁盛の地と相成べき景況にて、目下諸方より夥《か》多《た》の人民も入込居候程の仕合に付、土人をして其儘土着為致置き候は土地のため最も宜しからず、又土人撫育上にとっても頗《すこぶ》る不便の極と存候に付、追々は釧路を引払わせ一方に寄せ集めて授産の効を相立度存居候処、幸い今般開墾授業のため主務者の出張あるに際し、「セッリ」へ引移して専ら農業に従事致度旨申出たる篤志者五十戸有之候条、此機を失せず移転の上開墾為致度、尤《もっとも》授業主務者に於いては自ら当衙《とうぎょ》（役所）と意見の異なる所も可有之とは存候得共、要するに彼は一時の利益是は永遠の便福に付、篤と御詮議の上右移転の義当衙へ御任せ相成候様仕度

一八八五（明治一八）年五月一一日、釧路郡長より根室県令（知事の意）にあてた上申書である。これに対し根室県令は以心伝心のごとく、ただちにこの上申を全面的にみとめた。そのうえで釧路市街の近郊に適当な開墾地がなければ、釧路市街から直線距離にして北へ二〇キロ先の「セッリ」（現・鶴居村）への移転もやむをえない。しかし、いったん移住のあとに釧路を慕うアイヌが続出するようでは、かえって根室県が二年前から実施しているアイヌ勧農策に差しさわりがでる。ついては、移住をのぞむアイヌにはそれ相応の地所をえらび、加えて連署のうえ県の計画どおりに事がすすむよう、指示をだしている。

それは、北海道の大部分をしめる根室・札幌両県でおこなわれた空前絶後の大事業であった。

それまでの和人による「開拓地」といえば、海岸線にのぞむ小平野に点在していたにすぎず、内陸方面への本格的な開拓はいまだ叶わなかった。

植民地開拓が成功をおさめるためには、手つかずの荒野をきり開くよりも先住民の生活圏をうばうことが簡便であるというのが、万国共通の植民政策の原則である。根室・札幌両県がおこなった「アイヌ勧農策」とは、先住民族のくらしを改善させるなどと美辞麗句で説いてはいるものの、それは北海道開拓に支障をきたす厄介者のアイヌたちをコタンから追放し、その場所を和人の入植地とするための偽善の言葉でしかない。

さらにいえば、道内の河口にちかい海岸線沿いに散在して集落をつくるアイヌたちを、単に内陸方面に追い払うばかりではない。追放された場所の実情をそれなりに呑みこんでいる先住民が、いかに生存術を駆使してセツリで生きのびるのか。その点にこそ政府や県の関心事の最たるものがあったのではないか。早くいえば、一種の〝動物実験〟である。モルモットやサルなどを使って新薬を開発するように、食べ物の少ない移住先での冬場の極限状況のなかで、人間はいかに生き延びることができるのか、アイヌの知恵をとおして直に学べる。

つまり、ウタリの移住先での開墾が緒につけば、政府がつぎに予定しているセツリ近辺での和人による北海道開拓に役立つデータを、手に入れることができるのだ。その「露払い」を釧路アイヌに演じさせようというわけだから、一挙両得どころの話ではない。

釧路のアイヌを内陸部のセツリに追い払うばかりではなく、次にセツリに入植する邦人のための開拓適地を探す〝いけにえ〟として、釧路郡長は①移住予定地は、釧路湿原よりも標高がたかく乾いているので開墾に適している②移住先の川は清麗で、ふもとには厳冬期でも凍らない泉もあり、飲料水には不便をあたえない③四方が山林にかこまれ防風林の役目をはたしており、家でまかなう薪にも不自由はない。さらに同地にはナラの木がおおく、むかしはシイタケを輸出していたとのことで副業として有望である④一戸につき耕宅地二町歩の割り渡しをおこなう⑤本年の農耕時期がやや遅れていることから、移住者一戸につき三斗米一俵・ジャガイモ二、三俵をあたえる——などいいことずくめの甘言でアイヌたちを誘導した。

その結果、さっそく四一戸がお為ごかしとも知らず、いやそれと知りつつ、あえて移住を願いでた。ところが根室県令はセッツリ移住を受理しただけで、一戸につき一町歩の耕宅地を割り渡すことを文書で郡長に回答(同年七月三日)しただけで、冬場の食料給与については聞き入れがたいと、にべもない返答だった。

たとえ、釧路郡役所の移住計画によりアイヌが全滅したところで根室県令は責任を取るはずもなく、逆に移住したアイヌたちの生活態度にあれこれ文句をつけて、その責任をウタリの側に転嫁させるだけであったろう。

当時でも、和人が北海道で農業を営むには、最低でも五町歩の肥沃な農地を確保しなければ成功しないというのが常識だったし、そのうえ真夏でも比較的寒冷な気候のセッツリで畑作を営めというのは、当時としてまったく狂気の沙汰だった。なぜなら、同時期すでに現地を検定した釧路郡役所の報告をもとに作成された『北海道殖民状況報文　釧路國』（一九〇〇年三月、北海道庁発行）を一読すれば、セツリは畑地より牧畜の適地であることを、当時の郡役所の役人たちは知り尽くしていたからである。

当初、移住を予定していたアイヌ家族のうち、郡役所の甘言にだまされると察知したウタリ一四戸はさすがにその直後、移住を辞退している。ただ、モシリヤへ追われたウタリは、県の布達により和人がとりしきる釧路川河口のサケ捕獲場以外の上流部を禁漁とされれば餓死するほかなく、それゆえ一か八かの賭けにでる外ないではないか。こうして、モシリヤの二七戸（一三八人）は郡役所の甘言と知りつつも、否応なくセツリの暮らしに活路をみいだす旅に出たのである。

セツリへの移住をきめたウタリが丸木舟で釧路川支流の現地に到着すると、クジ引きかどうかは知らないけれど、アイヌ家族はとりあえず各世帯に与えられた一戸につき五段歩（当初、郡役所がアイヌに提示した四分の一の面積）の土地に、掘っ立て小屋をつくるよう役人から指示された。周辺は直径一メートル以上の巨木ばかりで、アイヌたちが家の柱にするような手ごろな樹木を探すのに苦労したというほど、移住先はこんもりとした森の中にあった。

だが、セツリに追われたウタリのくらしを支えたのは、老幼婦女による畑仕事というよりも、釧路川支流のセツリ川でおこなわれた男たちによる川漁だった。ことにサケ・マス漁は豊漁でおびただしい数のサケが溯上し、アイヌたちを喜ばせた。アイヌたちはそれを食するばかりでなく、残った魚を塩漬けにして「すきみ」や燻製などの乾物に加工し、冬場の保存食とした。移住を決意したモシリヤのウタリは、入植当初に認められていた川漁とシカ狩り、木の実、山菜採りなどでなんとか生活ができると睨んでいたのかも知れない。

いっぽう、開拓途上の北海道に県政を施すことは、開拓の進行を妨げるという理由から翌年の一八八六年一月、内閣直属の北海道庁が設けられて統一的に道行政にあたることとなる。

セッリのウタリによる川漁に目をつけた釧路市街で漁業をいとなむ漁師の組織・釧路漁業組合は、アイヌがセッリに移住して八年後の一八九三年、セッリ川をサケの「人工ふ化場」ではなく「天然ふ化場」の新設を道庁の下部機関・釧路国支庁に出願したという。その申請がすんなり認められると、それまでウタリに許されてきたセッリ川でのアイヌの川漁は突然、禁止となった。アイヌの既得権益など関係ないといわんばかりに、道庁は毎年五月から一一月までの七カ月間を禁漁区とさだめ、その間、漁組は監視人を雇って密漁取締りを強化した。

資源保護のための天然ふ化場の指定などときれいごとを言ったところで、道庁のこの措置はセッリのアイヌたちを対象とした単なる〝サケ・マス漁禁止令〟でしかない。一方の和人漁民による無尽蔵ともおもわれるサケ・マスの乱獲は、決死の覚悟でセッリに入植した他方のアイヌたちに犠牲を強いることで成立した。シカとサケはウタリのたいせつな主食であるにも拘らず、その飯料も入手できなくなり、ために食べ物に窮して滅びた家族が二戸あったと伝えられている。

「ニッポン人が植民した時点で、アイヌ民族の運命はさだまった」と日高地方のいまは亡きK老人は、淡々と語っていた。「少年のころから安いカネで和人農家に雇われていたが、あまりに待遇が悪いので夏で仕事をやめた。夏まで働いた賃金20円をもらいにゆくと、農家の旦那は『お前は勝手に仕事をやめた。契約違反だから罰金20円を科す』といい加減な口実で、賃金を支払ってくれなかった。アイヌは和人に甘く見られていたものさ」

しかも、これまで薪をつくるための伐木が許されていたのに、新たな布達によって伐木するたびに課税されることとなったため、セツリのアイヌ家族の一部は釧路の漁場に出稼ぎにいったまま、自宅に戻らない家族が増えはじめ一八九八年には、とうとう移住者二七戸のうち約半数の一三戸がセツリに残るだけとなった。土地にとどまった家族といっても、若い男は夏場に釧路やその近辺の浜に漁雇の出稼ぎにゆき、冬場にセツリに戻れば禁止されている漁猟で、何とか家族の命をつなぐといった有様だった。

釧路アイヌによるセツリでの数年間にわたる〝越冬サバイバル実験〟をみとどけた道庁にとって、釧路アイヌの役目は終わった。セツリに残った家族はその十数年後に内地から移民としてセツリに住みついた後続の和人たちの開墾の手伝いなどをしながら、何とか生きのびた。実際、当時は全道的に農業移民が増加している状況にあったから、釧路郡役所ではセツリ周辺はとりわけて牧畜の有望な原野であって近い将来、内地から押しよせる移民を見越して、ちょうどモシリヤのアイヌがセツリに追われた年、段取りよくセツリに戸長役場（土人救済所を兼ねる）を開設し、吏員一人を勤務させていた。

一八八九年になって明治政府は、《北海道旧土人保護法》というこれまた偽善そのものの法律を公布・施行した。「シャクシャインの戦い」以後、奴隷以下の待遇だった名残もあって、ただ同然の安い労賃で酷使されてきたアイヌ民族にたいし、和人勢力が奪いつくしたアイヌモシリの残りカスのような不毛の荒野を、国家が哀れなウタリに授けるというのだ。その骨子はただ一つ「北海道旧土人ニシテ農業ニ従事スル者又ハ従事セムト欲スル者ニハ一戸ニ付土地一万五千坪（五町歩）以内ヲ限リ無償下付スルコトヲ得（第一条）」というものである。

生存権までうばわれ、セツリから釧路の市街にほうほうの体で戻らざるをえなかったウタリもふくめて、大半のアイヌ家族がこのいい加減な法律にもとづき、こんどは釧路市街から南西へ二キロ以上もはなれたハルトリという山奥へ、罪人同様に流されることとなった。その地は山と谷ばかり。夏になるとカムチャツカあたりから南下する冷たい親潮と、南方から北上してくる暖かい空気がまじりあい、それが海霧となって毎日のように釧路の街をつつみこむ。ために、その地でウタリがいくら畑作に汗したところで報われないのは必定だった。

ちなみに現在、鶴居村の人口は二六〇〇人（一〇四〇戸）をかぞえる。その家族のほとんどが酪農関係の仕事に携わっている。うち一〇〇戸が酪農家で、飼育している乳牛の総数は人口の五倍に相当する一万三〇〇〇頭。一戸当たり平均一三〇頭を飼育している勘定だ。釧路アイヌをセツリに移住させた釧路郡役所が検地にもとづいて展望したとおり、寒冷な気候のこの大地ではとても畑作だけでは暮らせないので、そのほとんどの家庭はたくさんの乳牛をそだてる大規模酪農で生計を立てているというのが実情である。

釧路川左岸の入江の丘に位置するここからは、林立するビルディングやおおきな水産関連の建物などに遮られて、あいにく釧路川がみえなかった。だが、西方の港の灯台越しに渺茫たるなぎの海原、さらに目を北方にうつせば、見晴るかす阿寒の峰や大湿原が眼前にせまりくる。そして眼下には、かつて魚の水揚げ量・日本一をほこった釧路港の全景がひろがっている。激変する基幹産業の衰退で、さびれて活気のない中心街。ひさしくカモメも鳴かないわびしげな港内のたたずまいを、真冬のよわい陽光が絹雲を透してぼんやり映しだしていた。

二、三隻の小型船がゆっくりと釧路港に入る。どこからか数羽のカラスが、わたしの頭上すれすれにかすめ飛び「グワーッ、グワーッ」とがなりたてた。「ここはおれたちの縄張りだぞ。はやく出てゆけ！」と言わんばかりに、癇にさわるようなしつこい鳴き声を放って、また、どこかへ消えていった。カモメも鳴かないさびしげな内海の釧路港の景色をいつまでも眺めている場合ではなかった。

わたしは釧路川左岸の高台にある「カムイシュマ」の地にさよならを告げ、外海をみるため岬の地形をしたこの場所を横断して南方一キロ先にある弁天ヶ浜をめざし、やや下り坂の道を歩いていった。途中、道路の左右にふるい歴史をもつ仏教寺院の建物がつぎつぎと姿をあらわし、その道路のさきに青灰色にかがやく太平洋がひろがっていた。まもなく「ドドーッ、パッシャーン、ザザーッ」と波打ち際ではじける何故かなつかしい潮騒に、耳をそばだてていた。

たまたま満潮とかちあったためか、もしくは海岸浸食によるものかは知らないが、防潮堤のうえに立っても砂浜らしきものはなかった。強化プラスチック製の磯舟が数隻、漁具などを入れるひしゃげた倉庫のわきに無造作に置かれている。ここはどこかと辺りを見渡してみると、海岸沿いの空地に「弁天ヶ浜」と記されたバス停留所の看板が目に留まった。場所請負人がいたころの和人がつくった見取図『クスリ会所遠望之図』（釧路市地域史料室所蔵）によると、かつてこの周辺にはアイヌの集落があったようだ。その集落の名はウェンコタン――。

ウェンとは、アイヌ語で一般的に「悪い」とか「粗末な」という意味で使われる。内海に面した海産物の宝庫である静かな釧路港の入江とはまるで風景がちがい、もろに荒波がおしよせる外海に面したこの海岸の集落では、昆布採りと雑魚を獲ってほそぼそと暮らすしかない。

そもそも、釧路川河口は先住民の極めてたいせつな漁場であったに違いなく、その漁場を和人勢力によって奪われて以後、ウタリは外海に面するこの海岸などへ追い払われたと思われる。先住民は以前の内海の漁場に比べて極端に漁獲量の少ないこの外海の集落を称して、自虐的にウェンコタンと名づけたのではあるまいか。

しかし、弁天ヶ浜のウタリもまた、つぎつぎと押しよせる内地からの移住民のために、ハルトリへの強制移住を迫られる。この場所から太平洋にむかって、ほぼ二キロ左前方にハルトリのごつごつした薄茶色の山肌がくっきり浮きでて見える。そうだ、そこには弁天ヶ浜から追われていったアイヌの子孫が、息をひそめるように静かに暮らしている。だが言うまでもなく、アイヌ民族の終わりなき絶望的な暮らしは以後もつづく。

見捨てられた〝土人部落〟

つぎの日、予定どおりわたしは弁天ヶ浜から交通量のおおい海岸に面した通りをへて、ハルトリのどこまでもつづく片道二車線の坂道を徒歩でのぼっていった。ハルトリのアイヌ語の意味はよく知らない。ただ、松浦武四郎は前述の『久摺日誌』において、ハルトリの「ハル」は黒百合、赤沼ラン、エンゴサク、カタクリ、その他さまざまの食草のことをいい、これらの草がたくさんあるので名づけたのであろうかと自問自答し、「トリ」は湖沼のことであると解釈した。

この近くには春採《ハルトリ》湖、別名・ペンケトー（下の湖）があるのだ。明治以降、内地からの移民は「春鳥」や「春取」などと当て字で表記していた時代もあった。

ハルトリの坂道をのぼってすぐ、右側のあまり整備されていない細い道に入ってゆく。道路は馬車道のようにせまく、車一台がやっと通れそうな幅員しかない。それもそのはず、この道はむかしからの馬車道を整備したもので、薄暗い谷間の湿地のうえに砂利をひきつめ、やっと馬車道として使われるようになったかのような手入れのいき届かない道路である。ときどき通りすがる車もそこは心得ていて、対向車がくるたびに比較的ひろい空地に車をよせて、相手の車がとおり過ぎるのを待っている。

三方が丘にかこまれている谷間の湿地に、のけもの同然に追われたアイヌの一部が暮らしはじめ、かつては大雨がふると谷間から大量の水があふれだし、その周辺の民家はときに床下・床上浸水などの水害に悩まされてきた。谷底の被害をみつめてきた人びとからすれば、危険な谷底より急峻な丘の一部なだらかな場所のほうがまだマシだったとみえ、その三方の丘に面して民家がへばりつくように立ち並んでいる。

ちょうど谷底の細い道がなだらかな上昇線をえがき丘に向かおうとする辺りに、かつて弁天ヶ浜からハルトリに追われてきたアイヌの末裔にあたるエカシ（おじいさん）の自宅があり、その裏手にかれの経歴を刻むかのように随分ふるくなった作業場があった。その八畳間ほどのちいさな作業場で彼は、かれこれ四〇年間にわたり観光土産用のムックリ（アイヌ伝統の口琴）づくりに励んできた。

彼がこの仕事を始めたのは、関東圏の高度経済成長から数年おいて北海道の地方都市である釧路市が、その好景気のおこぼれにあずかるようになった時期と重なる。手間ばかりかかって薄利多売の仕事柄、ムックリづくりを職業とする者はごく少数だった。ところがムックリ製作者が限られていたことが首尾よくいって、道内各地の主要な観光地の民芸品店やその卸売会社からの注文が、彼のところにどっと舞いこみ、彼の家族は生活苦から解放されたかに見えた。

だがそれも束の間、バブル経済の崩壊以降、いつ終わるとも知れない冬のながい闇夜のようなデフレ不況が日本各地をおそい、北海道への観光客数は下降線をたどりつづけた。エカシのくらしも例外なくままならなくなり、悪戦苦闘の日々を送っている。

時計は朝九時をすぎていた。エカシの家の裏側にある作業場の薪ストーブの煙突から白い煙があがっており、すでにエカシの仕事ははじまっているのだ。作業場の窓越しにエカシは彫刻刀で削りかけの竹製のムックリの音色を聴きながら、製品の出来ばえを確かめている。あぐらをかき背中をまるめながら熱心に仕事に没頭していた。人の気配を鋭く感じとったのだろう、老眼鏡のエカシは仕事の手をやすめ、目をすえてこちらをまじまじと見つめていた。それがわたしだと分かると、何事もなかったかのようにふたたび仕事をつづける。久しぶりの訪問だった。

作業場入口の戸をノックしてからゆっくりと扉を開けてあいさつすると、相手はぶっきらぼうに「おー、来たか」とだけ答えるいつもの流儀。だが、顔はうれしそうにほころんでいる。作業中にもかかわらず、彼はわざわざ立ちあがり不自由な右足を引きずるようにしながら、作業場の隅に置いてあった折りたたみ式のパイプ椅子を持ってきて、「作業場が狭いから、ここにでも」と言って、それをわたしに手渡す。

その椅子に座りながら、彼の仕事をしばらく見学させてもらう。作業台にのせられた長さ一五センチほど、幅一センチあまりの竹のうすい板の中央部に、前もって糸ノコで細長く舌状に切りこみをいれた一片。その部分をカッターナイフと彫刻刀で薄く切りこむが、その切りこみ加減で

冬のある日の朝九時。武利エカシはすっかり冷えきった作業小屋で、まずストーブに火を入れた。石炭の煙が自宅周辺にたちこめる。そんな煙もものかは、かじかむ両手の指をこすりあわせ、両手をストーブにかざし無言で小屋が暖かくなるのを待つ。その間、かれは何を追想しているのだろうか。ストーブは火勢を強めゴー、ゴーと音をたて、煙筒まで赤くなる。やっと、かれはムックリづくりの作業に取り掛かった。

音色のふかみや音の高低、響きかたが微妙に違う。したがって、ムックリには一本とておなじ音色のものなどなく、それはさながら大自然が奏でる音の調べである。

いくたびも、その作業を見させてもらった。繊細な作業にもかかわらず、そのてきぱきとした確かな手さばきは、さすが職人芸といつも感心させられる。仕事を一段落させたエカシは衣服についた竹くずを両手ではらい、まるめていた背中をそらせる動作をしてから、おもむろに脇にある小さなテーブルのうえのペットボトルの茶をひとくち飲んだ。彼のウェペケレ（むかしばなし）が始まるのは、いつもそこからである。

しかし、精力的だったかつての彼の面影はない。

「いまでは、ムックリづくりも暮らしのためというより、認知症予防のためにやっているようなものだよ」

しんみりと思いをもらす。不況のため商品が極端に売れなくなったせいか、あきらめにも似た口調がもの哀しく、安い老齢年金だけではほんとうに生活が厳しい。夢を追いかけるような以前のらんらんたる眼差しは、八三歳のエカシからとうに消え去っていた。

……エカシこと武利誠《たけとしまこと》との初対面は忘れもしない、いまから三〇年前の一九八二年二月九日だった。北海道ウタリ協会（現・北海道アイヌ協会）の釧路支部長と同協会理事をかねていた五三歳のばりばりの彼は、アイヌ同胞の生活向上ため情熱の限りをつくして文字どおり東奔西走していた。そんな事情も知らず、わたしは冬のつめたい太陽の光かがやく釧路市春採《ハルトリ》生活館

(アイヌ住民やその周辺に暮らす人びとの生活改善・向上をはかるため、国の事業で建てられた)に、武利を訪ねたのだった。

中肉中背のがっちりした体躯。エネルギッシュな身のこなし。一見、するどい目をぎょろりとこちらに向けるこわもての風貌。他人を威圧するような荒っぽいことばを連発する、がさつな物腰。かれの第一印象は、とても良いとはお世辞にも言えなかった。丁度かれは事務室にある電話器で会員の相談にのっていたものか、かなり時間がたっていた。やっと受話器をおいたのを見計らい、わたしは彼に向かって訪問の理由をのべた。

「現在、アイヌ民族が抱えている差別や貧困問題など、おおくの課題について是非お話をうかがいたいのですが…」

すると彼は、不審者を目の前にした警官のように、いぶかるような鋭い目つきでわたしをにらみつけ、声を荒らげた。

「何だって？　アイヌの毛深い女の悲話を、面白おかしく書こうというんだな」

じゃっかんの誇張はあったにせよ、明らかに皮肉まじりの物言いだった。知らない和人がアイヌに話しかけたら、何か魂胆がありそうだとおもえ、と言わんばかりの冷ややかな応対である。一瞬、わたしを瀬踏みしているのか、という想念が頭をかすめる。確かにわたしのようにだしぬけに生活館を訪れる者は、それ以前には誰一人としていなかったであろう。アイヌ伝統の祭りなど恒例の行事ならばともかく、民族の核心に迫るシリアスな問題については、アイヌの有力者や武利の友人などを介してこの種のインタビューをはじめるのが常態であったのだから。

ところがわたしの周辺には、武利の知己といわれるような人物さえいなかった。電話をかけるという方法もあったが、顔の見えない電話ゆえに、不運にも相手との言葉の行き違いなどで、ときに取材が不成立に終わることをわたしは最も懸念していたのかも知れない。結局はアポイントも取らず、やぶから棒に生活館に勤める武利に面会を求めたのである。

彼の迫力にとまどいながらも、こうなれば冷静になって率直にわたしのおもいを話すしかなかった。

「最近、新聞やテレビではアイヌ民族のことが話題になりますが、その大部分はアイヌ文化に関わることしか報道していません。わたしはアイヌ民族の一人ひとりの暮らしにふれて、現在に生きるアイヌの姿や実相を記録したいと思いたち、武利さんに会いにきました」

すると、彼は一息ついてから、唐突にこんなことを言いはじめた。

「へたにアイヌ民族の問題に首をつっこむと、警察に追いまわされるぞ。ついこの間も、釧路署の刑事が生活館に来ていったんだよ」

武利のことばは決しておどしではなく、彼がそれを言うのにはちゃんとした理由があった。それは二年半ほどまえの七九年八月、釧路市の隣町・白糠《シラヌカ》において、その地に骨をうずめたアイヌ民族の遺業を偲び、地元のウタリが町民からの寄付をつのってアイヌ慰霊碑を建立した直後のことだった。アイヌ弔魂碑建立期成会の会長（元・白糠町長）宅に、何者かから「十八日二十三時十分、二十日十時十九分になにかがおこる」との脅迫めいた封書が届いたのである。

　その五日前にも同会長宅に右翼か左翼か、はたまた愉快犯かは定かではないけれど、「あたまのわるいアイヌとケッタクシアイヌ弔魂碑建立トハなンダ」と、古新聞に刷られた文字などを貼りつけて文章化した一通の葉書が届けられていた。弔魂碑建立期成会の関係者は「もしや、アイヌ弔魂碑の爆破予告か⁉」と戦々恐々となり、もよりの警察署に通報した。

　警察はアイヌ弔魂碑前で開かれるイチャルパ（先祖の供養祭）の一連の式典がおわる二〇日までの間、同会長と白糠町長に護衛をつけ、弔魂碑周辺のパトロールを強化した。さらにウタリ協会白糠支部の役員たちは除幕式の前夜、テントをはって徹夜で弔魂碑周辺の警備にあたり、式典の参会者の一人ひとりをチェックしたという。

　結局、同期成会関係者の懸念は杞憂におわったとはいえ、武利支部長もそのイチャルパに参加しており、またその後、釧路警察署の署長や刑事は春採生活館に何度か立ちより、武利にたいし白糠アイヌ弔魂碑をめぐる怪文書事件の捜査協力を求めていたことが彼の頭に引っかかり、さらにはかつての「恐怖」がよみがえって、つい口走った言葉なのだった。

　その「恐怖」とは、むろん七二年一〇月二三日夜一一時半ごろ、雨がそぼふる旭川市常磐公園内に「北海道開基百年」を記念して建立されたブロンズ製の『風雪の群像』（制作・本郷新＝一九〇五―一九八〇）が、何者かが仕掛けた時限爆弾によって爆破された事件に関わってのことだ。

当日はアイヌ民族にとって特別の日。アイヌモシリを侵略した松前藩の謀略にはまって殺されたアイヌの総指揮者・シャクシャインの命日であった。また、同日同時刻に札幌市の北海道大学北方文化研究施設の標本展示場付近でも、何者かによって仕掛けられた時限爆弾が炸裂し、アイヌ伝統の着物（アッッシ）を焦がす連続爆破事件も起きている。両事件は翌日の各新聞紙上で、「『風雪の群像』吹っ飛ぶ」「過激派？ マイトで」「北大でも爆破事件」などと、センセーショナルな見出しを特筆大書して報道された。

当群像は、本州方面から入植のため北の大地に流れてきた和人たちが、北海道開拓を象徴的に暗示する「切り株」にすわったアイヌ老人から道案内をうけ、苦難おおきそれぞれの開拓地へと旅路につく明治開拓期の歴史の一断面を切りとって作品化したもののようだ。

わたしも爆破事件後、もとどおりに復元された作品を鑑賞させてもらったことがあるけれど、正直いって違和感を払拭できなかったのを憶えている。なぜなら、「北海道」の征服者である和人と被征服者であるアイヌ民族との歴史的なかかわり合いのなかで、この作品が表現するようなアイヌと和人の友好的で対等な関係など、一度として築かれたこともなかったからだ。

近・現代史においても、北海道を舞台としてアイヌ民族はつねに和人勢力に欺かれ、圧政に苦しめられてきた史実だけが、和人の記した文書のなかに散見される。しかしながら、この作品には帝国主義者によるアイヌモシリの植民地化の片棒をかつぐ和人の傲慢ぶりや、アイヌ民

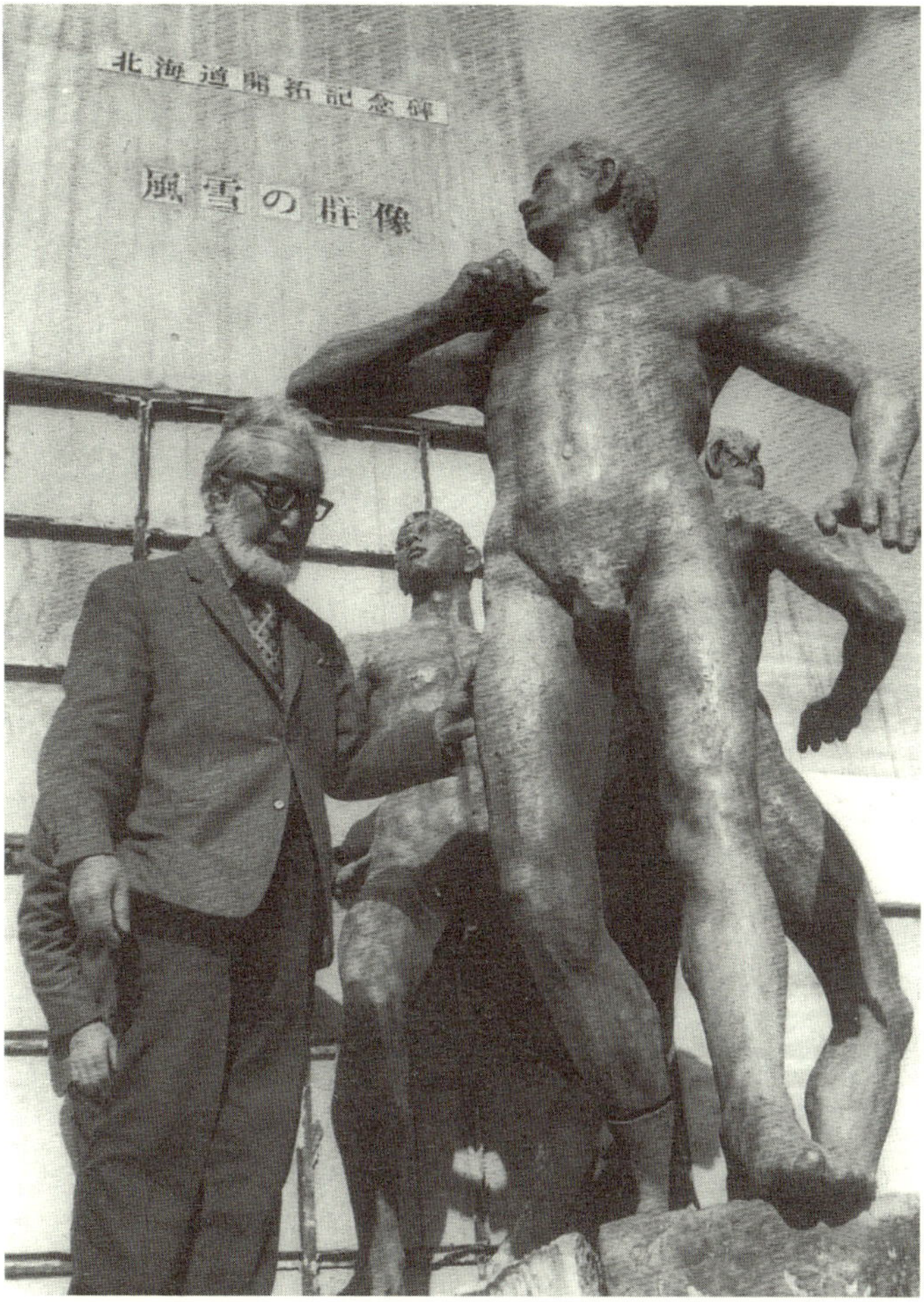

1971年、ニクソン大統領が「アメリカ建国200年祭」の開幕を宣言したのと時を同じくして、この国では「北海道開基百年」を記念して、旭川市に『風雪の群像』を建立した。アイヌ民族の足を踏んづけた和人に、アイヌたちの痛みはわかるまい。したがって『風雪の群像』は反戦のシンボル、ピカソの『ゲルニカ』とはなりえなかった。爆破されたブロンズ像を調べる制作者・本郷新。(旭川市中央図書館所蔵)

族を踏み台にして一儲けをたくらむ植民者のあさましい姿が少しも伝わってこない。

どのように考えようとも本郷新のつくる世界は所詮、少女が夢見る甘美なポエムであり空想をめぐらす少年の憧れなのであって、群像にリアリティーは感じられない。

また、制作依頼者の「『風雪の群像』をつくる道民の会」による台座にきざまれた建立趣旨には、何の後ろめたさもなく「(上略) 原始の大地に名もなくきえた一世紀北海道開拓者の、涙と呻きと歓喜の像である (下略)」との能天気な碑文が刻まれているだけで、北海道開拓の被害者であるアイヌ民族にたいする記述は一行もない。和人の開拓のために絶望の涙をながし、伝統文化の漁猟の暮らしをうばわれ呻吟したのは、アイヌ民族の側なのに……。

その厳然たるアイヌ史をねじまげ、あたかも有史以来、「〝無主の土地〟北海道」は和人固有の領土といわんばかりの主客転倒した偽りの歴史観が、建立趣旨の文言ではまかり通っている。それどころか、和人優越論にもとづく人種主義の気配さえうかがわれるのだ。つまり、本郷のこの作品の核心となるべき北海道開拓の歴史性 (植民地主義) や、被征服者としてのアイヌへの視座がきっちり定まらず、あいまいなまま不安定にゆれ動いているだけである。

だが当初、『風雪の群像』の原型となるデッサンの段階において制作者は、あえてアイヌ像をじかに地面にひざまずかせ、あたかも和人がアイヌにたいし従属を強いるかのごとき構図を試みたことがあった。まさに、この構図こそがアイヌ民族を踏み台として、和人が「北海道開拓」になだれ込んでいった「植民地主義」の本質をもろに照射している。地べたに身をかがめながらも、なお老アイヌが起ちあがろうとする必死のおもいを具象化する。それこそが、服従しない民族・アイヌの真骨頂なのであり、さらには芸術的手法で、美と醜という普遍的なテーマに接近する制作者の姿勢ではなかったか。

和人とのたたかいで敗退しつづけながらも、最後の砦・蝦夷地においても決して屈服しようとしないその驚嘆すべきアイヌの精神性を、本郷の表現を借りてこの目にしたかった、と作品を前につくづくと想ったものだった。ところが、この普遍的なテーマをはらんだデッサンを一般公開したところ、和人やアイヌたちから「アイヌ像をひざまずかせるのは、アイヌを軽んじるものだ。アイヌ像を立たせよ」「開拓者である和人から、アイヌが卑屈な態度・姿勢をとらされている」などの批判をうけるという経過をたどっている……。

「あの爆破事件のことは、いまも鮮やかに記憶によみがえってきますよ」

旭川市のしずかな住宅街の一角にすむ門別薫（一九二二年九月四日生まれ）は、昼間の薄暗い一室のソファーにすわり、窓からみえる花曇りの空をながめながらあの日の話をしてくれた。

「事件当日、雨が降っていてものすごく冷えた夜一一時すぎ、そろそろ寝床をひこうという時刻に、川向うあたりからすごい轟音とともに地響きがして、自宅の窓ガラスがビリビリと音をたてた。私はすぐに戸外に飛びだしてあたりを見渡したものの、何事が起きたのかその状況もつかめないまま家に戻った。私は農林技官として旭川営林局に長くつとめていた。いつも朝八時半ごろ自宅をでて職場にむかうが、翌朝八時ごろになって旭川署の刑事二人がとつぜん私の家にやってきた。何の目的で刑事が自宅をたずねて来たものか、はじめは事情がさっぱり飲みこめなかった。すると、さっそくアリバイ調査だ。あなたは昨夜の爆破事件が起きたとき、どこにいたのかとしつこく問いつめられました」

事件発生時、門別は市内川端町の自宅に妻と子ども二人の四人家族で平穏に暮らしていて、自宅から爆破事件現場の常磐公園までは、石狩川をはさんで約一キロの距離にあった。門別への執拗なアリバイ調査は、翌日も翌々日もつづいた。職場にまで刑事がやってきて、いろいろと詰問されたとのことである。刑事に追い回されているなか、気分転換もかねて自分の息子といっしょに近所の理髪店にゆき、長く伸ばしていた髪をバッサリ切って丸坊主にしたところ、それがまた警察から疑惑をもたれる結果となり、刑事はそのことをいちいち衝いてくる。

「おれたちアイヌの不満分子が事件を起こし、主犯格の門別はじぶんの罪を反省して頭を丸刈りにしたのだろう、と言わんばかりの質問もされたのさ」

苦笑しながら彼は話をつづける。

「その時、しみじみと思ったね。たとえ同胞からの助言を求めようとしても当時、旭川市内にはアイヌの組織が一つもなかった。爆破事件の真犯人がアイヌ同胞でもあるかのように官憲は疑いをかけ、差別的な眼でアイヌたちを見つめていたわけです。いまこそ旭川のウタリが団結し、お互いが精神的に支え合わなければならぬことを痛感させられました。その私のおもいをアイヌの長老などに相談したところ、旭川市はおろか周辺の上川地方の同胞も賛意を示してくれた。それで、さっそく『旭川アイヌ協議会』をつくったわけですよ」

関東大震災のとき、東京やその周辺市町村において三七〇〇の自警団が組織され、そのとき警視庁が全国にむけて「不逞鮮人取締」を打電。これに呼応した自警団が当時、差別にさらされていた在日朝鮮人を襲撃して、おおくの犠牲者を出したことを想起したアイヌ老人もいたことであろう。ウタリが人種差別の対象とされており、アイヌたちのなかに仲間意識がこころの片隅にろうそくの炎のごとくちらちら燃えつづけていても、差別の標的にされることを恐れるあまり、つい自己保身のために同胞との人間関係は疎遠となっていた。冠婚葬祭はおろか爆破事件が起こるまでは、日常的なウタリの交流も憚られてきた。

同一〇月二六日、上川地方のアイヌたちは旭川市近文《チカブミ》生活館において緊急集会をひらき、『風雪の群像』爆破事件などはアイヌ同胞の関知しないことであり、街中の根拠のないアイヌ犯行説を一刀両断にした。また、同二八日には旭川市長あてに要望書を提出、『風雪の群像』および北大北方文化研究施設のアイヌ資料爆破事件についてのアイヌ犯行説の風聞につよく物申すとともに、『風雪の群像』を復元することと、「北海道旧土人保護法」を廃止する方向で運動をすすめることを求めた。そして一一月一七日、「旭川アイヌ協議会」の発会式がひらかれ、初代会長に門別薫が選出されると、これまでの鬱憤を晴らすかのような同協議会の面々のエネルギッシュな活動は、アイヌ民族の人権擁護運動へと高まりをみせた。

門別は語る。

「以前、私の息子の就職のため戸籍謄本の写しをもらいに市役所へいったとき、係員から『あなたの戸籍謄本はありません』ということだった。これはおかしいと思い、もういちど戸籍簿を調べ直してもらったところ、やっとそれが出てきた。市では和人の戸籍簿とアイヌのそれを別冊にして、保管していたのですよ。私がアイヌ風にながいひげでも生やしていれば、アイヌの戸籍簿を持ち出してきたのだろうが、あいにくひげをそり背広姿だったものだから、その係員は混乱した。それればかりではありません、取り寄せた戸籍謄本の写しをよく読んでみると、『旭川区旧土人給与地で出生』というアイヌを軽侮した記載もあるのです。『あまりにアイヌの人権を無視した屈辱的な表現ではないか！』と戸籍係の職員に抗議したのですが、私一人の力では限界がありました」

門別はまずこの問題を同協議会に提出したところ、おおくのウタリがそのことで就職や結婚のときに差別を経験していたことが初めてわかった。さっそく門別ら役員は、旭川市にたいし出自記録のうち「旧土人給与地」と記された部分の削除をもとめた。これを受け旭川市長の五十嵐広三（後に村山富一内閣当時の内閣官房長官）は上京、法務省民事局長に面会して問題部分の削除を要望したところ、法務省は「時代にマッチしない表現なので、旭川区以下を削除した新しい戸籍をつくることを認める」との見解を示した。そして同年暮れまでに、同協議会がもとめた三一件のあたらしいアイヌの戸籍が作成されたのだという。

類似のケースとして、わたしは釧路市近郊に居住している一人のアイヌ男性から、戸籍謄本の写しを見せつけられたことがあった。何とそこには、墨汁か黒いマジックインキかで身分の欄の記載を消去した形跡はあるものの、その戸籍謄本の写しを陽光にさらしてみると、その欄には「旧土人」というハンコが押されているのをはっきり確認することができた。このようなずさんな役所の業務は、いまでも道内いたるところで普通にみられる光景であろう。

さらに翌年一月、門別は国鉄旭川駅と近文駅のプラットホームに一五年前から設けられている名所案内板に、「近文アイヌ部落　東一・五キロ　徒歩一五分」と記されていることについても、「アイヌへの偏見をあおるものだ!」と国鉄旭川鉄道管理局に正式に抗議した。これは近文にすむ一人のアイヌ男性が数年前に発見し、以来いくたびも「おなじ市民なのにいまどき〝部落〟だなんて宣伝するのは差別であり、時代錯誤もはなはだしい!」などと当局とチャランケ(話し合い)をしたものの、「差別ではなく観光地の名称にすぎない」との旭川市観光課の意向もあって、暗礁に乗りあげていた問題。ところが同協議会が発足するやいなや、あれだけ頑固に拒んでいた旭鉄局は手のひらを反すように「ごもっとも、そのとおりです」と同協議会にたいし、両駅の名所案内板から〝近文アイヌ部落〟の箇所を消すことを約束した。

ところで、武利誠がわたしとの初対面のとき、「へたにアイヌ民族の問題に首をつっこむと、警察に追いまわされるぞ」とわたしに警鐘をならし、武利支部長自身が相当、神経をとがらせていたのも無理もない話である。〝アイヌ犯行説〟まで飛びだした『風雪の群像』爆破事件と北大北方文化研究施設のアイヌ資料爆破事件などに関して、「夏から秋にかけ、過激派グループとみられる一部若者がアイヌ系住民に接近している、との情報があった――などから、アイヌ民族を意識した意図的な犯行という見方も、一部に出ている」（北海道新聞・七二年一〇月二四日付朝刊）との公安調査庁からの情報とおもわれる憶測記事が流布されていたのだから。

しかし、武利と身近な話を交わしているうちに、わたしが「過激派グループ」に属していないと彼なりに判断したのだろう、わたしに対する彼の警戒心はほぐれ、おのずから口調が柔らかくなり冗談まで飛びだした。そして、うっすらと人懐っこい笑顔をうかべている武利をみて、わたしはほっと息をついた。

武利支部長は仕事が忙しく、疲れていた。しかも、素性もわからないわたしのような者がアポイントもとらず唐突に面会にうかがったことで、あのような手きびしい洗礼をうけなければならなかったのだろう。あらためて近日中に電話をいれ、取材させてもらうことを確かめ、わたしは暇乞いした。もう幾度も会っているかのような気にさせる、人情味ゆたかな武利支部長の気配りに、わたしはいたく感動した。

武利誠は、父・長助、母・サオの次男として一九二九（昭和四）年六月、ハルトリに生まれた。現在、姓をタケトシと名乗っているが、むかしは「ブリ」とか「ムリ」と呼ばれていたという。アイヌ文化に興味をよせるある学校の教員から、「ブリとはめずらしい名前ですね。アイヌの

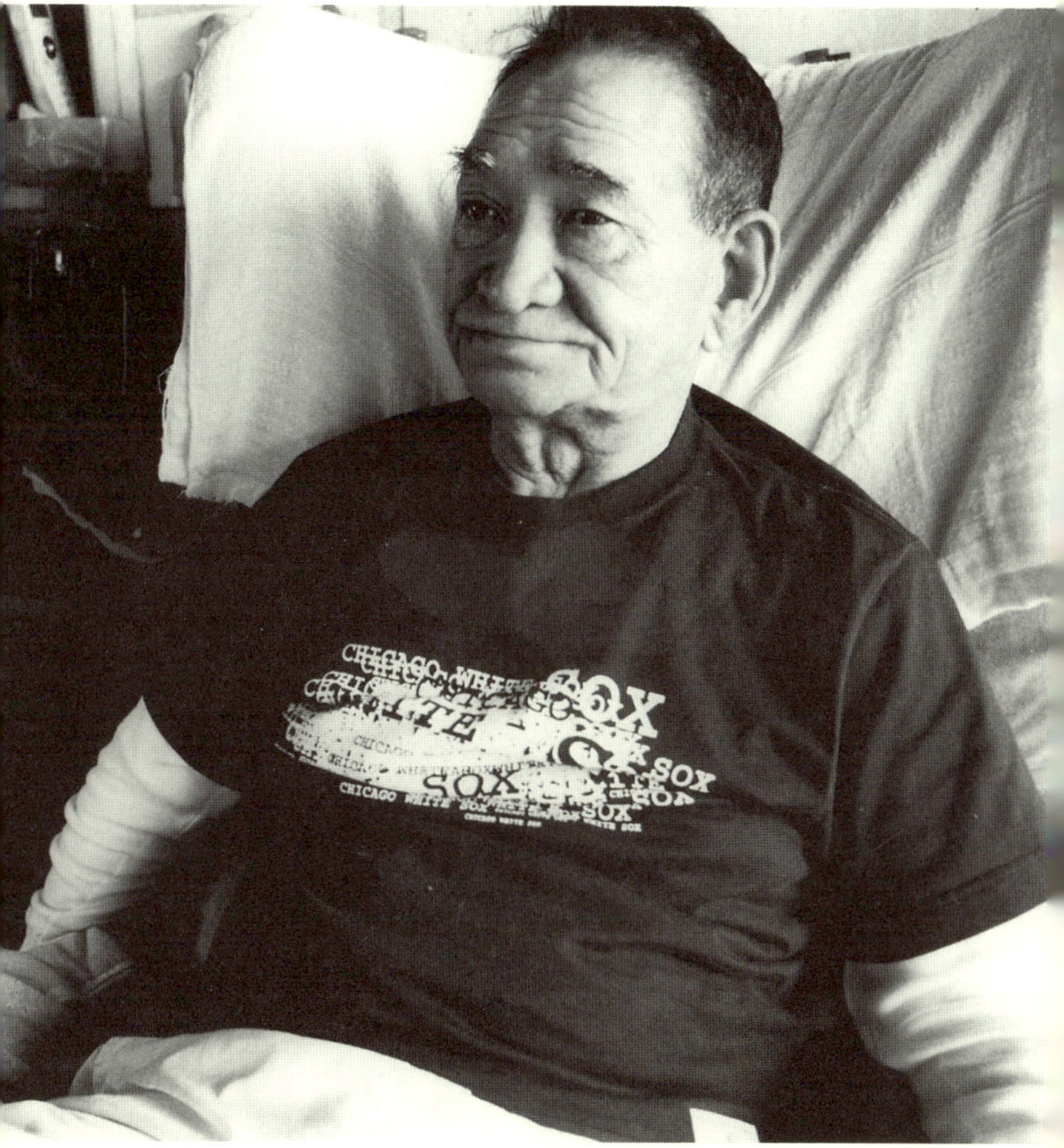

ふと、エカシは仕事の手をやすめ、卓上のペットボトルの茶をごくりと飲む。それからだ、かれのウェペケレ（むかしばなし）が始まるのは……。「明治期、北海道に移住した和人漁民はニシン御殿をつくり、今から約30年前にはクナシリ島に面する羅臼付近の和人漁師はスケソウダラ御殿をたくさん建てた。一方で、和人の法律によって昆布や雑魚しか獲らせてもらえぬウタリの貧しい暮らしは、昔も今も変わらないよ……」

地名に由来するのですか」と質問を受けたこともあった。たしかにオホーツク海沿岸からかなり内陸部に分け入ったところに、武利《ムリ》という地名と武利《ムリ》川があり、釧路市音別《オンベツ》町にもムリ川とその辺りにムリの地名が残されている。

「ムリ」とはムリ草を指しているという説もある。和名で「てんき草、浜にんにく」と呼ばれ、海岸の砂地などに生えている。葉は厚く強靭で、長さ六〇《センチ》ほどに生長する。むかしのアイヌたちは、その葉をつかって縄や細工物をつくった。開拓使時代にアイヌの戸籍をつくるとき、役人はてっとりばやく、ウタリが居住するあたりのアイヌ語地名をアイヌの先祖の名字としている例も多々あるから、その教員の質問は適切だったろう。

だが、その地名とエカシの姓がどのように関係しているのか。一八七二（明治五）年から道内各地に戸長役場がつくられ、和人よりすこし遅れて一八七六年までにアイヌ民族に和人同様の戸籍がつくられてから一四〇年ほどを経過したいま、アイヌ民族の母語を知らない当のエカシも、とんと判断の手掛かりがないと言わんばかりだ。

「ブリとかムリと呼ばれるのもニッポン人の名字として何かおかしな印象を周囲に与えかねないから、和人風にタケトシと呼ばせているんだよ」

明らかに、ウタリにたいする人種差別を警戒してのことばに違いなかった。

彼の外祖父にあたるエカシ（おじいさん）は弁天ヶ浜で雑魚や昆布を採ってつつましく暮らしていたけれども、くだんの《北海道旧土人保護法》が制定されたことから、釧路川河口の米町付近やその上流部のモシリヤのウタリともども、九九戸がハルトリの山に追放された。同保護法では、農業に従事しようと欲する者にたいし五町歩以内の土地をさずけると明記されていたものの、ハルトリでは全部で九八町歩の「旧土人保護給与地」を九九戸分に区画しているから、単純計算でも一戸平均一町歩に満たない土地をあてがっただけである。

　また、営農の条件として農耕馬や農器具、肥料、種子、そして収穫までの食糧として一年分の米などは絶対に欠かせないにも拘わらず、ここハルトリにおいては「農具（クワ・マサカリ）と種イモが各戸に配られた」（『永久保秀二郎の研究』中村一枝著）にすぎない。

　そのうえ耕作対象地はことごとく痩せ地。丘陵の斜面に位置していて、耕作不能の急斜面もおおく、これでは、最初から営農が失敗するのは火をみるより明らかだった。ハルトリばかりでなく道内には、山奥に追われたアイヌたちにたいし、僅少のしかも営農には適しない土地を与えるのみで、あとは野となれ山となれといった北海道庁の無責任でいい加減なやり方を証明するアイヌ保護給与地の旧跡を、わたしはいくつも見てきた。明治時代に北海道開拓のため本州方面から移住してきた和人たちへの厚遇にくらべ、アイヌ民族への差別的な冷遇はあまりに惨すぎて言葉ではいい尽くせぬものがある。

　アイヌ民族の暮らしている土地が営農に適していれば、道庁はつぎつぎと北海道に押しよせる内地の移民団体のために、有無も言わせずアイヌたちをその土地から追いだす。アイヌたちは営農適地を追い出され、どんどん山奥の不毛な土地へと追放された。その典型例が明治中期に石狩平野に入植を果たした奈良県十津川郷の移民団体（六〇〇戸・二六九一人）の場合であろう。

　十津川郷の移民は一八八九年八月、同県吉野郡一帯をおそった豪雨による大洪水で罹災した集団だった。北海道庁は、十津川郷の移民を石狩平野のトックコタンに入植させる計画をたて、そこに先住していたアイヌ三二人を山奥のウシス（シカの足跡・多い）川の原野に追い出した。ところが、重ねて押しよせる内地からの移住民のために入植地をウシス川のアイヌ集落と決めた道庁は、今度はウシス川のアイヌたちを、さらに上流部のワッカウェン川の原っぱに追いやる始末だった。

　十津川郷の移民にたいし道庁は、交通費や荷物運搬費は別として一戸当たり食料一二円一五銭（二カ年間にわたり大人一人当たり一日米五合、塩・味噌料一日一銭五厘、同じく小人米三合と一銭）、小屋掛け料五〇円、農具料七円〇五銭、耕馬料一二円五〇銭（二戸に一頭、一頭二五円）、種子料一円、その他道路費、排水費、用水費、事務所、板庫、刈草小屋建設費など計一三万七五七〇円を支給し、手厚くもてなしている。

　十津川郷移民の一行が同年秋に来道後、道庁は一行をとりあえず石狩地方の屯田兵屋に入居させ、開拓地に入植する翌年六月までの間、トックコタンに一戸五町歩あての肥沃な農地（無償下付）を用意し、家屋、道路、橋梁、排水路などの諸施設を整備し、さらに開墾、農業技術の指導や村医を配置し、新十津川戸長役場まで開庁させた。至れり尽くせりの待遇である。いまや、新十津川町は北海道屈指の穀倉地帯となっている。

漁猟文化のアイヌたちを、大部分の和人のように強制的に農耕民化させるといえば抵抗はあるものの、百歩ゆずって農業で和人なみの生活が保障されるのであれば、それはそれなりに北海道庁の原住者政策を一部評価することもできたはずである。

でも、このように赤裸々な差別待遇をみせつけられると、果たして道庁は本気でアイヌ民族を農耕民化させようと考えていたのか、という根本的な疑問が湧いてくる。実際に道庁がやったのは、内地からの移住民の営農には力点を注いできたけれども、ことアイヌ民族に対しては、彼（女）たちの暮らしに一向に心を砕いてきた気配さえないという歴然たる事実である。

明治以降、政府や道庁が事あるごとに大言壮語してきた〝旧土人保護〟という言葉は、アイヌを引っかけるためばかりでなく、政府による先住民への人道に反する悪辣な仕打ちをこの目にして罪悪感にさいなまれる和人植民の衝撃をいくらかでも軽減させようとする政府の、これまた卑劣な手練手管であり、そのための単なるスローガンでしかなかった。

さて、武利誠の外祖父は営農条件のわるい給与地の野良仕事をフチ（おばあさん）にまかせ、自分は従来どおり弁天ヶ浜でしがない小漁師の仕事をつづけていた。夜明けまえ、ボロのはんてん、ボロのズボンのいでたちで数枚のカマスを肩に背負い、ハルトリの自宅である草小屋から山道をてくてく歩いて、五キロも離れた弁天ヶ浜にむかう。弁天ヶ浜には外祖父の磯舟が係留されていて、エカシはそれに乗っかり前日、近海に仕掛けておいた網を引きあげる。

いつもそれなりの漁獲量があってもいかんせん市場価格のやすい魚や雑魚。漁獲物は背負いカゴに詰めこみ、「いさば」と呼ばれていた魚の行商人や近所のひいき客に売った。いくばくかの売上金はポケットの中にしまい込み、売れ残った魚介類を持参のカマスに詰めこむ。カマスの魚はじぶんたち家族の食料ばかりでなく、近所の貧しいアイヌたちにおすそ分けするのだ。

フチは耕作できそうな場所に穀物や野菜をつくり、それで年寄り夫婦は何とか暮らしてきた。娘のサオは一九〇五年、弁天ヶ浜の生まれ。尋常小学校を卒業すると親元をはなれ、米町の裕福な和人漁家に奉公にだされた。家の掃除や食事の支度、子守をするかたわら、網元の妻から和裁を習ったという。

周辺に住む千辛万苦をかさねてきたアイヌ同胞もまた、女が畑仕事をやり、男たちは釧路や近隣の漁場ではたらいて家族の生活をまもってきた。また、給与地をそのまま安いカネで和人に貸し、男たちは和人の船に乗りこんで漁業の日雇、浜の荷役、昆布採り。女たちは水産加工場、畑の肥料となる本州方面むけの魚カスをつくる作業場の日雇労働などにいそしんだ。まさしくこのアイヌ集落は最底辺の村、見捨てられたコタン――。

いっぽう誠の祖父は、ハルトリで馬や豚を飼っていて生活には困らなかったものの、家には生活費を入れず勝負事にうつつを抜かし、そのあげく妻が一男一女をもうけると、妻に離縁状を突きつけた。妻はしかたなく再婚を条件に義理の兄のところに転がり込んだけれども、漁師の義兄も賭博にのめり込み、バクチに負けると妻の連れ子である長男の長助（一九〇一年生まれ）

につらく当たった。

長助少年はマサカリを手にハルトリの山で伐木すると、家に運んで薪割りするのが日課だった。きつい仕事をおえた夕食時、飯台をかこみ長助少年が腹をすかせて一杯目のごはんをかきこみ、養父の視線を気にしながら二杯目を食べ、居候のように三杯目の茶碗を母にそっと差し出そうとすると、横であぐらをかき一緒に食事をとっている底意地のわるい養父から、小手をぴしゃりとやられる。育ちざかりの長助は、いつもその場に泣き崩れた。それでも養父が眠りにつき、空腹のため布団のなかで声もださずに涙にかき暮れる長助をみて、母は台所に隠しておいたおにぎりをそっと隠し持って、長助に食べさせてやった。

そんな家庭の事情から、長助少年は腹がすくと当時ハルトリにあった道立の「アイヌ学校」（官立春採尋常小学校、一九〇六年に開校、一九三一年廃校）へ向かった。校舎の外から窓越しに教室をのぞいていると、「教室で、みんなと一緒に勉強しよう」と和人の先生に勧められ、教室のなかに入ってゆく。目的は勉強というより、昼食だった。先生は弁当を持参できない極貧のアイヌ子弟のために、前もってジャガイモやカボチャを塩ゆでにして、それを昼食代わりに出してくれた。また、長助はハルトリの墓地へゆき、いましがた墓参りを終えて家路につこうとする和人の家族の姿が見えなくなるのを待って、カラスよりもはやく供物を手にした。

一九〇八年一月二一日夜、歌人であり詩人でもある石川啄木は、一五センチほどの雪が降り積もる国鉄釧路駅に下車した。『釧路新聞』の記者の職にありついたのだった。長助が小学一年生で、いつもひもじい日々に明け暮れていた時である。啄木は函館、札幌、小樽、そして釧路と一年にわたる漂泊生活をつづけた。

結局、釧路滞在七六日をへて同年四月五日、上京を決意して貨客船「酒田川丸」で釧路を離れたが、この間、啄木は記者業のかたわら地元の政治家や役人、同業の記者たちと交流し、夜は料亭へ乗りこみ、芸者に接し酒に酔いしれた。なかでも盛岡中学の先輩にあたる、大正・昭和期の言語学者でアイヌ語学の権威、金田一京助にあてた書簡（一九〇八年一月三〇日付）には、このように書き綴っている。

アイヌには忙しくてまだ逢はず候が、当町より十四五町（距離にして約一・六キロ）の春採湖と申す湖の近くに部落あり、道庁で建てたアイヌ学校ありて永久保春湖（秀二郎）と申す詩人が校長との由、遠からず訪問して見るつもりに候。それから社長の所に、明治初年の頃何とかいふアイヌ研究者が編纂したアイヌ語辞典（但し語数順にしたる）の稿本（未だ世に公にせられざる）がある由、これもいつか見たく存居候（下略）

（石川啄木全集第七巻『書簡』一九九三年、筑摩書房）

献身的に尽くしてくれる金田一に頭のあがらない啄木は、アイヌ語学の権威者にたいし敬意をはらう意味もあって、アイヌに関する話題に触れたのだろうが、やはり啄木の官立春採尋常小学校訪問は、実現しなかった……。

小学校を終えた長助少年は、夏場は浜で昆布拾いの手伝いをして母をたすけた。冬場は近所にすむ伯父に付いて、釧路地方内陸部にある造材山の飯場に暮らしながら働いた。そこの飯場で、生まれて初めて腹いっぱいご飯を食べることができた。材木は製材所に送られ、橋梁や建物、鉄道の線路の下にひき並べる枕木や炭鉱の坑道をささえる坑木など、北海道開発の産業基盤整備にとって欠かすことのできない資材であった。

そして、一人前の木こりとなった長助は二三歳のとき、同郷の一八歳になる娘・サオを見染めて一緒になる。

次男の誠がやっと三歳になった一九三二年に製作・発行された『釧路市全図』（前原書店）を見てみると、誠が居住するあたりの地名は〝土人部落〟と記入されている（『釧路市ハルトリ周辺地図』参照）。一般的に「土人」というとき、軽蔑をふくんだ文明の光のさしこまない原始的な暮らしをしている土着の人種ととらえがちだ。しかも、「部落」ということばの響きからして当時の内地からの移住民の頭の中には、江戸時代の士農工商という身分階級のその下に「えた・非人」という身分があったことを想起する者もいたはずである。

幕末までは一〇人のうち九人までは農民階級で、その暮らしはこの上なく貧乏であり、ために支配層への不満はつよく時に百姓一揆が起きた。しかし、「えた・非人」の身分を考えれば自分たちの暮らしはまだマシな部類だと百姓たちに優越感をもたせることで、支配者の圧政にたいする不満を意識的にそらそうという仕組みを幕府はつくった。

「えた・非人」は家畜の死体処理や罪人の処刑など人のいやがる仕事を押しつけられ、その居住地も川原や荒地、崖下など危険で不便な場所に限られ、庶民との雑居および平等な交際を許されなかった。農民たちは「えた・非人」の村落を「部落」と称した。とどのつまり、北海道に移住した和人にとって、「旧土人保護給与地」に縛りつけられていたアイヌ民族は、まさに北海道の「えた・非人」そのものだった。

『釧路市全図』でみる〝土人部落〟は、確かに和人の暮らす市街と隔離されているかのごとき様相を呈している。それもそのはず、春採湖(周囲四・五キロ)は霞ケ浦や浜名湖とおなじく海湾の一部が波浪の作用などで外海から分離したれっきとした海跡湖であり、釧路市街からハルトリ地区へ渡るには、湖から太平洋に流れだす沼尻《ヌマジリ》川をまたがないと対岸にはたどり着けない。現在でこそコンクリートの橋が架設されている。しかし、アイヌたちが市街地からハルトリに移住を迫られた当時、その川に粗末な木橋が架けられていたとしても、とくにシケの大海から荒波が春採湖の湖口に押しよせている場合、対岸に人びとが渡ることは相当に危険であり、まさに陸の孤島状態であったと思われる。

日陰のせまい谷底にある〝土人部落〟の周辺には、公的な施設として同化教育のためのアイヌ学校のほか、その地図には誰もが忌みきらう養老院と火葬場、そして墓地があるだけである。和人植民のきらう施設は、おしなべて土人部落のちかくに設置されていた。

釧路アイヌはもともと釧路川河口部を見下ろす丘陵に集落をつくって暮らしていたが、和人植民が増えるにつれて、アイヌ民族の存在は和人植民の開拓にとって支障があるとの理由から、アイヌたちは釧路川上流部のセツリに追われた。しかし、アイヌの集団移住計画は失敗し、行き場を失った釧路アイヌは、まやかしの「北海道旧土人保護法」にもとづき、今度は釧路市中心街から遠いハルトリ地区のこのような谷間に追放された。

刑務所が管理する農地もまた、土人部落に接していた。刑務所では囚人の食料をまかなうため、囚人の労役の一環として、その土地で農作業に従わせるのだ。朝、市街地にある監獄から、手錠をかけられ腰をロープで数珠つなぎにされた三〇人ほどの囚人は、五人ほどの看守に監視されながら、土人部落の馬車道をぞろぞろ歩いて通過し、丘のてっぺんにあるその畑地で野菜や穀類をつくる作業に汗した。夕方、一日の労役をおえた囚人たちはまた、手錠をかけられロープにつながれて、朝来た道を戻ってゆくが、それは大雨の日は別として春耕から秋の収穫時までつづいた。囚人たちがぞろぞろと自宅前を通りすがるのを見つめてきた幼き日の武利誠の記憶は、いまも鮮明である。

武利エカシは、また述懐する。それは、かれが弁天ヶ浜の丘のうえにある尋常小学校に、着たきり雀で通学していた頃のことだ。父親の低賃金と子沢山の貧しい家庭とあっては子どもの学費もままならず、誠少年は一本の鉛筆と一冊のノートを買ってもらっただけ。それ以外の校舎内でつかう上履きなどは買ってもらえず、冬でも教室では素足のままだった。持参した弁当箱には米よりずっと安価な麦飯しか入っていない。昼食時、その粗末な弁当の中身を見せまいと片手で隠して食べようとしても、周囲の和人の子どもたちの関心は誠の弁当箱にそそがれ、中身がばれると教室の笑い者にされた。

辱めを受けるくらいなら、弁当を持参せず忘れたふりを決めこんで、登校するしかない。いや、いっそのこと学校を休んで、土人部落に近接する丘のうえのズリ山（炭鉱で商品にならない雑炭を円錐状に積みあげた山）で石炭拾いをしているほうがずっとマシだった。家庭の台所をあずかる母を一時だけでも喜ばせることができるからである。

土人部落の近くでは、一九二一年から「太平洋炭礦」（一九二〇年設立、二〇〇二年閉山）があたらしい坑口をつくり、石炭を掘り始めていた。北海道経済の発展は明治時代以来、水産・鉱業・林業・農業の第一次産業の発展と同義語だったから、それらの発展とともに労働力不足は慢性的となり、そこで炭鉱の下請会社は人夫探しを周旋屋にたのみ、周旋屋は全国各地に募集をかけた。鉱夫候補の健康で頑丈そうな若い男に前借金を渡してかき集め、釧路に連れてくるのだ。

「たまたま周旋屋が米町遊郭に世間知らずの若い男を連れてきて、おれの目の前で一〇円札三枚をわたし『一発やってこい、カネの返済はいつでもいいからな』とやさしい声で誘惑するのを黙って見ていたよ」

小学校高学年で、好奇心の塊だった誠少年がみた歓楽街の風景の一コマである。

当時の三〇円は、現在の貨幣に換算すると二万数千円といったところか。周旋屋に声をかけられた社会経験のあさい若者は、ふかく考えもせず海千山千の周旋屋の口車に乗せられ、売春婦の待機する宿へ入った。若い男が遊郭から出てくると、人買いと称する周旋屋は先ほどのやさしい口調から急にすごみのあるこわもての男に豹変し、「さきほど渡した三〇円は、おれの紹介する会社で働いて返してくれればいい」といって、若者を炭鉱の監獄部屋＝「タコ部屋」

へ連れていった。

ひとたび飯場に連れ込まれたら、当分は外界との交渉は断たれ、若者がやっと給料から三〇円の借金を返済して晴れて飯場から解放されたとしても、周旋屋は従順で働きざかりのその若者を簡単には手離さない。またしても半ば強引にかれを遊郭に連れだし、三〇円を渡して「一発やってこい」とやさしい声でささやきかけ、その誘いに負けた若者にたいし「君は体力もあるし、三〇円分だけ働けばいいだけだ」と言いくるめて、ふたたびタコ部屋へ送り返す。

「タコ」のいわれは、生活に困れば過酷な労働を強いられる飯場に仕方なくもぐりこみ、おのれの肉体を消耗させる労働者たちが、あたかも食べ物に窮すればみずからの足を食べて生き長らえる蛸の生態に酷似しているからなど諸説ある。ろくな食べ物も与えられず馬車馬のように使役され、病気を患っても無理やり働かせられるために長続きしない労働者を称して、あたかもヒモの切れた凧のごとくよくケツを割る（飯場を脱走する）ことをもじって、いつとなく付けられた俗称ともいわれている。かれら労働者は相当の募集費をかけて寄せ集められており、脱走されては大きな損失となるのでタコ部屋には、番人をつけて出入りを取り締っていた。

人夫集団が出勤するときと彼たちが仕事を終えて飯場に戻るとき、彼たちの腰元は囚人のごとく脱走予防のロープで数珠つなぎにされた。ちゃんと見張人はいるものの、それでも脱走を試みるしたたかな人夫がままいたのだ。これら労働者はそれを首尾よく遂行するため、同僚を道連れにする。脱出をそそのかされ道連れになった世間知らずの純朴な若者がまごついているのをみて、見張り番の注意がそちらに向けられている間隙をぬって、首謀者はすばやく逃走をはかるのである。

「おおーぃ、逃げたぞ！」見張り番のただならぬ声。誠少年がいつものように小学校を休み、いつものようにズリ山の頂上に設けられたエンドレスからこぼれ落ちるズリの中から燃えそうな石を探し出し、カマスに詰め込んでいる夕方だった。誠が声のする方向に目をやると、脱走者は必死の形相で突っ走っていた。だが、何度もそれでケツを割られ大損している雇主は、俊足の見張り番数人をつかって逃走者をとり囲むようにして追走させる。まもなく、脱走を試みた労働者は畑地の中でへたばってしまった。

「あの晩、逃げた男は飯場に連れていかれ、見せしめのためにあのおっかない棒頭から、ひどい暴行をうけたべなぁ…」

監獄部屋の労働者に同情を禁じえない武利エカシの気持ちは、おなじ人間として、おなじ働く者として理解できないわけではない。人間としての人格そのものが認められない程度まで身体の自由を拘束されて過酷な強制労働に従っており、確かに現在の日本の法律でも「奴隷的拘束」と呼ばれて禁止されている。しかし、タコ部屋の労働者は粗末ではあるが食事を与えられたうえ、それなりの賃金も受けとっていたから、これでもまだマシな部類と言わなければならない。

それに比べ、武利の祖先にあたるアイヌ民族は、ある日あるとき平和的に暮らしていた釧路や屈斜路湖岸などに点在していたコタンから釧路川河口まで強制連行され、和人支配者のために朝から夜まで過酷な労働を強いられても、金銭の対価を与えられないばかりか、手のひらに乗っかる程度の米しかもらえなかった。

むろん、それだけでは餓死するので、アイヌたちは労働が終わってから不足している食料を自分たちで調達しなければならない。しかも、彼たちが病気などで仕事を休めば、理由のいかんを問わずその撫育米も貰えなかったというではないか。

そのうえ、夫が商人（場所請負人）の漁場で苦役に従うために家を空けたすきを狙って、蝦夷地に単身で駐在する場所請負人の配下たちは、アイヌの妻や年頃の娘たちをかどわかし、なぐさみ者としてきたのである。これもまた明治時代に入るすこし前までのアイヌ史の残虐な一ページを飾っている……。

父の長助は毎年冬、造材山の飯場に住込んではたらき家族の生活を支えた。木こりが切り倒した大木をある長さに切り、雪が降りつもる林道までトビで引っぱりだすと、長助は馬ソリにそれを載せて、一時的に木材を蓄える土場まで運搬する作業である。しかし、家庭の台所をあずかる妻は山奥ではたらく夫の仕事が終了する春まで、給料を待たねばならない。その間、母は限られた生計費をきりつめて、八人の子を育てなければならなかった。

そんなとき、浜ではたらくコタンの仲間から、ときどき魚介類をもらって何とか家族の暮らしは守られるのである。母自身も夏場は、赤ん坊を背負いながら実父の畑地でジャガイモ、カボチャ、ダイコン、豆などの農作物をつくっていた。誠も母の苦労を身にしみて感じていたから、少年ながら気を利かせて雪の季節になればソリに木製の空き箱をのせ、その中に母がつくった農作物を積みこみ、釧路川河口にある魚市場まで運んだ。

魚市場前の河口には何隻もの大きな漁船が係留されていた。水揚げ作業を終え、見るからに気のよさそうな漁師が船の手すりにもたれているのを素早くみとめた誠は、好機をのがさず「魚と交換してちょうだい！」と、口元に両手をよせて叫んだ。汚れて着古された身なり、寒さのために真っ赤なほほをした少年が目の前に立っている。一瞥して憐みを感じたのだろう、漁師は笑顔で「いいぞ」と言って、船上から大きなタラやカレイなどを岸壁に投げてくれた。少年は木箱に山盛りになった〝収穫物〟を、ソリにのせて力一杯引っぱる。少年がハルトリの丘の道を越え、誇らしげな顔つきで家に戻ると、いかにも顔をほころばせる母親であった。

母はすぐさま、これまで世話になってきた近所の家々に魚をくばって歩いた。コタンの貧しい同胞と、助けあい支えあうのが昔からのウタリの慣習である。これまで自分たちの生活が苦しかった時は、幾度も仲間に助けられた。仲間がピンチのときは、じぶんたちが仲間を助ける番である。資本主義経済の仕組みやその法則を体系的に解明したマルクスなどの共産主義の文献を手にしたこともない貧地の無学なアイヌたちは、それでもフチ（おばあさん）やエカシ（おじいさん）から教わった「互助の精神」でくらしを支え合ってきたのである。

だが、そんな喜びもつかの間、コタンにはいつものように貧困の千波が襲いかかる。いつものように誠少年のところでは生活費が底をつくと、昼食は麦飯のみで子どもたちは学校にも行けないことがあった。仕方なく誠少年は空腹に耐えかねて、火葬場の管理人のところへ向かう。すでに、ひもじいアイヌの子らが和人墓地の墓石に身を隠し、供物を手に入れようと虎視眈々ねらいをさだめている。墓地近くに暮らす和人の一老婆は、「貧しいアイヌの子どもが墓石のあちこちに隠れている姿は異様だったわねぇ」と当時を振りかえっていた。

誠少年は管理人と親しくなれば優先的に墓の供物にありつけるから、火葬場でつかった石炭の灰を捨てたり石炭をそこに運びこんだり、その周辺の掃除をしたりして管理人のご機嫌をとっていた。そんなある日の夕暮れ時、火葬場に風体からしてタコ部屋の人夫とおぼしき二人が、モッコに土砂ではなく汚れた作業服姿の瀕死の人夫を乗せて運んできた。運ばれてきた人夫はぐったりして「ハッ、ハッ」と虫の息。病気を患いながらも強制的に働かされてきた一労働者だった。「焼いてくれや！」二人の男たちが、火葬場の管理人に声をかける。

「魚や虫けらじゃあるまいし、まだ生きている人間を焼くわけにいかないよ！」と管理人。

二人の男たちは「それなら、死んでからでもいいや！」と吐き捨てるように言い、火葬料をあらかじめ管理人に納めると、火葬場に瀕死の人夫を置き去りにしたまま、きびすを返して飯場へとつづく道をすたすたと引き返していった。〝労働動物〟として酷使されたうえ、病気のため飯場に伏せていれば、飯場においてさえ邪魔者扱いされてこのように始末されてしまう。

老眼鏡のエカシはどっしり腰をすえ、仕事にとりかかった。アイヌ口琴の原材料となる竹は、わざわざ岩手県の農家から取り寄せていた。運搬代を含めると相当のカネがかかる。ムックリを一本ずつ手作りでこしらえるが、美しい澄んだ音色がでなければ商品とならないから、三分の一ほどの原材料はゴミとして捨てられる。しかも製品を民芸品店に卸せば、一本百円ほどでしか引き取ってくれない。

病院のベッドではなく火葬場に野ざらしにされたままの瀕死の人夫は、断末魔のなかでどんな夢を見ていたことだろう。

「病院で診てもらえ」と誰かが正論を述べたてたところで、会社から前金を借りている素性も分からない病人の治療費を誰がまかなってくれるというのか。たとえ役所といえどもそう簡単に動いてくれないことを、これまでの経験から痛切に感じている管理人に、あと何ができるというのか。社会が弱者層の再生産を繰り返しているかぎり、その社会は弱者にたいし非情である。時あたかも日中戦争のさなか、治安が悪かったから墓場の管理人が帰宅している夜明け前を狙って、わずか深さ五〇《チセン》ほどの墓穴をほり、死因もわからない屍を許可なく土葬する無法者も少なくなかったようだ。当時は日常茶飯の出来事として、弱者たちが虫けら同然に扱われてきたというわけである。

第二次世界大戦、そして日本軍によるハワイの真珠湾奇襲で太平洋戦争も勃発した。

たまに誠が小学校へゆけば、国史の授業で「日本は神の国であるから、鬼畜米英に負けることはない」と訓導から教えられ、神武天皇以来の歴代天皇のなまえや教育勅語を暗記させられ、皇民化教育を仕込まれた。国家存亡の危機にあっては、ことさら「一視同仁」が教育現場で叫ばれたけれど、それは建前にすぎず誠少年は多数派の和人の学童から、「アイヌ、アイヌ」とからかわれ小バカにされ辛酸をなめつづけた。訓導もまたそれをみて、見ぬふりしている。

教室で誠が授業を受けていると、隣席の額に青アザのある女の子が訓導に気づかれぬよう、

はにかみ屋の誠も負けじ魂

「アイヌ！」と軽蔑の目つきで誠にささやく。はにかみ屋の誠も負けじ魂で、で、「アザ！」と小声でやり返す。その言葉をたがいに繰り返していると、さすがの訓導もその気配に気づき「お前たち、何をやっているのだ」といちおう注意をうながすが、それもあまり効果はなくいつも仕掛けてくるのは和人の子弟だった。

アイヌ民族の征服者である和人（大和民族）は、じぶんの祖先が被征服者・アイヌにたいしてやらかしてきた酷すぎる数々の悪行の歴史を、いまも直視できずにいる。それを見れば心が痛む。アイヌを押さえつけアイヌの生存権さえおびやかし、アイヌを不幸のどん底に陥れた張本人の善良な末裔であればあるほど、このデリケートな問題に耳目をふさぎたいと思っている。「北海道」で事業に成功し、そこに安定した生活の礎をきずきあげた和人にしてみれば、自分たちの祖先がアイヌ民族にしでかしてきた過去の〝残酷物語〟に、いさぎよく非をみとめることはできない。それを認めることは自己否定にもつながる。

従って、拭い去ることのできないアイヌ史には、無関心を装うほかない。代々にわたり和人の親たちは、わが子にも孫にも末代の恥とばかりに、アイヌ史をタブー視して真実を教えたがらない。そして、その反動としてあまりにも感情的な「劣等民族」のアイヌ観とともに、和人擁護論が跋扈したであろう。また、アイヌ民族への理由のない偏見や人権意識の欠落、アイヌ文化への無理解は和人たちの優越感からという以上に、むしろアイヌ民族を抑圧してきた和人の内なる「罪悪感」や「引け目」の裏返しかも知れない。

漁猟生活を奪われ民族の前途に悲観的となり、ついには自分がこの世で生きてゆく意味も、じぶんの生きている価値も見いだせなくなったアイヌたちが、路頭にまよい酒におぼれていた。それをはたから見ていた和人の権力者は、いかに大和民族がすぐれているかを人民に教え、和人の親たちも、昼間から泥酔して路傍につっぷしているアイヌたちを指さし、個別具体的な問題を一般化させ現象面のみを取りあげて、いかにアイヌはだらしなく怠け者の集団であるかをわが子に力説し、偏見を煽りたてきたものだ。

こうして、感受性のつよいアイヌの子弟は、病的ともいえる劣等コンプレックスと疎外感をかかえこんでしまう。自分でも気づかぬうちに自信を無くし、やる気を失った。

誠の父親は、春になって造材山から家に帰ってくると、すぐさま馬車にのって歓楽街にでかけたまま、一週間も家を留守にすることがあった。父親は心根のやさしい男で、大雪が降れば率先して近所の老人の家の前の除雪を手伝い、生活難の知人をみると見てみぬ振りできず、何がしかのものを施した。唯一の欠点といえば、いわばうわばみと言われるほど酒好きで、酒場の客をまえに即興の浪曲を語って聴かせるのが、彼の唯一の楽しみであった。しかし、それも冬場のつらい労働に従事してきた父の、たいせつな息抜きの一時であった。

せっかく造材山で働いてきても、それで給料の三分の一ほどが飲み代に消えるので、暮らしはなおのこと厳しかった。妻はそれでも夫に愚痴をこぼすことも噛みつくこともなく、自分でやれることに徹した。便所で使う紙がなくなれば、尻をふくのは紙ではなく、山から集めてきた柔らかい枯草を木箱につめこんで、その代用としたものだった。

飲み屋へゆけば、すかんぴんになるまで家を何日も留守にしている夫の体を案じて、妻は誠にいつもの酒場通りに使いにやらせた。父の馬車馬が電信柱に繋がれているのを見つければ、父の所在はわけなく探しだせた。やはり、いつもの酒場で父が浪曲をうなっている。「父っちゃん、母っちゃんが心配しているよ。明日から仕事に行くんでないの?」と伝えると、父親はどんなに泥酔していても、誠を馬車にのせて家路につく。そして、いつもその途中で「ポッコリ、ポッコリ」とゆっくり歩む馬の足音を子守唄に、父は眠ってしまう。手綱をひかなくとも愛馬はわが家をめざし、家の前まで来るとちゃんと止まってくれた。

自宅にもどった父親は、翌朝から木製のおおきな貯蔵箱を馬車にすえつけ、商店街や民家の便所の汲みとりを市役所から請け負った。また、街中から排出されるゴミ収集の仕事に汗を流していた。こうしている間も戦争はだんだん激しさをまし、一九四二年五月には戦争資材の必要から金属回収令が発せられ、天皇の赤子である大日本帝国の臣民には、各家庭にある銅やジュラルミンや鉄製の鍋などを国家に供出することが義務づけられた。

その頃になるとハルトリの丘のうえにも陸軍釧路連隊区司令部の兵営がつくられた。日ごとに戦況が怪しくなって、国からの食糧がとどこおると兵隊は自活のために、ハルトリ周辺の家々をまわって食べ物をせびっていた。そんな夏のある日、情報を聴きつけて数人の兵士が武利の家をたずねてきた。

「馬小屋にいる馬を供出できないか」というのである。臣民とはいえ、父親の仕事にとっても家族の暮らしにとっても、欠かせない大切な愛馬であった。馬の知識にうとい兵士のこと、長助は機転をきかせて得意の浪花節を語るように、うそを並べて訴えた。

「あいにくこの馬、伝染病にかかっているんだよ。見てみな、あんなに瘠せて尻もとがっている。おーぃ、兵隊さん。あまり馬に近づけば病気うつされるよ」

馬に触れようとしていた一兵士にむかって、父がじょうずに演技し、注意をうながした。かれらは馬をあきらめ、そのまま立ち去ったという。兵営に籠っていても食べ物にありつけない兵士たちは、仕方なく浜の番屋に寝泊まりするようになった。漁場の手伝いをすれば、労働の対価を賃金ではなく、魚介類をもらって兵舎にとどける毎日だった。

そんなある日、誠少年は高熱をだし近くの医院に入院した。戦争真っただ中の病院には給食もなく、医者はボロ服をまとっている長助に医療費は払えまいと勘ぐったのだろう、誠少年にろくな治療も施さず、「息子さんの命は助からない」と静かに言っただけだった。

そのとき、父にひらめくものがあった。すると、真っ先に自宅のわきを流れる小川で、ザリガニを獲り始めた。それをストーブにかけた鍋に放り込み、煮込んだ汁物を病院に持ち込もうというのだ。夕方、病室の窓を外からドンドンたたき、息子に付き添っている妻の名を呼ぶ夫の姿があった。病床の誠の顔を見ながら悲しみに暮れている母が、その声と物音に気づき締め切られた窓を開けてみると、額に汗した夫はゆでたジャガイモのほか、ザリガニの汁物をいれた鍋を妻に手渡して、何も言わずに立ち去っていった。父は連日、その料理をこしらえては病室にとどけ、息子はそれを美味そうに食べていた。

栄養いっぱいのザリガニのスープが功を奏したものか、ベッドに寝たきりだった誠はじょじょに体力を回復させ、一週間ほどするとベッドから起き上がれるまでになった。いつまでも貧乏人を相手にしていては商売あがったりと考えたものか、医者はすぐに退院を告げたので、母親はやむなく息子を自宅で養生させていた。そこへ、こんどは近所に暮らすアイヌ伝統の巫《ふ》術《じゅつ》師《し》のフチが武利の家をおとずれ、両親を前に自分にのり移った神のことばを告げに来た。

「息子さんの霊は、先祖のすむ神の国へもゆけず天地の間をさまよって苦しんでいるのだよ。その原因は、旦那がだらしなく罪深い生活をおくり、結果として息子さんが病気になると、罪もないザリガニを殺して食べさせている…」

もちろん、フチにはこれっぽっちの悪意もなく、宇宙の万物に霊魂が宿るとするアイヌ民族の伝統的な宗教の信者として語っただけである。最初、フチの言葉にしずかに耳を傾けていたいつもは無口で温厚な父親も、巫術師にそこまでいわれて面目丸つぶれ。憤懣やるかたない父は、声を震わせ目をむいて怒鳴りあげた。

「子どもが病気で苦しんでいる時、どんなことをしてでも助けたいとおもうのが親心というものでないか。罰があたるというなら、このおれに罰をよこせ！」

長助の猛りたった態度をみたフチは、あわてふためき自分の草履を手にすると、玄関から裸足で逃げさった。笑い話をしているのではない。それは、アイヌ民族の伝統文化をまもろうとする側と、和人の生活様式に溶け込もうとする側との間にぬきさしならぬ深い溝、悲しい分裂の火花が散らされた瞬間だった。そこにはウタリを力ずくでやりこめた、明治以来の政府によるアイヌ同一化政策が根底にあったことは言うまでもない。

誠が五年生のとき、冬のその日は釧路でも一番の寒さで、おまけに外は吹雪いていた。家にいてもその日の食事に事欠いていて、誠がいくらひもじくても雪深い墓場にお参りする人もなく、供物を手にすることもできない。そこで彼はめずらしく登校した。学校にいけば昼食時、弁当を持参しない誠をみじめだとおもう心優しい級友が何人かいて、そのうちの誰かが彼の手のひらにご飯やおかずを乗せてくれることもあったからだ。

ところが通学の途中、ほほを刺すような寒風と手袋もはめずに登校したため、指がかじかんできて耐えきれず、誠少年は途中で自宅にひき返した。「母っちゃん、手が冷たくて帰ってきたじゃ」と泣きじゃくりながら告げた。「そうか、そうか分かったよ」と言うなり、母は奥の部屋に姿を消した。和裁のじょうずな母はボロ布を取りだし、フェルトの生地で手袋と足袋をこしらえてくれた。母は最底辺の暮らし向きながらも、わが子のためにできることは何でもしてくれた。

ただ母は、父と同じく子どもたちに先祖の風習や母語はいっさい教えなかった。アイヌの親として当然の義務でもあるかのように、自分たちのように人種差別のつらい体験をさせまいとするあまり、子どもたちにアイヌ文化をいっさい教えなかった。

だが、アイヌ集落という小さな社会が誠少年に与える影響までは、両親といえども抑えることができない。当時、ハルトリの墓地は土葬が一般的で、誠の親類も土葬だった。埋葬を終え墓地からの帰途、ウタリのしきたりで死者が埋葬された場所を振りかえって見るのは御法度であった。死霊がいとしい生者を追いかけてくるとアイヌたちは信じ、それを恐れていた。いまもむかしも子どもは好奇心旺盛で、「見るな」と大人に注意されれば、なおさらそれを見たがるのが子どもの心理である。誠少年も、前もって叔父から口酸っぱくそのことを注意されていたのに、やはり墓場をちらとふり返ってしまった。「あれほどダメと言ったのに、死人の霊がおまえに付いてくるのだぞ」と、叔父に叱られたこともある。

小学六年の卒業式の日、誠少年は新調した学生服姿で登校した。和人の同級生も驚き顔で「誰に買ってもらったの?」と不思議がっていた。親が買ってくれたのでもなければ、担当の訓導が私費で買ってくれたわけでもない。北海道では貧しいウタリを救済する場合、「旧土人共有財産」の収益金でまかなっていたのだ。

アイヌモシリを明治政府が取り上げたとき、当時の政府はアイヌ民族の不満を抑えるため、政府の指示に従って農業に従事するアイヌたちだけで共同所有する、狭小な「旧土人共有地」をあたえた。その共有地は行政が管理し、アイヌ共有地を使いたい和人の漁民や農民に格安で貸しだされた。その土地と共有地を和人に貸してえた収益金を総称して「旧土人共有財産」という。

「アイヌは財産の管理能力に欠けている」というまことしやかな口実で、価値のあるおおきな共有財産は道庁長官が、ほとんど価値のない財産は市町村長が代々管理してきたものであった。釧路市のそれは市長が管理していた。もちろん、ウタリに財産の管理能力がないというのは真っ赤なウソであり、役所はその土地の収益金をアイヌの和人化政策のためだけにつぎ込んできたのである。

誠の教室五〇人のうち四七人は、学力に関わりなく無条件で尋常高等小学校へ進学、誠ら三人のアイヌ子弟だけが貧困のため上の学校へ進めなかった。

小学校を卒業したかれは、軍国教育で学んだ海軍の飛行予科練習生の七つボタンにあこがれ、軍人になりたいと両親に夢を語ったものの、たいせつな息子を戦地に送るわけにはいかないと親に猛反対された。母は漁船に乗っていた実兄に頼みこみ、十勝地方のある漁村のサケ番屋で息子を働かせてもらうことに決めてきた。当時、腕のいい漁師だと前借金五、六〇円が約束されたが、小学校を卒業したばかりの少年では大人の女ほどの仕事もできないだろうということで、誠には三〇円の前金が渡された。これからサケ・マス漁の忙しい秋までの半年間、そこの番屋で親と離ればなれで暮らすのだ。

真新しい学生服に身をつつみ現地へ出発当日、母は赤ん坊を背負い国鉄（現・JR）釧路駅まで見送りにきてくれた。一二歳の誠と母とのあいだに、重苦しいながい沈黙の時間がつづく。

「ボボーッ」蒸気機関車がびっくりするほど響きわたる汽笛を鳴らして出発進行をつげた。客車の窓越しに誠少年がそっと母の姿を追うと、駅舎の窓から顔をそむけ涙を流しながら息子との別れをおしむ母がいた。列車がゆっくり動きはじめた。その母の淋しそうな横顔をみながら、かれも感極まってもらい泣きしてしまった。

十勝の一漁村にすぎないアッナイ浜は昆布も採れ、磯の香りも故郷のハルトリに住んでいるのと違いなかった。数日すると郷愁からすっかり解放され、新生活にも慣れはじめた。誠少年の仕事は、サケ番屋で寝泊まりしながら漁場の仕事にいそしむ漁師のための部屋掃除、井戸の水くみ、ご飯炊き、薪割りなどの雑役係。賄いのおばさんの指示をうけて、早朝から夜まで高麗ネズミのように動きまわる毎日だった。このとき生まれて初めて一日三食のまともな食事にありついたのだから、なにより平穏な日々だった。

夢のような、あっという間の半年間。秋のサケ漁が終わると、十勝から懐かしいハルトリの自宅にもどった。真っ先に母親に給料を手渡すと、「元気でいたのか」といって母はうれし泣きしていた。家でぶらぶらしている暇もなく、今度は家族のために父に付いて釧路地方の造材山の木こりの手伝いに雇われた。伐採された材木の長さ太さを計測し、木こりが切った木の本数をノートに記帳し、一本一本の木の切り口に、黒色の墨を刻印する仕事だった。その仕事を済ませると、今度は飯場のストーブにくべる薪割り作業が待っている。

以来、かれは夏場にハルトリの水産加工場ではたらき、冬場に父とともに造材山の労働にはげんだ。その間も戦争は激化し母校の小学校は、国防訓練に重きをおく青年学校と改名され、一九歳までの男子は一週間に一度、青年学校への登校が義務づけられた。誠もハルトリの浜の仕事に携わっている間は、学校に通って木製の模擬銃剣で軍事教練。訓導や退役軍人から「天皇陛下のために死ね。アメリカの兵隊が空から落下傘で降下してきたときには、じぶんの家にある包丁を持ちだして敵をやっつけろ!」と檄をとばされた。

ところが、アメリカ軍はパラシュートどころか、まともに艦載機からの銃爆撃だ。四五年三月の東京大空襲を皮切りに、全国の都市がつぎつぎと猛爆にさらされ同年七月一四日早朝、ついに人口六万三〇〇〇の釧路市が空爆をうけた。その日は厳島神社の宵まつり。曇天のなか、だしぬけにアメリカ軍の艦載機から爆弾と機銃弾と焼夷弾の雨がふってきた。敵機は、造船所や釧路港に係留されている船舶をしこたま攻撃し、列車、学校そして繁華街をつぎつぎと旋回爆撃し、市街地はむざんにも火の海と化した。空襲は翌日までつづき、来襲した米軍機はのべ一四〇機。この釧路空襲で死傷者四六〇人、罹災者六二〇〇人、焼失倒壊家屋は一六二〇戸にのぼった。

一六歳の誠はその日、ハルトリの浜にある水産加工場で働いていた。ところが遠くの米軍機をてっきり皇軍の爆撃訓練とみあやまり、加工場の屋根の上によじのぼって「バンザイ、バンザイ!」と愛国少年まるだしで叫びつづけた。加工場にあった一台のラジオが、米軍機の釧路空襲を臨時ニュースで流しはじめた。「マコト、早くそこから降りて防空壕へ逃げろ！」という船頭のただならぬ声。彼ははじめて自分の身に危険が迫っていることを知った。誠はちかくの防空壕へは避難せず、いや、その機会をのがして陸揚げされていた船底にかろうじて逃れ、空爆の様子をじっと見詰めていた。

釧路市街から焼け出された避難民がどっとハルトリの山や谷に押しよせてきた。ぞろぞろと坂道を歩いている見知らぬ和人家族にたいし、あるアイヌの男が叫んだ。「アイヌの居住地に入ってくるな。これまでアイヌをバカにしてきたシャモ（和人）どもの来るところじゃないぞ！」和人たちへの鬱積した感情をおさえきれず、罵声を浴びせかけた。

空襲を逃れるためハルトリのアイヌ同胞が家をはなれて山奥に避難して間もなく、市街地から焼け出された避難民が留守中のアイヌの人家に、ちゃっかり住みついてしまった。空爆の日、誠の家族が馬車に布団を積みこみ釧路の内陸部に暮らす親類宅に一カ月ほど世話になっている間に、自宅は見知らぬ和人家族によって「占拠」されていたという。

避難先から馬車で家にもどった誠の家族は、自宅の窓に人影が映るのを見た。驚いた父の長助は馬車から飛び降り、自宅に住みついた家族に向かい「おい、どうしたんだ。この建物はおれの家屋なのだが…」と語りかけた。武利の家を無断使用していた和人の家族は、「市街地は空襲のため家を焼かれ、水道管も壊されて蛇口をひねっても水がでないので、井戸水のあるハルトリに逃れ、留守中のこの家を使ってしまった」と無礼をわびた。和人の家族はあわてて身支度をととのえると、また、あてを探してぞろぞろとハルトリの丘をのぼっていった。

そして、連合国軍と日本国軍との太平洋戦争は一九四五年八月、日本のポツダム降伏条項受諾と同年九月の日本軍の無条件降伏により、戦闘が終わる。

国家が食糧を管理し、食べ物はすべて配給制の物資欠乏の日々のなか、誠には敗戦の感傷にひたる余裕もなく夏場の浜の仕事をきり上げると、こんどは冬山造材で働くことしか頭になかった。ところが造材山に父子ではたらきにゆく直前、愛馬が死んだ。これまでも造材山からハルトリに馬車でもどり、また造材山に働きにでる半年間のうちに何頭の馬が死んだことだろう。が、馬がいなくてはこれまでの仕事にありつけないから、馬の取引をする馬喰から父がまた新しい馬を購入する。

こんなとき造材山の親方から前金を借りて馬を購入するのだが、父の給料のほぼ二カ月分に相当した。これらの失費がかさんで家への仕送りが少なかったというのも、十分うなずける話だ。馬喰はじぶんが飼育している馬の年齢を熟知しているから、長助にゆずる馬はだいたい酷使されていつ死ぬかもわからぬような老馬ばかりだった。たとえば、農家では春耕がおわれば来春まで馬の出番はなく、その間のエサ代のことや、馬が死んでしまえば営農に少なからず響いてくるから、そのような危険を冒してまで馬を飼うことはしない。安く買いたたかれることを覚悟で、農耕馬を馬喰に手放すほかないのである。

「借金して馬を買っても、何年もしないうちに馬が死んでしまう。ずっと、それの繰り返しだったよ。これではおれら、家族のためではなく馬を買うために働いているようなものではないか。こんなカネにもならない仕事をつづけていては、あまりに母っちゃんが可哀想だ。これからは、おれらの先祖のように昆布を採って暮らしてゆくべぇ、父っちゃん！」

敗戦の年の初冬、誠はへその緒切って初めて、父親に意見した。父は黙考していた。

「その通りだな。確かに馬を買うために、冬山造材に行っていたようなものだな……」

父は嘆息し、息子の言うとおり漁業に家族の未来を託すしかないと言った。そうはいっても、来春にならなければ昆布採りはできない。その間、漁業資金を貯めるために、また家族の暮らしを支えるために歯をくいしばって造材山ではたらく外なかった。

やっと長い冬が去って春になり、父子は漁業をいとなむ準備のためハルトリの浜を訪れた。使われなくなった木製の古い磯舟が二隻あったので、そのうちの一隻を漁師から分けてもらい、晴れて漁業組合の組合員となった。

カギおろし（昆布漁の初日）の当日、誠は漁師たちが昆布を採っているのをまねて、実兄と二人でカギさおを海中にしずめて昆布の根にからめつけ、力をこめて引きあげた。体力だけは自信があったものの、操船術を会得しないまま初仕事にたずさわったため、船上での身のこなしも難しく、横波をうけた舟は大きくかしがい、かれは体勢を崩してあっけなく海中に投げ出されてしまった。まわりで昆布採りをしている漁師たちは、そのぶざまな誠の仕事ぶりをみて、手をたたきながら呵呵大笑している。

弟が漁師たちから嘲笑されているのを見た兄は悔しさのあまり、その怒りを爆笑している漁師ではなく、弟にぶつけてしまった。海中でもがいている弟を助けるどころか、「海に浮かんでいるカギさおを取ってこい！」と弟に八つ当たりした。それでも一カ月もすれば若い兄弟舟は昆布の生産実績をグーンとのばし、ハルトリの浜でも指おりの生産量を記録した。

その夏の昆布採りは上首尾にいって、戦後の物資不足もてつだい釧路の浜には東京方面に海産物をはこぶための闇屋の船がたくさん着岸し、誠らの昆布は高値で引き取られていった。東京の闇市では、食料品を並べるそばから飛ぶように売れたのだという。

昆布採りの時期が終われば、こんどはハルトリの海岸に投げ捨てられていたボロの漁網を修理して、かれらの外祖父のようにカジカ、アイナメ、コマイなど値段がやすく市場に出回らない魚を行商人に売りつけ、売れ残った魚介類は家にもって帰り、食卓にならべた。その年の大みそかは餅つきもやり、武利家にとって初めて質素ながらも安楽な一日となった。しかも、四六年三月から誠と兄がニシン漁で活気づく日本海に面する留萌《ルモイ》地方の漁村に出稼ぎに行くというので、二人分二〇〇円の前金がすでに網元から自宅に届けられていた。これならば冬場の家族の暮らしも心配しなくて済むと、孝行息子の誠は安堵していた。

武利兄弟が出稼ぎする三月となり、かれたちは旅の準備にとりかかっていた。母は九人目の子を身ごもっていて、臨月を迎えている。そんなある日、母はハルトリの友人が病床に伏していることを小耳にはさみ、近所の知人といっしょに友を見舞った。が、帰途についた雪道でつんのめり腹部を強打。その時は知人に手を引っぱってもらい、笑いながら立ちあがって家路についたものの、その日の夜になって母のからだに異変が起きた。

「おなかが痛い、おなかが痛い」と母は家族に訴えた。まんじりともしないで一夜を明かした誠は、早朝から助産婦を家によび、診てもらうことにした。だが、助産婦は母親の腹部をさすりながら、「がんばりなさい」と励ますことしかできなかった。助産婦が帰ったあと、こんどは助産経験のあるアイヌの老婆が家に来てくれた。しばらく母のおなかを触っていた老婆はとつぜん、「おなかの子は死んでいる」と断言した。誠はおそるおそるその理由を訊ねてみた。すると、老婆は「腹が冷やっこい、これは死んでいる証拠だ。このままでは母親の命も危なくなるから、すぐに病院へ連れていけ」というのだ。

家の板戸を一枚はずし、それを担架がわりに母親をのせ、近所の男たちに手伝ってもらって、市街にある病院まで運んだ。やはり、老婆のみたてどおり死産だった。そのうえ、母も危篤状態におちいり、医者は「お母さんの最期をみとるため、家族を呼びなさい」といった。誠はすぐに家にもどり、ちいさな妹や弟の手をひき夜道をかけて病院に急いだ。妹も弟もボロ服を着ているだけで防寒着を持っていなかったから、「さむい、さむい」と泣きべそをかいていた。誠たちが病院へかけこんだとき、母の命はすでにこと切れていた。享年四一歳。

誠の弟妹たちは母の病室へ入れてもらえなかった。幼い子らに亡くなった母の姿をみせるのはあまりに酷い、と判断した医者のせめてもの心遣いだった。そんな事情も知らない妹と弟は病院の廊下の長イスに座って泣いていた。母の死を悲しんで泣いていたのではない、身をさすような冬の寒さに耐えきれずに泣いていたのだった。

母が急死して二日目に葬儀をすませ、三日目の二〇日には、誠と兄はせわしなく各駅停車の鈍行列車にのりこみ、二日がかりで日本海沿岸の増毛《マシケ》町のニシン漁場へと向かった。その間、あれほど慕っていた母親のことが誠の頭から離れることはなかった。日本海の漁場に出稼ぎすることが決まって以来、母親は息子たちの旅の準備を整えてくれた。息子のすり切れた作業服のかぎざきに当て布をして繕い、ボロの毛布をつかってマフラーもこしらえてくれた。走る列車のなかでマフラーに手がふれるたび、誠はいとしい母の面影を追って涙にくれていた。母が死んではじめて、彼のこころの屋台骨が折れたように感じ、そして彼の存在そのものが母によって支えられていたことを、しみじみと想った。

増毛町は小高い丘にある漁師マチで、めざすニシン番屋は海沿いの道を歩き、断崖絶壁の丘陵地帯にあった。空は晴れわたり三月中旬とはいえ、北海道としては暖かな日和だった。崖下の砂浜では、自分たちより三日前に釧路を発った漁師仲間がすでに仕事に就いているはずだった。途中、すぐ前方を歩いていた二人の若者が会話を弾ませている。なぜか誠はそちらに聞き耳をたてた。片方の男が相手にしゃべりかける。

「アイヌの男たちが白いフンドシ姿で働いているか、黒いズボンをはいて働いているか一〇円賭けるか？　おれはズボンのほうに賭けるぞ！」

何事かと誠が気になって崖上から砂浜を見下ろしてみると、そこには見憶えのある下半身毛むくじゃらの釧路のアイヌたちが、フンドシをしめて漁網の修理などにいそしんでいた。

「ほら、しっかり見てみろ。正解は〝黒いズボン〟だべぇ。さあ一〇円よこせ！」

二人の若者は顔を見合わせながら、口をプーッと膨らませて笑いこけた。誠はやっと、その意味するところを知った。

武利兄弟が番屋に到着し、これで二五人の働くメンバーが勢ぞろいした。そして初めて新しい漁網を仕掛けた「網おろし」の晩、大漁をねがい恒例の宴会（恵比寿祝）が催された。宴会に酒はつきものだが物資欠乏の時局とあっては、まともに美酒に酔いしれるなど夢のまた夢である。そこで網元は安価で入手できるメチルアルコールに水でうすめたものを、おおきなボウルになみなみとつぎ込み、それを酒のかわりに振舞った。誠はそこで初めてアルコールというものを口にした。

むろん酒ではなく、それは燃料や身元不明の死体を保存するホルマリンの原料として知られるが、大量に飲めば失明、呼吸困難、死亡にいたる毒性のつよい液体だった。宴のはじめ、新参者のかれは老漁師らにまじって舌にビリビリくる痛いほどのそれを、茶碗でしずかに飲んでいた。そのうち、アルコールが体にまわりはじめた男たちは、なじみの漁師たちと世間話で盛り上がり時々、笑いの渦がまき起こった。番屋の宴会の片隅で一人ぼっちでしょぼくれる彼の心はまわりの漁師とどんどんかけ離れ、物悲しさだけが込みあげてくる。ふつふつと走馬灯のように頭を駆けめぐる亡き母を思い出せば辛くなってくるから、彼はそれを忘れようと無理してアルコールをあおった。

一杯目、二杯目。……ついにかれは正体不明となり猛り狂ったように酒食の並べられていた座卓をひっくり返し、見知らぬ漁師に毒づいて粗暴なふるまいをしでかした。涙をこぼしながら「母っちゃん、なぜ死んだ！」と声を張りあげアルコールのはいった茶碗を壁に投げつけ、力のかぎり暴れまくった。その一部始終をみていた賄いの女たちも、「かわいそうにね」と同情をよせてもらい泣きしている。数人の屈強な漁師によって暴れる彼ははがいじめにされ、漁具のロープで太い柱に縛りつけられた。せっかくの宴が台無しとなり、実兄は網元や漁師たちに無礼をわび頭を下げていた。

柱にロープで縛りつけられていた彼が、急に疲れきって首をガクリとかたむけ、静かになった。さっそく番屋に布団がひかれ、彼はロープを解かれた。漁師たちは「辛いのはわかるが、もう母っちゃんのことは忘れろ。母っちゃんは空の上からおまえを見守ってくれているからな」などと優しい言葉をかけ、誠を励まし慰めてくれた。

翌朝から武利兄弟も仲間とともに作業に加わった。

〽オーシコイ　オーシコイ　飲み屋の女が待っている　オーシコイ　オーシコイ　娘っこの部屋に夜這いにゆくか　オーシコイ　……

沖にでる漁師たちは櫂《かい》で船をこぎながら、重労働の苦しみをまぎらし、たがいを励ますためにこぞって掛け声をだしあい即興の舟唄を歌う。海の神に豊漁を祈願する宴会が誠のせいでめちゃくちゃにされ、海の神が激怒して漁師たちに凶漁をもたらすはずもなく、漁師たちがいくら努力したところで確実に報われる仕事でないことは、漁師自身がじゅうぶん承知していることだった。この年のニシン漁は不漁がつづき二カ月半で切り上げとなり、武利兄弟らひらの乗組員への報酬は出来高制だから、旅費と少額の給料が出ただけだった。

　息子たちが出稼ぎにいっている間、家の台所をあずかる父は、好きな酒も我慢してきた。ところが、息子たちから大切な生活費を受け取ると、父はその晩から米町の歓楽街にいりびたり、遊び呆けてしまう有様だった。息子たちが帰郷してすっかり緊張の糸が切れてしまい、糸の切れた凧がふらふら風に流されるように、じぶんの欲望の風に流されてしまった。

　家には幼い弟妹とともに、父の知人の男が居候していた。誠がハルトリに帰ってから数日間は、家に保存していた魚の乾物や昆布を食べたりして飢えをしのいできたけれど、もう限界だった。その年は寒波が襲い、オホーツク海でひろがった流氷は根室海峡をこえ、釧路沖に達していた。ために、誠は舟を出して雑魚をとることもできない。いくら考えても、食べ物にありつける妙案は浮かばない。弟妹もひもじくて泣いている。

　かれのすむアイヌ集落の住民のほとんどは、和人居住区の人びとに比べ貧しい家庭ばかり。そんな生活困窮のアイヌたちは、ちかくの和人農家の牛馬が死んだという噂を聞くと、いち早く家畜が葬られた場所を確かめておく。そして、誰もが寝静まった深夜に俄然として同胞は活動をはじめ、力を合わせて家畜が埋葬された場所を掘りかえし、マキリ（小刀）などでへい死獣を解体して、困窮するウタリの大切な食料としてもち帰った。

魂が解放された動物の死骸はこの世への置き土産。老いや病で死んだ家畜を土中にうめて腐敗を待つより、空腹のカラスやキツネなどに食べてもらう。飢えた人間の食料となって役立てられれば、家畜の霊もうかばれて神の国にゆけるだろうとアイヌ民族は考えてきた。生と死という厄介な問題を、こうして合理的に整理し折り合いをつける。生き物をたいせつにするアイヌ民族ならではの宗教観が、そこにはあった。しかし、このところ和人農家の家畜が死んだという噂もまったく耳にしない。

「ポチ、殺して食べるか……」

途方に暮れた誠はぼんやりしながら、居候している中年の男に話しかけた。ポチとは、浜辺に捨てられ誠の家でかれこれ三年ほども飼われていた大型犬である。人生に疲れきったような居候の男は黙り込んだままだったが、反対はしなかった。誠はホゾをかためて裏庭で退屈そうにあくびをしているポチに近寄った。ポチはいつものように愛想よくしっぽを振り、かれを出迎えた。かれは漁場でつかうマキリを握りしめ、愛犬の首根っこを押さえつけると、一気にポチの首筋に刃物をつき刺した。愛犬は「ギャン」と一声吠えると血まみれでその場に倒れこみ、ブルブルと体をけいれんさせて絶命した。たいせつな愛犬に違いなかったが、背に腹は代えられぬ。

誠も弟妹も居候も、鍋で塩ゆでされた飼い犬の肉をほおばった。ところが、その日から二日ほど経過しみんなが寝静まった深夜、酒に酔って帰宅した父は腹ごしらえに台所に出し置きにしていたその鍋の肉をたべた。時間がたって肉が腐敗しかかっていたのだろう、父は激しい下痢と腹痛におそわれ、その夜なんども便所にたった。

朝方、誠が奥の部屋から眠そうな目をこすりながら茶の間に入ると、父も布団から這いでてきて「台所の鍋に入っていた肉は何の肉だ？　下痢でひどい目に遭ったよ」と情けない顔をして呟いていた。

「父っちゃんは飲み屋にいったまま何日も家を空けている。その間に家に残っていた食べ物は何も無くなった。しかたなく、ポチを殺してみんなで食べるしかないべぇ」

誠は憮然たる面持ちで言い放った。息子に痛いところを突かれた父親は、酒にうつつを抜かし家庭を顧みなかった自分の過ちと、そのために愛犬が犠牲にならなければならなかったことをたいへん悔やみ、両手でじぶんの頭をかかえて苦悶していた。

いや、アイヌばかりではない。戦後間もなくの食糧難の時代、この国の人びとはそのようなむごい光景をむごいとも思わず、日常茶飯事として平然と受け止めていたばかりでなく、栄養失調の大人も子どもも犬はおろかネコ、ヘビ、カラスなど食べられるものは何でも食して空腹を満たしていた。

エカシの一日の最後の仕事は、ノミや彫刻刀を砥石で研ぐ作業だ。いうまでもなく、刃物を研いでもカネにはならぬが、刃物を研がずにきれいな音色のムックリも作れない。確かにムックリ作りは苦労のわりには報われない仕事である。とくに最近の北海道観光は低調で、ムックリも売れなくなった。「巷では、爪に火をともすようにして貯える人たちの美談もあるけれど、おれにはそのようにして貯えるカネさえないよ……」

「そよかぜ団」

数日すると家の中にいても退屈なので、誠は気晴らしのため久しぶりに街にでた。伯父からもらった布製の戦闘帽をあみだにかぶり、自慢げに街中を闊歩した。映画館の大きな看板をみると、かれの観たかった時代劇が上映されている。そこで生まれて初めて映画館に入り、映画というものを鑑賞した。

すでに映画は始まっていた。暗い館内の座席について食い入るようにスクリーンを見つめていたけれど、しばらくすると尿意をもよおし、わきに設けてある便所に駆けこんだ。すると、五人ほどの血気盛んな和人の若者が、誠を追うようにぞろぞろと便所に入ってきた。何事かと、かれはたじろぎ相手のほうを窺った。相手方のひとりが「帽子のかぶりかたがけしからん」と因縁をつけ、無抵抗の誠にいきなり殴りかかってきた。相手の仲間もつぎつぎと加わり、かれは袋だたきの目にあった。

これまで、誠のほうから相手にたいし暴力をふるったことは一度としてなく、じぶんが条理なく暴力をふるわれるなど夢にもおもわなかったが、現実にそれが起こりうることを痛感した。それとともに、多数派をもって少数派に襲いかかる弱肉強食の卑劣な行為にたいする憤怒が、全身に込みあげてきた。

〈いつか、あのチンピラどもに仕返ししてやるぞ！〉

鼻血をだし腫れあがった顔面を便所の手洗場の鏡に映しながら、かたく心に誓った。彼のなかのアイヌの遺伝子が、アイヌ民族としての遠い記憶がいま蘇ったということか……。実際問題、アイヌ民族と大和民族との最後の決戦といわれる「クナシリ・メナシの戦い」以降、アイヌと和人とのあいだに差別のない対等平等の新しい関係がつくられたわけでもない。むしろ、和人勢力の植民地となったアイヌモシリ全域で、アイヌたちは強制労働を課せられたという幕末の松浦武四郎の記録は、そのアイヌたちの生活・労働実態の一端をたんねんに描写しているだろう。

でも、残念ながら幕府御雇としてアイヌモシリを訪れた松浦武四郎は、あくまでも国内の一地域の問題として商人（場所請負人）の配下である支配人や通詞や番人たちによるアイヌ同胞への極悪非道な扱いなどの現象面の一端を記録したにすぎない。たとえば、本質的には植民地における征服者と被征服者との抜き差しならぬ深刻かつ重大な事件であっても、番人などによるアイヌへのリンチ、婦女暴行、詐欺的行為などの個別具体的な事件として後世に伝えているだけで、その時代背景や幕府による蝦夷地収奪の本質論を語ったわけでもなく、植民地主義を糾弾したわけでもない。

幕府がさしむけた松浦の蝦夷地踏査は、おもてむき蝦夷地測量や探検（アイヌの動静やロシ

ア の動向を窺うことも含む）を名目としながらも、幕府に上申したかれの諸々の「報告文」は、むしろ幕府がつくりあげた従来の蝦夷地での原住者政策の波及効果を検証し、今後の幕府や明治政府による新しい原住者政策の策定にあたって、貴重な参考文献となったはずである。

かれは幕府の指示どおり、忠実に現地を記録するという本来の役割をりっぱに果たした模範的な〝お役人〟であった。しかしながら、弱肉強食の植民地主義＝帝国主義という思想の眼、世界的な視点で物事をとらえる識見がかれには決定的に欠けていた。その民族間対立は時代をへて和人に都合よく編集され、矮小化された言い回しで語られることが多く、そのような幕府や明治政府やそれにつづく政権の封建的体質が、現在のこの国のアイヌ史研究や歴史観にくらい影を落としている。

従って、現在の和人がアイヌ史を読んだところで、概して「昔の日本人はアイヌにたいし、ずいぶん悪辣なことをしてきたものだ」という印象や感想のみで終わってしまう。そんな大昔の出来事などは終わった話であり、現在のニッポン人とは縁もゆかりもないと切り捨てられ、他人事のようにしか受け止められていない。もし松浦が「すべからく地球上のあらゆる民族は、対等平等の関係であるべきだ」との世界的な視野から蝦夷地のアイヌ民族に対峙していれば、現状は相当違ったものとなっていたはずである。

そのことを指摘することによって後世の人びとは覚醒し、「和人政府は現在、アイヌ民族の自決権を認めているのだろうか!?」というアイヌ民族の根本的かつ今日的な問題をみずからに突きつけ、征服者の子孫である自身の問題として真剣に考えていたであろう……。

　ともあれ、数日して誠の青紫色に腫れあがった顔面をみた知人の男が、「どうした、その顔?」と心配顔で話しかけてきた。事実を包みかくさず話し、「なんとかあの不良どもに仕返ししたい」と悔しい胸の内を告白すると、知人は「おまえは腕力も体力もあるのだから、喧嘩の仕方をならえばそんな与太者なんて訳ないよ」といって当時、ハルトリのアイヌ集落にすむ若者たちで結成していた「そよかぜ団」という、可愛らしい名前の組織を紹介してくれた。一五人の団員は漁師や鉱夫や土方など職業はまちまちだが、みな筋肉隆々の怪力ぞろいだった。実兄も叔父も入団していた。

「そよかぜ団」に加わり心丈夫となった誠は、朝早い漁師の仕事を夕方までに片づけると、たまには気晴らしに団の仲間と繁華街へ繰り出したものだ。そのたびごとにあの日、映画館の便所でかれをしこたま殴りつけた卑劣な連中を探し歩いていた。ついに、その日がやってきた。団員と繁華街をうろついていると、あの集団の一人とばったり出くわしたのである。さっそく、彼は相手にたいし決闘を申し入れた。いとこのIに立会人となってもらい、いざ果たし合いとなった途端、相手は随分たくましくなった誠に恐れをなし、自分たちが卑怯者だったことを素直にみとめ、深々と頭をさげて謝った。

　誠は可哀想な相手の立場をおもんぱかって、男を酒場に誘った。誠の名とかれの男気は釧路の不良連中に知れわたり、街角に立つかれをからかったり因縁をつけたりする不良どもは以後、ぱったり途絶えた。

言うまでもなく、「そよかぜ団」はけっして不良青年たちの集団ではなく、ヤクザでもない。非常時にさいしてハルトリの同胞を守るために集った血気さかんなウタリ有志による警備団体といったところか。でも関東大震災のとき、東京やその周辺自治体で「そよかぜ団」と同趣旨でつくられた自警団とは、似て非なる組織である。

国家のイデオロギー的動員に積極的に関わった自警団の全体主義的な行動とはまったく違い、「そよかぜ団」は国家や権力とは一線を画し、ひたすらハルトリのアイヌ集落のまずしき同胞のために、用心棒的な自覚をもって活躍したところに決定的な相違があるだろう。

戦中・戦後の社会的混乱のなか、治安をまもるべき警官の人手が足りなかったこともあって、また、人種差別も相まってアイヌが和人たちから脅されたり、強姦されたり、騙されて損害をこうむっても、法の番人・警察署でさえまともに取り合ってくれなかったという深刻な時代背景があった。

道内各地の同胞もまた、和人社会に対抗するため、かねてから「そよかぜ団」と同種の団体をつくっていた。たとえば、日高地方の三石町《ミツイシ》（現・新ひだか町）のアイヌ青年は、「そよかぜ団」ならぬ「旧土人力行会」なる組織を結成していた。『三石町史』にはこう記されている。

（上略）大正十一年四月一日旧土人法の改正により、延出《ノビシュツ》尋常小学校に編入となって辺訪《ベボウ》小学校（旧土人学校）は廃校となったが、この旧土人学校の存在は、旧土人に即した教育がなし得たとしても、その分立は和人、旧土人の差別感をあおり、旧土人の城郭を新たに設け両者の感情の対立を激化させるようなものであった。当時、児童間に於いても対立が甚だしく、おたがい道を領して喧嘩をなし、之に付随して旧土人力行会や旧土人青年会ができ、村から土人が分立する傾向をとったとも云われている。（下略）

これなども、小学校入学以来いじめられてきた和人から、同胞をまもろうとするアイヌ青年の正義の戦いであっただろうし、その結成の背景には政府によるアイヌ同化教育が悪影響をもたらしていたとみるべきである。《北海道旧土人保護法》にもとづき北海道庁は道内の市町村のうち、比較的アイヌたちが密集している地域に二五の「アイヌ学校」をつくり、その子弟に徹底した同化教育をほどこした。

この教育によって、アイヌ子弟は先祖の文化を全否定されたため、アイヌ民族としての誇りを失い、自分を卑下するようになり、病的な劣等コンプレックスの塊となった。アイヌ子弟が学校を卒業し社会人となっても同化教育はつづけられ、道庁の指針にもとづきアイヌ学校の校長が会長となって「旧土人青年会」を組織し、卒業生の男子には剣道、女子には和人の日常作法の講習、農業技術などを教えてきたという歴史的経緯があった。

ハルトリにおいても一九一五年から官主導の青年会を組織化させようと動きはじめたけれ

ど、アイヌ学校卒業生たちはそれに先んじて、アイヌ同胞の団結を目的に「春採青年同志会」を自主的につくり、アイヌ住民にとって焦眉の急の問題であったアイヌ集落の道路修復工事を当時の釧路町長に陳情した。

しかも、このとき卒業生たちはアイヌ学校長を説得し、町長に手わたす陳情書をつくらせている。この道路は現在でもハルトリの幹線道路でありアイヌ児童・生徒の通学路である。ウタリはながらく雨にぬかるむ泥路に悩まされてきたが、「春採青年同志会」のこの活躍でアイヌ集落からアイヌ学校までの約一キロの道路修復工事が計画どおり実施され、失業していたアイヌ同胞は当面のあいだ仕事をえて暮らしを支えることができた。

こうして、三石の「旧土人青年会」が素地となって「旧土人力行会」につながっていったように、ハルトリの「春採青年同志会」という同胞の人間関係が礎となって、「そよかぜ団」へと発展してゆくのである。

「そよかぜ団」の先頭に君臨するのは、釧路の草相撲荒らしで名をはせていたHという若者であった。釧路では各神社の奉納相撲、太平洋炭礦の山神祭相撲、漁業会対抗相撲など毎年六月から一〇月までの五カ月間にわたり、草相撲の力士たちは活躍した。Hは「そよかぜ団」の仲間をひきつれ、釧路市内はおろか近隣の町村の相撲大会にも参加した。Hは小柄ながらがっちりした体格で、すばやい投げ技を得意としていた。縦横無尽に土俵内をうごきまわり、五人ぬき、七人ぬきで並みいる強豪を総なめにしたこともあった。

誠も「そよかぜ団」の団員として団体戦に出場、上背はないものの、浜仕事で鍛えた体力とハヤブサのようにすばしこい動きで、足取りや肩すかしなどの小技をかけて相手を負かし、「そよかぜ団」を勝利にみちびいて、日当程度の賞金や米・味噌・醤油などの賞品を手にして帰宅したこともあった。

ただ、繊細な神経の持ち主のかれは自分の体毛が少毛の和人にくらべて濃いという悩み、劣等感をもっており、だから相撲をとる時にはいつも腕から背中、胸毛をカミソリでそり、毛深い太ももやすね毛を隠すためズボンをはいたまま、締込みをつけて土俵にあがった。

自分の体毛が和人に比して多毛ということは、逆の立場からいえば和人はアイヌやその他の民族にくらべて体毛が薄いというだけの相対的な関係でしかない。それにも関わらず、ウタリがそのことに病的な劣等意識をもつに至ったのには、やはりアイヌ民族との戦いで勝利した和人の優越意識に起因するひどい人種差別が根底にあったことの証左である。アイヌモシリが和人によって植民地化されて何世代にもわたり、和人から蔑まれてきた差別の歴史をウタリは背負っている。征服者は被征服者の文化を劣等文化だと否定し葬りさる。アイヌ民族は、すべからく自民族に関わるすべてのものを下劣と征服者から教育され、ついには、おのれの容姿にまで嫌悪感をもつに至った。

武利誠と同様、あるアイヌの中年男は夏になり半そでシャツをはおる季節になると、会社に出勤する朝、欠かさず両腕の毛をカミソリで剃る。「一緒に職場ではたらく和人から、〝アイヌ〟

と陰口されるのが怖いのです」と男の妻は語っていた。また、いつもスカート姿のアイヌ女性の場合も、「外出時には必ず自宅の風呂場で、すね毛を処理してから出かける」と彼女の老父は、かなしげな顔つきで嘆いていた。彼も彼女もアイヌの素顔をかくし、和人の仮面をかぶって日常生活を送っているのである。こうして、ウタリの少なくない人びとは自分を少毛の和人にまねて、まるで自傷行為を繰り返しているかのように、カミソリをおのれの肉体にあてがう。

生業である漁猟の生活をうばわれ、働いても報われない不安定な職にしか就けず、かつ同化教育によって劣等コンプレックスを植えつけられたアイヌたちにとって、いまだ和人の侵略を経験していなかった今から約五五〇年以前の蝦夷地の先人のごとく、誇りある人生を歩むことなど不可能に近い。帝国主義の優勝劣敗の論理からすれば、多毛であろうがなかろうが、青い目であろうが黒い目であろうが、白い肌であろうが黒い肌であろうがそんなことは問題にもならない。要するに戦争に敗れた民族は、劣等民族として抑圧される運命にある。

「そよかぜ団」の団員はハルトリの友人や知人などが、繁華街にたむろし暴行、ゆすり、たかりをくりかえす和人の不良グループや「愚連隊」からひどい被害にあったことの一報がはいると、「すわ、一大事!」とばかりに仲間をたすけるため、現場に走った。かれたちの喧嘩は正義感の表れというばかりではない。

悲境のアイヌ民族の怨念をはらす対象がぼやけた戦後の混沌とした社会のなかで、抑えきれない彼たちの不満や怒りのはけ口でもあった。和人と対立しているウタリの若者の立場からすれば、「酒が入ると鬱憤ばらしというか、なぜか和人と喧嘩したくなるんだよ」と武利エカシが回想するように、和人社会群にたいするアイヌ民族の意趣返しというような視点とか、もっと社会学的な立脚点から捉えなければ彼たちの深層心理はいつまでも解明できないであろう。

むろん、「そよかぜ団」の面々は腕っぷしはつよいが徒手空拳であり、どうかすると「愚連隊」などと渡りあうことはあったが、経済的利益をもくろむ暴力団とたたかう理由はまったくなかった。いつもは、団員それぞれがそれぞれの労働にはげみ、一日の仕事がおわる夕方になると、「そよかぜ団」の仲間は連れだってあちこちの面白そうな場所へ遊びにいった。

ちょうど七月中旬の厳島神社例大祭の宵宮の日だった。真夏の時期だというのに釧路市の夜は海霧につつまれ肌寒い日がおおい。そんな日は繁華街に出現する露店は人影がまばらである。そこへ誠らのグループ五、六人は高ゲタをはいて夜店の通りをガラガラと音を鳴らしながら歩いていた。物も売れず、イライラがつのっていた露店商の仲間六人が一同に集まって話しこみ、手持無沙汰をまぎらしていた。

誠らの集団がそこを通過しようとしたとき、たむろしていたご機嫌斜めの露店商の親分格が誠らに向かって、「てめえらの歩き方はなんだぁ。小生意気に風をきって歩いているじゃないか！」と言いがかりをつけてきた。すでに同僚の露店商のひとりは、ジャンパーの懐からギラギラ光るナイフをとりだし、威嚇してきた。誠らのグループは高ゲタをぬぎ、それを両手にもちかえ相手と対峙する。一瞬間、二瞬間……。しばらく双方のにらみ合いがつづく。

「そよかぜ団」の団長・Hが何をおもったか、とつぜん反対側の方向に走った。逃げたのではない。そちらの方角ではサーカス団がテントをはって興行しており、Hはそのテントの骨組みに使っていた長い手ごろな角材をひき抜くと、それを一メートルほどの長さにへし折り、仲間の数の分が揃うとそれを小脇にかかえて、今まさに一戦を交えようとする現場に引き返してきた。角材は木刀がわりに仲間に渡され、「これで、あいつらをやっつけろ!」とHが気合いをかける。

ナイフをちらつかせていた男が逃げた。すると、いつの間にか警察のパトカーが現場に駆けつけ、「そこで何をやっているか!」と一人の警官が怒鳴りあげる。「おれたち何もしてないのに、露店商がおれたちに短刀を突きつけ脅してきたから、対抗しただけだ」と誠は事情を説明した。警官は露店商の一群を指さし、「脅したのはあの連中か?」と訊ねたので、誠は頭をこっくりしてうなずいた。刃物をもっていた露店商のひとりが、まっさきに銃刀法不法所持の現行犯でしょっぴかれた。「おれらも逮捕するのか?」と警官にたずねると、「Hだけ警察署に来てもらい、くわしい事情を聴く」というものだった。

Hはその夜遅く、警察の取り調べからやっと解放され、ハルトリに戻ってきたという。

昆布漁師の朝はめっぽう早く、漁師たちは朝三時には起床し、海上や空の模様を確かめるため、浜辺にたつ。そのうちに昆布漁ができると漁業組合が判断すれば、ポールに旗がへんぽんとひるがえるけれど、波がたかく風が吹いて舟の安全がたもてない場合や、せっかく採った昆布が天日で乾かせない海霧や雨の日だと旗はあがらない。昆布漁の期間は五月から一〇月までの約半年間。

だが、利益のあがらない昆布漁だけでは暮らせないから、誠たちのようなアイヌの零細漁民は冬場も雑魚などを獲って暮らす。サケ・マス漁などの網元は大漁がつづけば二、三カ月の短い漁期だけで、一軒のりっぱな家を現ナマで新築するほど大儲けする場合もある。しかし、その漁業権を持っているのは、おもに明治期から北海道各地の沖で操業してきた和人漁師に、ほぼ独占されている。

一九四七年一二月初旬、すでに昆布漁がおわった武利の舟は、釧路地方西部にある海路二二マイル（三五キロ）の音別《オンベツ》の浜めざして、夜一一時にハルトリを出帆した。漁師仲間の情報によると、音別沖ではチカ（キュウリウオ科の海魚）漁の最盛期で、すこぶる漁模様がよいらしい。そのとき、いとこのIの舟もいっしょで、双方の舟は帆をはり遅くとも翌日早朝には目的地に着くはずだった。

帆はゆるやかな風をふくませ、父と兄と誠の三人が乗りこんだ舟は快調に海面を滑りだした。ところが、沖にでると風がつよくなり波も高くなった。さっそく父が追風をいっぱいにはらんだ帆を「五分までおろせ」と命令した。ところが、先行するいとこのIの舟は速度をはやめ、武利の舟との距離をどんどん広げるので、帆綱をにぎる負けず嫌いの誠はそれに遅れをとるまいとしていきり立ち、父の指示を聞き漏らしたふりをしてそのまま舟を走らせた。兄は昼間のあそびで疲れきり、船首の辺りでぐっすり眠っている。

先行するＩの舟からぼんやり灯影がみえる。その灯りは、船内の乗組員が暖をとるために用意した火鉢からもれる光であった。誠の舟はＩの舟からさらに距離をひき離されてゆく。操船術の未熟さをはからずも露呈してしまい、プライドをおおいに傷つけられて気恥ずかしい気持ち、悔しさ、焦りにも似た感情が交じりあう。無謀だったと言われても致し方ない。誠は腕時計をもっていなかったが航行して一時間ほどたったころ、父は帆を五分まで降ろすように、あらためて声高に言った。

すると、間もなくして船首部分から大波が押しよせ、たちまち舟は水船となり遭難してしまった。ぐっすり眠っていた兄は驚いて飛び起き、全身ずぶぬれで舟の中央部に移った。大波がもう一つ来れば、きっと舟は転覆するだろう。父が「このままでは舟が沈没するから、積荷を海に捨てろ」と冷静沈着に指図した。火鉢で暖をとるための石炭、数日分の食糧などが投げすてられたものの、父は舟から岸壁に渡す「歩み板」だけは捨てるな、と声を張りあげた。

〈おかしなことを言うな?〉誠が内心けげんに思いながらも父の指示に従っていると、父は舟の両脇に三《メートル》ほどの歩み板をわたし、あたかも飛行機の翼のようにそれをロープで舟にくくりつけた。そうすることで、たとえ大きな横波をうけても舟は簡単には転覆しなくなるのだ。

それでも、この荒れる冬の大海原で三人の命は火鉢の灯りのごとく一瞬にして消え去るのか、恐怖のおもいが誠の脳裏をよぎる。父と誠はたまたま立ち仕事をしていたから、下半身のみ海水に浸かっただけで済んだが、北の冬の海水温は、かぎりなく零度に近かったであろう。漁師たちがよく使う〝板子一枚下は地獄の底〟という言葉を、誠はしみじみと噛みしめていた。

父はリーダーらしく、パニック状態にある息子たちに向かって「Iの舟に向かって、でかい声で助けを求めろ！」と力づよく言い放った。誠の兄が「たすけてー、たすけてー」といかにも情けない声で叫ぶ。頭から足先まで全身ずぶぬれの兄はこごえる寒さのため、わなわなと手足を震わせながら声もとぎれとぎれに叫んだものの、月影もなくあやめもわかぬ闇夜のなかで誠らの舟が遭難していることなど、Iの舟の乗組員は知るよしもない。その兄のみじめな様子をみていた誠は、なぜか可笑しさがこみあげてきて、不覚にも大声で笑ってしまった。絶望した人間は、笑うしかないのだ。

高笑いしている誠の様子をみた父は、かれの気がふれたと思ったらしい。「マコト、しっかりしろ！」と喝をいれる。それでも誠の高笑いが止まないものだから、父は誠の背中をドンとたたき、「絶対に舟は沈まないから安心しろ！」としっかりした口調で息子を励ました。ところが、誠が正気であることを気配で感じとった父は、おもむろに自分の腰元から刻み煙草をとりだし、それをキセルに詰めこみ、マッチを擦って火をつけた。

漆黒の大海原でマッチの炎は一瞬間、まるで夕陽のように光りかがやき、そこに度胸のすわった父のいかにも威厳のある横顔をまざまざと照らしだした。それを見た誠は、その父が全知全能の神のような存在にみえてきた。すると絶望感に襲われていた誠の心に一縷の光がさしこみ、たちまち勇気がわいてきて、脇にあったブリキのバケツで舟のなかに溜まった海水を力任せに掻いてみた。だが、掻いてもかいても海水は次からつぎへと舟のなかに流れこみ、舟は決して海水面より浮き上がることはなかった。

遠くに、白糠の街の灯りがぼんやりと見える。しかし、ほぼ全身水浸しの三人の指はかじかみ、冬のこごえる寒さに耐えきれなくなっていた。そこで、父親は三人でかわるがわる舟のオールを漕いで、とりあえず白糠の浜をめざそうと指図した。そして父は「さあ、声をだして漕ぐんだ！」と息子たちを叱咤する。「オーシコイ、オーシコイ」息子たちは掛け声をだして櫂をこいだものの、這いずりまわる赤ん坊よろしく、舟はほとんど前には進まなかった。冬至をまえにした一二月の夜明けが、めっぽう遅く感じる。それでも東の空が白みかけ、折しも陸方向に海風が吹きはじめ、白糠の漁家の家並みもはっきり見えはじめた。

誠が漕ぐのをやめ、父に漕ぎ手をまかせた時だった。舟に突っ立ったまま白糠の海岸を眺めていると、一隻の船が白糠港を出てこちらに向かってくる。誠が「救助船が来たぞ！」と父に伝えると、父は「帆柱にマネを揚げろ」と命令した。マネとは東日本の太平洋側の漁師の間で使われることばで、おもに海上を航行する船同士の合図に使われる旗のことだ。しかし帆柱に揚げる旗がないため、誠は水船のなかから黒いゴム合羽をみつけ、それを帆柱のてっぺんに掲げ遭難信号の代わりとした。

ところが、てっきり水船の救助に来たと思われていた船は、ずっと手前の海上に錨をおろし、網引きの最中ではないか。誠と兄は声をかぎりに救助を求めたけれど、なかなか相手には伝わらなかった。武利兄弟が最後の力をふりしぼり長い板や漁具などを振りあげて必死になって助けをもとめた。果たして、やっと相手も気づいて水船に接近してくる。「てっきり、廃船か漂流物かと思っていたよ」と善良そうな相手の漁師は、黄色い歯をみせながら笑顔で話していた。救助に来てくれた船の旦那は、自分の船に父子を乗り移させてから、自分の船のマストからのびるロープを上手に使いこなし、水船をすこし吊るし上げたところ、かしげられた水船から海水が勢いよく放出された。

救助船の漁師は、この寒空にぬれネズミとなり体をふるわせている父子の様子をみて、気の毒に思ったようだ。旦那は父子を気持ちよく白糠の自宅に招きいれ、海水にぬれた衣類をぬがせて着替えの服を用意してくれたうえ、朝食もごちそうしてくれた。ストーブが真っ赤になるほど火力をつよめ部屋を暖めてくれたから、海水にぬれた作業服や下着も二時間ほどで乾いた。長居は無用、助けてくれた漁師に何度もお礼をいい、早々に武利の舟は音別めざして出帆した。

音別沖でのチカ漁は、まずまずだった。舟が一日の漁をおえて浜辺に戻ると、魚の行商人がトラックで駈けつけ、水揚げの大部分を買ってゆく。また、近くの集落の農民などが魚をもとめて集まりだすと、たちまちのうちに漁獲物ははけてしまう。ときに貧しそうな農民もやってきて、「野菜や穀類と交換してくれないか?」と声をかけてくる。もちろん、父子は音別の浜辺の上にバラックを建てて寝食をともにしていたから、喜んで物々交換に応じた。

厳寒の海で、彼たちはとりあえず年の暮れまで漁をつづけた。母亡き後、自宅で正月を迎える準備のため、父は早めに仕事をきりあげ一足先に汽車で釧路にもどった。それにつづき誠と兄も正月を自宅で迎えようと一二月三〇日早朝、国鉄音別駅にやってきた。すでに釧路へむかう帰省客が乗車券売場前に長蛇の列をつくっている。いとこのIと武利兄弟はその列に並んだが、Iの相棒は切符売場の窓口がひらかれ係員が客に乗車券を売り始めているというのに、なかなか駅舎に現れなかった。

Iが気をもんでいたため誠は、駅舎のなかで遊んでいた小学生とおぼしき少年を手招きしてIの前に連れてゆき、少年に大人用の切符一枚を買わせた。駅舎のなかでは誠らの行動をじっと眺めている愚連隊らしき八人がいて、誠ら三人をとり囲み「ずいぶん汚いことをするじゃないか」と巻き舌でつめ寄った。誠らが「釧路で正月を迎えるので、勘弁してください」と何度も頭を下げても相手はかたくなに拒絶し、一群のボスらしき男が誠の胸倉をつかまえた。不穏な空気が周囲に流れる。

〈三人対八人では彼らにしこたまぶん殴られるだけだ〉と直感した誠は、勢いよく燃えさかる石炭ストーブの脇に「ジュウノウ」（ストーブのなかに石炭をくべる小さなスコップ）が置かれているのを確かめると、あえてストーブの方向に後ずさりした。そして、電光石火の早業でジュウノウを握りしめると、それで愚連隊の長の顔面にバシッと一発くらわせた。不意を突かれた愚連隊の面々はたじろぎ、身構えた。兄もIもおおきな目を見開いたまま、あっけにとられて呆然と立ちつくしている。

「おれたちが悪かったと頭を下げているのに、お前たちこそ意地汚い態度をとるではないか。喧嘩ならいつでも相手になってやるから、束になってかかってこい！」ひるんでいる相手にむかって誠が居丈高になって怒鳴った。ジュウノウで殴られ顔から血を流している男が、「腕時計も壊された」とぶつくさ文句を言うので、誠は「それなら一対一で決着をつけよう」と強気にでた。相手もいきがかりから受けて立たざるをえず、プラットホームで決闘することとなった。二人の男が向き合う駅のホームには、汽車を待つたくさんの客の視線があつまった。

愚連隊の副番長だというその相手は、なにを仕出かすかわからない誠との喧嘩に正直、消極的だった。そこへ親類のIが気をもんで駆けつけ、「何もいま決着をつけなくても、日をあらためて対決すればいいべぇ」と提案したところ、相手もほっとした顔つきで同意し、正月休みに双方が話し合いで決闘の日時と場所を決めることにした。

父が子どもたちのために張り切っておせち料理らしきものを作ってくれたけれど、母のいない正月休みなど子どもたちにとって、無味乾燥で物悲しい時間の集積だった。正月気分にひたるどころではなく兄とIはその間、音別の愚連隊と会って決闘の日取りを決めてきた。決闘は一月一三日夜、音別駅近くの浜辺で誠と副番長との対決。そのあと、双方が一五人ずつ組になって勝負するというものだった。

当日、「そよかぜ団」の一五人は夕方の釧路発の汽車に乗りこみ、音別をめざした。汽車が海岸線沿いにある音別駅に到着すると、すでに愚連隊一五人が誠たちを待ち構えていた。冬の日はとっぷり暮れ、双方のグループは無言のまま五〇〇《メートル》ほど先にある海岸に向かった。ひろい浜辺まで歩いてきたところで双方は向かい合い予定どおり、まず誠と副番長が一戦を交えることとなった。双方から立会人一人をだし一、二、三の合図で果たし合いの火ぶたが切られた。

初めのうちは勇猛果敢で敏速な動きをし、〝北のハヤブサ〟の異名をもつ誠が先手攻撃をしかけ、戦いを有利に進めていたものの、つい力みすぎて極度に体力を消耗させた。パンチの威力がなくなり、手数も急激に減る。相手は鋭くその気配を感じとって、猛攻撃にうってでた。的確にパンチが当たりだすと誠は防戦一方となり、顔面をしこたま殴られて鼻血をだし、よろけながら立っているのが精一杯だった。

グロッキーとなったの誠の動きをみて、これ以上は戦えないと判断した実兄は、「そろそろ、組同士の対抗戦でいくぞ」と大声で相手側に伝えた。相手側からも「おう、わかった」との荒っぽい返事があって、両グループの対抗戦が始まった。

誠の決闘相手だった副番長とは弟の仇とばかりに、実兄が挑んだ。その間、誠は流れる鼻血をちり紙で拭っていた。そこに敵の一人がもんどりうって誠の足もとに転がりこみ、「助けてくれ！」と情けない声をだして砂浜に這いつくばっている。その男を「そよかぜ団」の仲間がところかまわず蹴りつけているのをみて誠は励まされ、「もうひと暴れしよう」と奮起したけれど、月も見えない闇夜となり敵味方の判別も難しくなると、双方は戦意を喪失し、いつの間にかまとまりなく街中に消えていった。ただ一人、誠だけは明日からのチカ漁にそなえるため、浜辺のバラックに引き返した。

それから一週間ほどした真昼時、バラックの周りが騒がしくなったので誠が戸口から半身をのり出して外をみると、あの愚連隊だった。約二〇人が誠の宿泊先を取り囲んでいる。

「おまえがタケトシか⁉」

愚連隊の誰かがすごみのある声で問いつめ、「話があるから外に出てこい！」という。誠はいったん小屋にもどり、自分の護身用に魚をさばくマキリを懐にしのばせて対決すべきか逡巡した。だが、一時の興奮や怒りで何人かをあやめたところで、結局は多勢に無勢、かれもまた相手から仕返しされて、くたばってしまうだけだと観念した。〈それならば、男らしく堂々とした態度をとるべきだ〉と思い直し、あっさりマキリを小屋のなかに投げすてて外にでた。

集団のなかに、見憶えのない親分格の一人が彼のまえに立ちはだかった。

「音別駅でおまえにジュウノウで顔をぶったたかれた男は、おれの実弟だ。その仕返しにきょう釧路から仲間を連れて飛んできたが、その覚悟はできているだろうな！」

誠は答えた。

「きょうは、おれ一人しかいない。せっかくここまで来たのだから、おまえたちの気の済むようにすればいい」

誠は小屋のまえの地べたにゆっくり腰をすえ、あぐらをかいていた。相手の数人が何か話し合いをしている。間もなくして、弟のために釧路から駆けつけてきた兄が誠の顔面に一発、力をこめて平手打ちした。それにつづいて相手のメンバーが次々とそれをやった。そのなかには副番長の姿もあり、誠の顔はみるみるうちにひどく腫れあがった。そこで、かれは父親ゆずりの演技力で仰向けに倒れて伸びたふりをしていると、副番長の実兄が「もういい、やめろ！」と鶴の一声。すると、あたりは一気にしんと静まり返り、いつもの音別ののどかな街に戻ったようだった。

相手方のひとりが、大の字になって倒れている誠を抱き起こしてくれた。

〈大勢でおれ一人を相手にビンタを食わすなんて、卑怯者のすることではないか〉

納得のいかない誠は、「おれもおまえたちと一緒に釧路に帰るからもう一度、仲間同士で決着をつけようではないか⁉」と、鼻血にまみれ腫れあがった顔で食い下がる。しかし、相手方の親分格の男は静かなやさしい顔つきで、「おれは釧路のおまえたちの仲間と知り合いだから、もう戦うつもりはない。おまえにじゅうぶん焼きを入れたから、これで終わりにしよう」と誠に語りかけた。副番長も誠の手を握りしめ、仲直りのしるしだと言って一本の煙草に火をつけ誠にくわえさせた。そして、愚連隊はたち去った。

顔をたたかれた誠がバラックのムシロの上に横たわっていると、誠が愚連隊の餌食にされていることを誰かから聞かされた音別在住の叔母は、「誠が殺される！」と泣き叫びながらバラックに駆けこんできた。顔面が腫れあがり青紫色のアザをつくっていたものの、「おれはこのとおりぴんぴんしているよ」と叔母に心配をかけまいとする誠の言葉づかいや、かれの思いのほか元気な様子に安心して彼女は帰っていった。

音別沖のチカ漁は二月末まで続いた。それを終えると、例年どおり春ニシン漁が待ち受けている。いつも正月前後に、日本海沿岸の漁村からじきじき網元がハルトリにやってきて、腕のいい漁師に前借金一〇〇円を渡して仕事を頼み込むのである。戦後間もなくの一〇〇円の貨幣価値は、「正月の飲食代でほぼ消えてしまう」程度のものだった、と武利エカシは当時を振り返る。

まだ小中学校に通学していた弟妹のいる武利の家庭では、貯蓄する余裕もなかった。誠がニシン漁場に働きにゆくことを条件に網元から送られてきた前借金は、いつの間にか生活費に消えてしまうので、かれが留萌地方のショサンベツという漁村に出稼ぎにゆくときには、しかたなく伯父から汽車賃だけを借りて各駅停車の鈍行列車に乗りこんだ。まる二日もかかってやっと国鉄初山別《ショサンベツ》駅に到着したが、めざすニシン番屋まではさらに二〇キロ離れた雪深い道を徒歩でゆくのだった。列車のなかではもちろん、駅弁ひとつ買えず水しか飲んでいなかった。雪をなめながら空腹に耐え、やっとのおもいで目的地にたどりつく。

空腹のため、よろよろしながら網元の家の玄関に入ったとたん、かれは精根尽きて上がりかまちに崩れ落ちた。その物音に気づいた網元の妻が部屋から玄関にでてみると、毎年この時期に出稼ぎにくる誠ではないか。

「この二日間なにも食べていない。メシを食わせてほしい…」とかれは弱々しい声で乞いねがった。妻が急いで飯とあり合わせのおかずを用意し、それを盆に入れて玄関に持ってきた。網元も心配して玄関に顔をだす。箸があるのに箸には目もくれず、網元夫婦が見ている前で体裁をつくろうこともなく、彼はまるで冬眠から覚めた熊のように手づかみでがつがつ米の飯を口につめこみ、何杯もおかわりした。網元夫婦は誠のその様子を見て、口をあんぐりさせたまま気の毒そうに眺めていたという。

「網おろし」の日の夕方、大漁をねがう恒例の酒宴がはじまり、宴もたけなわとなると漁村のあちこちから網元の親類縁者もあつまった。そこで誠の浪曲「アイヌ逓送人・吉良平次郎」が番屋で語られた。この浪曲は実話にもとづいており、誠の父親の十八番《おはこ》でもあった。

一九二二年一月一七日、ハルトリの土人部落に住んでいた吉良平次郎は郵便物を運ぶ臨時逓送人の職を得た。仕事をはじめて三日後、釧路郵便局から郵便物を持って一六キロ離れたコンブモイ（昆布の・入江）という漁村の郵便局へむかう途中、猛吹雪のために遭難、殉死したアイヌの男である。一五歳のとき病気のため片方の手足が不自由になったが、若いころは昆布採りをして闇屋に売りつけ何とか暮らしていた。

ところが、平次郎がきり拓いた昆布干場は、かれが国有地を無断使用していただけという道庁の指摘で、とつぜん和人の入植者に奪いとられる。しかたなく、平次郎はハルトリのせまい地域で天秤棒をかつぎ魚売りの行商をして妻子を養っていたものの、不自由な体では和人の居住する市街地まで足をのばして魚を売り歩くこともできず、商売も不振で暮らしは厳しかった。

平次郎のそんな苦労話をきいた誠の祖父は、平次郎に助言した。

「そんな体で魚売りは無理だ。おれはコンブモイの郵便請負人と懇意にしている。ちょうど逓送人を募集しているので、郵便局の仕事に就いたらどうか。馬に乗って郵便物を目的地に届けるだけだ。安給料だが体の不自由な君には、安定した給料がもらえるから適職ではないか」と。

この吉良平次郎の実話は一九三〇年四月、文部省発行の高等小学修身書のなかの第十課に「責任」という題目で載せられた。日本が中国東北部に覇権をひろげようとする当時の、日本軍国主義に都合よく監修されたものだった。娯楽のすくない漁村であり時代であってみれば、その浪曲を聴いた何人かの老女らは、誠の名調子に感情移入して手ぬぐいで涙をぬぐっていた。

すっかり網元の信頼をえた彼は、「こんどショサンベツにくる時には、カネをいっぱい払うから釧路の若者を連れてこい」という網元の要望で、ちょうど中学校を卒業した弟と妹を連れて出稼ぎしたことも何度かあった。弟妹はニシン漁場で働いた経験がないので、漁網から魚をはずしたり、みがきニシンに加工するため魚を天日に干したりなどの単純作業に従事した。漁期がおわって釧路にもどると、いつものように誠と弟妹の給料はすべて父親へ生活費として渡された。

ところが、和人の乱獲が災いして日本海のニシンは次第に来遊しなくなり、一九五一年には誠たちの出稼ぎもそれで突然なくなった。北海道沿岸からニシンがパタリと姿を消したのは、五八年からである。しかたなく誠は昆布やチカ漁が不振のときや冬場の生活費に困れば、家の大黒柱としてハルトリの水産加工場の仕事などに携わりながら一家の暮らしを支えてきた。一九五五年三月、道知事の通達によりアイヌ最大の儀式であるイヨマンテ（熊の魂送り）は、野蛮な儀式であるとの理由で、禁止される（道知事は二〇〇七年四月、五二年ぶりに同通達を撤回した）――。

ニシン漁の出稼ぎがなくなった年の夏の終わりだった。ちょうど、ハルトリから数キロ東に位置するカツラコイという漁村で漁業をいとなむ伯父が誠の父親に相談にやってきた。先日から雇っている遊び人風の三人の三十路の男たちが、毎年、青森県から釧路に出稼ぎにきている船頭の指示をまともに聞かないというのである。伯父は誠にたいし、「副船頭としてしばらくの間、働いてくれないか」と頼み込んだ。

父は頭を縦にふって「助けてやれ」と言わんばかりの仕草をしている。父と同様に困っている人を黙って見ていられない誠は、「じゃあ明朝から手伝うよ」と自分のはにかみ屋の性格を見透かされまいとして、つい出てしまう無愛想な口調で了承し、その日の晩「そよかぜ団」の仲間ひとりを連れてカツラコイの番屋へ向かった。

翌日の夜明け前、〝用心棒〟として雇われた誠と番屋に暮らす一五人の「ヤン衆」がサケ・マスの出漁準備をしている最中、温和な船頭が「起床だ、朝メシまえに網引きに行くぞ」と番屋でまだ寝ている三人組をたたき起こそうとしても、「うるさいな！」と布団のなかから荒々しい声を張りあげている。三人組は夜遊びがたたって、なかなか起床できずにいた。誠たちがいよいよ船を沖に出そうという間際になって、二日酔いで辛そうな顔の三人組はあわてて乗船する。その姿といえば作業服ではなく、いずれも黒い背広に黒い革靴のいでたち。ヤン衆はその服装にあっけにとられていた。

沖にでて、前日に仕掛けておいたサケの定置網をひきあげる段になって、やおら三人組は革靴を脱ぎ背広をきれいにたたんで、波しぶきのこない機関室の中にそれを収めると、下着もつけず全裸で誠らと一緒に網を引きあげていた。それどころか、眠気もさめて体調が回復すると「おい、みんなもっと力を出せ！」といって、三人組は逆にベテラン漁師に気合いをかける始末。漁師の経験がなく、網引きだけが漁船員の仕事と思っていたわけではあるまいが、それ以外の作業になると彼たちは何もせず、漁師たちの作業をただ物珍しげに眺めているばかりだった。

獲ったサケを漁網からはずし、それを魚箱に入れ、番屋の脇にある加工場に運び入れる作業。そして、朝食もそこそこに加工場に向かい、生きが悪くならないうちにサケの腹をマキリでさいて筋子をとりだし、それらを塩漬けする作業など息つく暇もないほどの素早さで漁師は自主的にてきぱきと仕事をこなしてゆく。

働きはじめて一カ月も過ぎたというのに依然、三人組は仕事を憶える意欲もなく、責任をもって任務にあたる気概もなく、精神的に大人になり切れない未成熟な青年たちであった。

そのくせ、彼たちは大人の娯楽だけには興味があって、浜の一日の仕事をいちおう終えて夕食をすませると、徒党をくんで毎晩のように熱心に酒場に通っていた。三人組がいつものように網元から前金をせびって外出したので、誠と相棒の男はこっそりかれらの跡をつけた。彼たちは案の定、カツラコイから五キロ以上も歩いて米町の歓楽街へ飲みにゆくようだ。

誠は米町の歓楽街に「そよかぜ団」の仲間をよせ集め、仲間に加勢してもらってあの社会に甘えきった三人組の根性をたたき直してやるぞ、と心に決めた。米町へむかう道すがら彼は相棒を使わせて、「そよかぜ団」の五人ほどを誘いだし、「前方を歩いているあの三人組をこらしめてほしい。そのあとで、おれがその現場にたまたま居合わせたように振る舞うから、おれを〝親分〟と呼んで、おれがいかに情け知らずのおっかない親分であるか、三人組にそれとなく吹聴してほしい」と事前に頼み込んでいた。

誠が米町の歓楽街にたどり着いたとき、先回りした「そよかぜ団」の仲間は、はやくも三人組をとりかこみ殴りつけていた。誠の姿を認めると、仲間たちは「親分、失礼します」と予定どおり迫真の演技を披露した。誠はちらと自分より年上の三人組を一瞥すると、「おお、うちで働いている若い衆じゃないか。一体どうしたんだ?」と仲間に問いかける。

「この野郎ども、生意気なもんですから、すこし焼きを入れました」

「そうか、分かった。ここはおれに免じて許してやってくれないか」

仲間に微笑み、べろりと舌をだして合図を送った誠は、するりと身をひる返し三人組の方をふり向きざま、おそろしい形相で「おまえたち、ろくな仕事も出来ないくせにして、どこをほっつき歩いているのか！」と一喝した。三人組は恐れおののき、「これからは真面目に働きますから親分さん、これまでのことは許してください」と土下座してわびた。

すでに忘却のかなたに消え去ったものか、地元民の記憶にも残されていないこんな戯言を聴いたことがある。

〽親の音別《オンベツ》　白糠《シラヌカ》よ　飲んで庶路《ショロ》〳〵　大楽毛《オタノシケ》　こりゃ阿寒《アカン》と釧路ゆき

誠の役者ぶりが功を奏し、一夜にしてかれの権威が高まり、翌朝からかれは乗組員の主導権をにぎった。船頭が「沖にでるぞ」と起床を命ずるまえに、三人組はだれよりも早く起床し、漁師らしく白い手ぬぐいを頭に巻きそれぞれ作業服を身につけて乗船した。船頭は心を入れ替えたかれらの態度に、たまげていた。三人組はいっしょに働く副船頭にとりわけ気を遣うようになり、一日の仕事が終わるまで気をぬかず熱心に働くようになった。その日以降、三人組はまじめな漁船員として漁期まで仕事に汗したという。

その年八月末のある晴れた日の昼過ぎのことだった。シケの海で船は出漁できず、誠はヤン衆とともに漁網の修理にいそしんでいた。浜辺では数人の無邪気なこどもたちが波と戯れている。ときどき仕事の手を休めながら誠は、荒波が浜辺に打ち寄せれば「キャー、キャー」と歓声をあげて遊んでいる子どもたちののどかな光景を遠くから眺めていた。

突然、「助けて、A子ちゃんが波にさらわれた！」と子どもが叫んだ。誠たちの方へ必死に駆けより、救助を求める子どもたちのその緊迫した様子にいち早く気づいた彼は、子どもたちが指さす方向に目を凝らした。ひとりの女の子がすでに海岸から二〇メートルほど離れた波のまにまに漂い、もがきながら沖へ流されてゆく。このとき、かれの脳裏に浮かんだのは「川や海で溺れかけている人を助けるときには、かならず適当な材木をもって救助にあたらなければ、自分もその犠牲者になってしまうぞ」という父の言葉だった。

　陸揚げされていた磯舟の下には板が敷かれ、その上に舟を陸地にひきあげる際に使ったコロが十数本転がっていた。彼はそのうちの自分の背丈以上もある一枚の板を手にすると、それを小脇にかかえて浜辺を疾走し、むこうみずに寒流の海に飛びこんだ。やっと溺れる女の子のところまで泳ぎつくと、女の子は頭だけ浮き沈みをくりかえし、精根尽きた様子だった。そこで、誠が女の子の首のあたりを右手でがっちり抱えると、女の子は死力を尽くしてかれの胴体にしがみつき、そのまま気を失った。

　もちろん、彼は左腕に板を抱えていたので冷静に行動し、沖にながれる潮にあらがいながらバタ足でやっと砂浜にたどり着いた。その救出劇の一部始終を漁家の窓から眺めていた老人たちは、あたふたと戸外に飛び出し、みんなで協力しあって海辺の一角に廃材などを集め、それに火をつけた。溺れた女の子の低体温を回復させるためである。また同時に、村のひとりの漁師は焚火の燃えさかる砂浜にムシロを敷き、その上におぼれて意識がなく呼吸も止まっていた女の子をうつ伏せにしてから、素早く人工呼吸をほどこした。

それから何分ほど時間が経過したろうか、死んだようにぐったりしていた女の子は、飲みこんだ海水を何度も吐きだした。失っていた意識が回復して目をぱっちり開けると、「グヮー」と大きな声で泣きだした。あたりの村人たちは、その元気な泣き声を聞くやいなや「もう五分も救助が遅れていたら、この子は確実にあの世にいっていたな！」と少しうわずった声で語りあい、喜びを表していた。そして、村人は誠のところに駆けより、「マコちゃん、ありがとう」と言って、彼の肩を優しくたたきながら勇気ある行動を称えた。八歳、村の小学二年生の少女だった。

かれの勇気ある行動は、定期的に自転車で村をパトロールしていた警察官の耳にも伝わり、それから二カ月後、誠は当時の釧路市警察署長から人命救助をたたえられて表彰されることになった。漁船に乗って仕事をしていた彼の代理として、かれの父親が警察署長から表彰状と金一封を受けとった。すでに誠から「金一封は父っちゃんの小遣い銭にでもしろ」と聞かされていたので、父は警察署からの帰り道、金一封の入った封筒を開けてみると、一枚の一〇〇〇円札が入っていた。

誠の一カ月の給料が八〇〇〇円だったことからして、ちょっとした生活費である。父親はそのカネでさっそく酒屋から焼酎の四合瓶を買い、それを飲みながらハルトリの知人宅をつぎつぎと訪れ、「息子が海で溺れた女の子をたすけて、警察署長から表彰された」と言って自慢して歩いたそうだ。

「おおーっ、何十年ぶりかのカツラコイだな！」武利は車を降りると、一度深呼吸して磯の香りを嗅ぐ。懐かしい漁村。あちこちの路地裏を子どものように興味のまま歩き回る。「ああー、ここにあった雑貨屋はもう店を閉めてしまったなぁ」「おうー、Hさんの家はまだここにあったのか！」とおい哀愁の青年時代を回想しながら、廃屋が点在する一本道を何度も行き来していた。

内なる劣等感との決別

カツラコイの叔父の漁船に乗って、早くも三年の月日が流れていた。

漁師の仕事にまじめに携わりながらも、夕方になるとハルトリの「暴れん坊」としてその後もひんぱんに繁華街に現れ、酒が入るとそこにたむろしている和人の若者と衝突して、顔に青アザをつくってサケ番屋や自宅にもどってくる誠を心配して五四年一月のある日、カツラコイの伯父が父の長助に会いにきた。そこで、父は近隣に暮らす親族六人をあつめて緊急の家族会議を開いた。

「いつまでも独身というのはどうなのか。そろそろ、誠も身を固めないと奴の将来が心配だ…」

ちょうどその日の晩、番屋でだされる晩酌の量では物足りないと言って、わざわざハルトリの酒屋をおとずれ、店の片隅でひとり焼酎を飲んでから自宅にもどった誠が玄関戸をひらくと、めずらしく親類があつまっていた。

開口一番、「おーっ、今おまえの話をしていたところだ。話があるから、まずここに座れ」と言ったのは、漁業をいとなむカツラコイの伯父だった。これまで武利宅に親類があつまることなど母が亡くなって以来一度としてなかったのに、いったい何事が起きたのかと不審におもって誠は率直にたずねてみた。

「おれ、なにか問題でも起こしたのか？」

伯父は「まあいいから、ここに座れ」と誠の手をひっぱり、なかば強引にじぶんの傍らにかれを座らせた。そして、静かな口調でこう言った。

「誠、おまえは二五歳にもなったのだし、うちの副船頭としてヤン衆をじょうずに扱う能力があるのだから、そろそろ所帯を持ったらどうだ。いい歳をして街の若い衆と喧嘩ばかりしていたら、おまえはだめな人間になってしまうぞ」

誠は神妙な顔つきで伯父の話を聞いていた。

「おまえに好きな娘がいるなら、全部しゃべってみろ。すぐにでもその娘の家にいって縁談話をまとめてくるぞ！」

誠とは幼なじみのような間柄で、忘れられないリエ子という二二歳の和人の娘が近所に暮らしていた。母親と二人暮らしで、ながくハルトリの網元の家に奉公してきた娘だった。心優しい誠にあこがれ、彼に好意をよせる女性は何人かいたけれど正直、誠は今日の今日まで自分の結婚のことなど、一度として真剣に考えたこともなかった。

「いますぐ返事と言われても、それは無理だ。上の部屋ですこし考えてみるから、そのましばらく待っていてくれ…」

誠は家の階段をのぼり、兄弟が寝ている薄暗い屋根裏部屋の折りたたんだ布団によりかかりながら、じっくりと考えてみた。ふと、ある日の情景が目に浮かぶ……。三年前、カッラコイの伯父のところで、たまたまリエ子は番屋の賄いとして働きに来ていたことがあった。誠がやぶれた漁網の修理をしようと浜辺に出たものの、仕事の道具を忘れたことに気づいて番屋にもどってみると、彼女は番屋の玄関をせっせとホウキで掃除していた。そこに富山の薬売りが訪ねてきて、色々な薬品が詰めこまれた行李の中身を開き、上がりかまちに座りながらリエ子の仕事ぶりを黙って見つめていた。

誠が置き薬の小箱を差しだすと、初老の薬売りは使った薬を補充しながら、玄関の掃除を終えて外にでていった彼女について、「あの娘さんはていねいな仕事をする。ずいぶん苦労を重ねてきたのだねぇ」と控えめにぽつりと呟いた。リエ子の歩んできた人生の軌跡を、ずばり一言で的中させたのだ。誠にはその言葉がなぜか意味深長に聞こえ、興味津々その話のつづきが聞きたくなり、薬売りに訊ねた。「どうして、それが分かるんだ?」と。

「私どもは全国いろいろな所をまわり歩いてきたが、このように玄関の板張りの床を板の継ぎ目に沿って、ていねいにホウキの先を入れて掃除している家庭は、あまり見かけないからね。あの娘さんはほうぼうで真面目にはたらき、苦労を重ねてきたからそれができる。あの娘さんはきっと、いい嫁さんになるよ…」

〈なるほど、しっかり生きてきた人間の精神は、ホウキの先にまで伝わってゆくものか〉と誠は納得し、あの初老の富山の薬売りの一言一句が、忘れられなかった。小一時間も考えていたろうか。〈よし、決めたぞ！〉もう誠の決意に揺るぎはなかった。ドン、ドンと足音をたてて階段を下りると、茶の間では伯父たちが酒をちびちびやりながら、今かいまかと誠が現れるのを待ちわびていた。

「どうした、決めたのか⁉」と酒に酔っぱらった誰かが怒鳴った。誠は「ハルトリの網元の家に奉公しているリエ子を嫁にしたい。そして、その母親もいっしょに連れてきて欲しい」と伯父らに頼みこんだ。酒の入った一同は拍手喝采、「おれが縁談をまとめてくる」と一人が言えば、ほかの親類も「おれが行く」と言ってきかない。父親は刻み煙草をくゆらせ、その様子を笑いながら眺めていた。

「おまえは所帯をもつのだから、もう喧嘩はできないぞ！」と誰かが言い、誠のコップになみなみと酒をついでくれたけれども、意中の人から色よい返事がもらえるものか、彼は心配でならなかった。結局、二、三日中に父親の姉がリエ子の家を訪ねることで話し合いはまとまった。

待ちにまった三日後、父の姉から吉報がもたらされた。「リエ子さんを嫁にもらいに来ました」とその母親にあいさつしたところ、「本人さえよければ、それでいいですよ」と気持ちよく応対してくれ、縁談話はトントン拍子に進んだという。さっそく、誠の親類の者が馬車で嫁入り道具を運ぼうとリエ子の家に向かったものの、ずっと貧しい暮らしを送ってきた母子家庭の財力ではタンスや鏡台などの嫁入り道具は揃えられず、リエ子と母親のこれまで使ってきた衣類と生活用品だけを、空き家となっていた亡き祖父の家に運び入れた。

それから間もなく二月の誠の結婚式を目前にして、親類たちが武利宅にあつまり挙式の準備にとりかかっていた。酒を飲みながら「突然の結婚式ということもあって資金の準備をしていなかったから、簡素にやるしかないな」という父の長助。これを聞いた誠が父親にかみついた。これまで、誠が働いた給料は家族の生活費として父にあずけ、誠が父からもらうのは小遣銭だけだった。「一生一度の結婚式を挙げるというのに親父、何を言っているのだ！　そんなちっぽけな結婚式などやる気はないわ。それならば、おれが今年はたらいた給料のうち、生活費以外はおれが貯金し、秋ごろにはりっぱな式をあげてみせる」と思いの丈をぶちまけた。

伯父たちはうなだれたまま、声もでない。すると、父は涙を浮かべながら「おまえの話はわかった。結婚資金は土地を売って何とかするから、おまえの望むとおりの立派な挙式にしようじゃないか」といって、息子の両手をがっちり握りしめた。

父が売ろうとする土地とは、いわゆる〝旧土人保護給与地〟であった。

また、媒酌人は誠がよく酒を飲みに通ったA酒店の旦那に頼んだ。以前、誠が泥酔状態になるまで彼の店で立飲みしていたとき、旦那は誠の体のことを心配して「もう今夜はこれ以上飲んではいけない」と、断ったことがある。その言葉に腹をたてた誠は、すぐさま旦那の顔面を殴りつけ、店の壁や商品の入ったガラスケースを壊すなどして、酒屋に損害を与えた。

しかし、翌朝になると当の誠自身が昨夜の騒動の記憶を無くしていたから、父からその事件のことを聞かされ、自分ながら驚いた。そのころから誠は酒乱、病的酩酊といわれる状態にたち至っていたのかも知れない。あわてて店の旦那に「申し訳ありませんでした。どうか私を警察に突きだして下さい」といって深々と頭を下げにいったが、旦那は笑顔で「誠さんでなければ、昨夜のうちに警察に通報していたよ」と話してくれた。

じつは、旦那の方でも誠の父親に借りがあるという。太平洋戦争のとき、旦那が兵隊にとられたため店の経営は妻一人の肩にかかっていた。幼い子どもの世話と店の経営の二役をこなすのは、妻にとってたいへんな重荷だった。風邪などの病気で床に就いていても、接客や仕入れ、商品陳列、売り上げの記帳などの業務があった。それゆえ店内の掃除や出入口のガラスふきなどの仕事は、つい疎かになりがちだった。

日中戦争の泥沼化から太平洋戦争へと戦は拡大して軍事予算がふくらみ、そのぶん日常生活物資の極端な不足をまねいたときのことだった。政府は、各家庭にあらかじめ人数分におうじた切符をくばり、米・小麦粉・味噌・醤油・酒など、ほとんどの食料を配給制とし、A酒店も行政が指定した「総合配給所」として商売をつづけていた。

ところが、A酒店の店内が汚れて不衛生であることを理由に、これからは総合配給所をべつの店に替えてほしいとの利用客の声がたかまった。A酒店の家庭の事情をつぶさに知っていた誠の父親は、町内会の一軒一軒の家庭をたずね歩き、A酒店の裏事情を説きながら同店をつぶさないよう署名活動をしてまわり、市役所に嘆願書をだした。そのお陰でいまも細々ながら商売がつづけられていることを、このとき旦那とその妻は目に涙を浮かべて話してくれた。

「誠さんがわざわざ店まできてくれ、私に媒酌人をお願いするのも何かの縁でしょう。私は喜んでその任務を引き受けさせていただきます」

こうして同年二月一七日の晩、武利宅において誠とリエ子の祝言が執り行われた。当日夕方、新郎が紋付き袴をきて自宅で待っていると、しばらくして新婦もハイヤーを降り、きれいな花嫁姿で現れた。やがて奥の部屋に新郎新婦がとおされ、三々九度の杯をいただくことになった瞬間、杯をもつ新郎の手がぶるぶる震えだし、新郎自身がうろたえてしまった。明らかにアルコールによる禁断症状だった。父の姉から、「たいせつな挙式の日なのだから、今日だけは酒を慎みなさい」と厳重に注意されていたので、彼は朝から酒を一滴たりとも口にしていなかった。

媒酌人のA酒店の旦那は出席者五〇人を前にして、「これからは二人で協力しあって、しあわせな家庭を築いてください」などと祝辞。それにつづいて、祝宴がはじまった。誰かが祝唄を歌いまた、晴れ姿の新郎新婦のために父の長助は街の写真屋をよんで、記念写真を撮ってもらった。伯父が新郎に「来客に酒をついで回りなさい」と助言してくれたので、新郎新婦は出席者一人ひとりに挨拶しながら酒をついで回った。むろん、客も誠に返杯してくるので、それをむげに拒むこともできず彼は困ってしまった。

それでも、父の姉が新郎新婦を先導して客席をまわり、誠が返杯を受けようとすると、そのつど姉は「誠は酒癖が悪いので…」と、つとめて客にやんわり断りを入れ、そのコップをとりあげていたので宴は順調に進んだが、これも父の姉の気配りあってこそ。誠が泥酔状態になれば、誰かまわず口汚くののしり、大胆不敵な態度をとるのが目に見えていたからである。挙式がつつがなく終わり、客が三々五々連れだって帰ってしまうと、かれは宴席でひとり大酒をのみ、正体もなく酔った。

翌朝、かれが目覚めると、しっかり者のリエ子と親類の女たちが、宴会でつかった食器を台所で洗うなど後片付けの最中だった。まじめに働くリエ子の横顔をのぞきこむと、不機嫌そうにかれの眼には映った。〈酒癖のわるいおれにすっかり辟易し、おれとの結婚を後悔しているのではないか〉と不安が頭をよぎり、彼女の心変わりが気になってしょうがなかった。〈好きなリエ子と最後まで添いとげたい〉と想えばおもうほど、病的な劣等コンプレックスが、かれの心を占領していた。たゆたう小舟のように動揺する心を鎮めたいとおもい、誠は台所に置いてあった酒瓶をみつけると、すぐさま迎え酒をした。どんぶりに三杯ほどあおると、昨夜飲んだ酒もてつだって一気に酔いが回ってきた。

「こら、リエ子！　いやいやながらおれと結婚したのなら、家を出ていっても構わないぞ…」

酒の力をかりた思いもよらぬ暴言が、彼の口から飛びだした。びっくり仰天、親類の女はリエ子をまもろうと、奥の部屋に彼女を連れていった。「昨夜、何があったの？」など、伯母たちが泣いているリエ子にいろいろ訊ねていた。「ゆうべは二人とも何も話さず、誠さんは酔っぱらったままグーグーいびきをかいて寝てしまったのよ…」とリエ子は小声で話していた。誠は伯母たちに叱られ、リエ子の前で「暴言をはいて申し訳なかった」と謝るはめになった。二人の間に心の交流が絶対的に不足していて、いかんせん新婚夫婦の間に信頼関係がまだ築かれていなかった。好きであるがゆえに、つい自分の心とは正反対の言葉を相手に吐く場合がある。この彼のあてずっぽうもまた、シャイで純粋無垢な若い漁師の愛情表現であった。

新婚夫婦の生活は、こうして愛情のすれ違いからスタートした。

それから二ヵ月後、釧路に春めいた風が吹く頃になってから、新婚夫婦は自宅の近くにある祖父が残してくれた家屋に転居し、名実ともに新婚生活がはじまった。評判どおり新婦は働き者で新しい家庭をまもるため、石炭を満載した釧路臨港鉄道の貨車が通り過ぎるのを待って、鉄路を支えるバラストにぽろぽろこぼれ落ちた石炭を毎日のように拾い集めていた。当時、カマス一杯分の石炭は米一キロに相当する価値があると言われていた。

所帯をもった誠もまた、これまで以上に張りきって昆布採りに汗した。翌年には待望の長男が生まれた。数年に一度はオホーツク海の流氷群がつよい寒波で発達し、根室半島沖をくだって釧路沖までたどり着くと、その年は昆布が根こそぎ流氷にやられて、凶漁になることもあった。戦後間もなくから、「太平洋炭礦」がまた海底炭を掘るあたらしい坑口をアイヌ集落のそばにつくり、出炭を開始していたので、かれの漁師仲間は不漁のときはそこで働き、家族を養っていた。そこで、誠も漁師仲間のつてをたよりに日雇鉱夫として働くことにした。炭鉱会社は五五年代の神武景気、岩戸景気のなかで元気をとり戻し、釧路炭は東北・関東・東海地方などへ船積みされていった。炭鉱から釧路港の貯炭場へ石炭を運ぶ手段は、臨港鉄道の貨車であった。

漁師が炭鉱ではたらくなど所詮、陸《おか》へあがったカッパでしかなく、採鉱の専門的知識のないかれは炭鉱の小さな下請会社の組夫としてこき使われる外なかった。炭鉱の労働はどれをとっても危険で苦労がおおく、真に勇気ある屈強な男にしか勤まらない仕事である。だが、零細な下請会社は、もっとも危険でもっとも苦労のおおい掘進作業を炭鉱会社から請負って、組夫を石炭掘りではなく鉱脈を追って炭層が現れるまで岩石を破砕し、あるいはそのズリを坑外に搬出する特定の労働に従事させるのだ。

眼前にたちはだかる海底の岩盤に掘削機で穴をあけ、そこにダイナマイトをさしこみ岩盤を爆破させながら、アイヌ民族の悲惨で絶望的な輪廻転生のごとく、暗黒の地下のあらたな坑道をきりひらく終わりなき責苦の重労働であった。その先には炭層どころか、発破をかけたはいいが、海底の岩盤が割れてそこからいつ海水が吹き出してくるか分からないし、また坑内に発生するメタンガスが何かの拍子に爆発して落盤事故に巻き込まれないとも限らない。

働きはじめて一週間がたったころ、誠は夕方三時入坑の二番方として坑内にむかった。仲間とともに薄暗い坑口のあたりを歩いていると、見知らぬ組夫がひとり息をはずませ腰をいれて一台の空のトロッコを坑内へと押していた。肉体労働者の労働の苦しみは、肉体労働者にしかわかるまい。その惨憺たる様子を見ていられなくなった誠はひとり、気を利かせてトロッコ押しに加わった。ずいぶん奥の方まで炭車を押しすすめると、枝線がみえてきた。そのとき、奥の本線から一台の機関車がものすごいスピードで走行してきたのを確認する間もなく、誠らが押していたそのトロッコに激突したのだった。その衝撃で炭車は脱線、ひとりは難を逃れたものの、誠はレールと脱線したトロッコの車輪に右足首を挟まれて、身動きがとれなくなった。「イタターッ」誠は痛みに耐えきれずに叫んでいた。

保安より増産優先の時代。機関車は、坑口に置いてあったちょうど誠らが押してきたトロッコを奥の採炭現場に運び込もうとして、急いで坑口にむかった矢先の出来事だった。機関車の運転手とトロッコを押していた組夫の二人が力を合わせて彼を救出しようと試みたものの、脱線した炭車はびくともしない。大音響で事故に気づいた仲間の組夫たちが加勢してくれ、持ってきたカナテコで炭車はわずかに横にずれ、挟まれていた誠の右足首がぬけた。

かれは病院に急行するため、機関車にのせられ坑口にでた。右足全体が風船のように腫れあがり、履いていたゴム長靴も脱げないほどだった。炭鉱病院で診てもらうと、右足首の骨は砕けていた。医師は手術をあきらめ右足首をギプスでかため鎮痛剤を処方してくれたものの、あとは薄暗い病室のベッドに寝ているだけだった。そこに三日間入院していたけれども、ただベッドに寝ているのは退屈であり牢獄のように苦痛であったから、医師に断って自宅で療養することにした。五八年秋のことである。

ラジオは世に出回っていたが、ろくな娯楽もない時代。学校で勉学にいそしむ間もなく社会に出たため、満足に漢字も書けず本を読むことさえできなかった彼は、気晴らしに安酒でも飲んで日々を過ごす以外にやることもなかった。しばらくして、勤めていた下請会社から「労災保険」の休業補償の名目で、給料の六割分の給付と傷病補償金とを合わせ三万円をうけとった。

ところが、炭鉱ではたらく同僚にその話をしたところ、「保険金は会社から支給されるものではない。会社が労働基準監督署に事故の報告をし、それが労災と認められれば事故に遭った労働者にたいし、国から保険金が給付される」と教えられた。それではと、家の近くにあった釧路労働基準監督署に赴いて調べたところ、会社は彼が受けとるべき給付金の半分以下しか誠に支払っていないことが分かった。

いまもむかしも、「労災隠し」の実態はかわらない。労災事故を起こした会社は、もよりの労基署に「労働者死傷病報告書」の提出を義務づけられていながら、その報告を怠ることがままある。なぜなら、下請会社は労災事故の発覚により、元請会社からの委託条件である労働安全教育が不徹底とみなされ、最悪の場合、請負契約を取り消されることもあるから、つとに労災の隠ぺいは絶えないのだ。

すぐさま誠は会社の事務所に出向いて、「どうして、労働基準監督署に労災事故の報告をしなかったのか?」と抗議のチャランケ。事務所の担当者はあわてふためき、「すみません、労災事故の手続きを間違えていました。労災保険の給付金よりカネを増額して払いますから、それで勘弁してください」と言って謝るので、彼もなぜか事務員がかわいそうになり「じゃあ、それでいいよ」と内々で解決をはかった。ふたたび、かれの懐には三万数千円がはいった。

そのカネはとりあえず妻に渡したけれど、いつの間にか「誠に大金が転がってきた」という噂がアイヌ集落の隅々にまで広がり、連日連夜のように飲み仲間が武利宅に見舞いにくる。そのたびに気前のいい彼は妻に焼酎の一升瓶を買わせ、仲間といっしょに酒を飲んでいた。労災事故から約半年後に足のギプスは外されたものの、砕けた右足首の骨はもとどおりに回復せず、後遺症としてびっこを引きながら歩かざるを得なくなった。


その頃になって、連日のように繰り返していた〝酒宴〟の影響がかれに襲いかかってきた。朝めざめると手が激しくぶるぶる震えるので、その症状をおさえるために朝から酒に手をだし、ろくに食事もとらず朝な夕な飲み仲間と焼酎をやっては酔いつぶれる生活の悪循環で、みるみる症状が悪化した。ために労災保険の給付金もまたたく間に費やしてしまった。「手や腕がこまかく揺れ動く」といって妻が心配するので、彼はやっと重い腰をあげて近くの医院で診てもらうことにした。「とても、うちでは処置できない」といって、医者は市街地にある精神科の病院を紹介してくれた。診察をうけたかれは、医師からこう言われた。

「きょう、すぐに入院しなさい。酒を大量に長期に飲んでいると、こんな症状がでるのです」

「入院すれば治るのか」と誠は質問した。

「こういう病気は医者が治すのではなく、患者さんの意志次第ですよ」

誠は生活保護の申請をしてから、医師の指示どおり入院を決めた。看護婦が鉄格子の扉のついた入院病棟の二階にかれを案内した。隔離病棟は出入口ばかりでなく外窓はどこも鉄格子でおおわれ、いかにも刑務所のようだった。これまで酒びたりの毎日だったから、酒なしではとても眠りにつけない。医師から睡眠薬をもらったけれど、初めはそれでもなかなか眠りにつけなかった。二、三日たってかれが眠れぬ夜を過ごしていると、隣の病室がやけに騒がしい。かれが自分の病室をでて、廊下から隣の病室の窓を覗いてみると当時、市販されていたヒロポンを常用したため、覚せい剤依存となった若い男の患者があつまり、酒を飲みはじめたところだった。あきれたことに、患者をみまもるべき夜勤の看護婦までがその輪に加わって、酒を楽しんでいる。

病室をのぞいている誠に気づいた患者たちは、手招きして酒を飲めとすすめた。彼はその病室に入ったものの、「気持ちはありがたいが、おれは断酒を覚悟で入院しているので、飲めないよ」ときっぱり断った。そして、興味半分に「その酒はどこで入手したのか」と聞いてみた。ひとりの男はあっけらかんとして、「友だちが酒好きのおれのために酒を買って来てくれ、たまに夜になると道端から二階のおれの病室にむかって声をかける。その声でおれは病室の窓を開け、病室に隠している細引きロープを鉄格子の窓から下ろし、それに酒瓶をつるしてもらって病室に持ち込むんだよ」と得意げに教えてくれた。しばらくすると、看護婦が酔っぱらったすえに廊下を這いずりまわり、患者の男から介抱をうける始末だった。

「これでも病院か！」誠は、まいどの飲酒の招待の誘惑にもめげず、飲酒を断りつづけてやっと一カ月後に退院を許された。彼はいの一番に、釧路公共職業安定所をたずねて職を探した。手慣れた漁師の求人もあったが、いかんせんサケ番屋に住込んでの仕事だった。入院中、〈たわいなく家族と暮らすのが一番の幸せ〉としみじみ感じていたから、いまの彼の心境では家族と離ればなれの生活など考えられなかった。そこで、彼はハルトリにある土木会社の作業員として働くことに決めた。

人生の新規まき直し、翌日からまじめに働きはじめた。そんな日のある夜、かれを愕然とさせる事件が発生した。五六歳となった父の長助が、釧路港の貯炭場から炭鉱に回送中の臨港鉄道の貨車にはねられ、即死したのだった。隠居の身となっていた父親は、近所の知人の世話焼きをしたり、生活苦の老人がいれば市役所へ連れてゆき、生活保護の申請を手伝ったりの毎日だった。

事故当日、誠のすぐ下の美人で評判だった妹が米町のバーでホステスとして働くことに決まり、父は娘のはたらく姿を一度見たいといってオーバーコートを着込み、喜び勇んで出かけていった。やっと、愛娘が「接客業」というまともな職に就いたのだ。娘のはたらく店で飲んだ帰り、近道して帰宅しようと臨港鉄道の軌道を歩いていて、後方の回送車にコートをひっかけられ鉄路のなかに巻き込まれたらしい。

警官がオートバイに乗って誠の家に駆けつけた。「あんたの父親らしき人物の遺体を確かめなさい」と言うのだ。誠と実弟は事故現場に走った。確かに父の遺体に違いなく、線路周辺には多量の血痕と内臓がとび散っていた。周囲の人たちは誰一人として手伝ってくれる者などなく、弟もあまりの衝撃で、その場に立ちすくむばかり。悲嘆している場合ではなかった。誠は心を鬼にして飛びちった屍の内臓の一つひとつを遺体のなかに詰めこみ、遺体を父のコートに包みこむと、警察車両で父の家まで運んでもらった。……

それから何日もしないうちに飲み仲間が誠の退院を聞きつけ、晩方になると毎日のように焼酎の四合瓶を抱えてきた。彼の家を訪ねてくるようになった。仲間はおもむろに酒瓶のふたをあけ、かれに飲酒をすすめる。彼が「もう酒はやめたんだ」と拒んでも、簡単に引きさがるような相手ではない。相手に悪気はなく、誠とのつきあいを楽しみにやってくるので、赤の他人ならいざ知らずむげに断ることもできなかった。いくら酒を勧めても誠が頑として拒みつづければ、相手はかれを挑発してでも酒を飲ませようとする。

「むかしの元気はどこへいった。このおれをぶん殴ったこともあるだろう!?」

退院してから酒を飲まずに半月たったころ、「いっしょに飲もう。一杯だけでも…」としきりに哀願する友だちの悲しそうな声に、彼のやさしい心はついに挫けてしまった。以後、彼は酒びたりの毎日で、怠惰な日常生活にどっぷり浸かってしまうと、仕事も手につかず会社を辞めてしまった。また、家族にとって地獄の日々が始まり、妻が夫の体を心配して酒量だけでも減らしてくれと頼んでも、飲んでいる夫には妻の気持ちが伝わらない。

それどころか、そのことばが自分へのあてつけがましい非難だと誤解した夫は、猛りくるって妻の顔をたたき、家の障子を壊すなどして暴れた。やむなく妻は近所の家の電話器から、警察に助けを求めざるを得なかった。やがてパトカーが自宅に到着して、暴れるかれは三人の警官にはがいじめにされ、そのまま病院へ送られた。

二回目の入院生活。食欲はまったくなく無理に食べても体が受けつけず、すぐに吐きだしてしまう。みるみる体重がへって、老人のように痩せさらばえた体になった。飲酒なしでは、やはり夜も眠れない。医師に相談して睡眠薬をもらって飲む。朝、目覚めるとアルコールの禁断症状のため、手先がこきざみに震え、精神的に不安定なために心がいら立っているのがわかる。それでも数カ月間にわたり、精神安定剤をのみつづけながら治療している間に、酒がなくても暮らせる自信めいたものが不思議にわいてくる。しかし、病院に入院したアルコール依存の患者たちは、金剛杖をつきホラ貝を鳴らしながら険しい山野をめぐりあるく修験者たちの心境に近いのかもしれない。

酒を飲みたいとはちっとも思わなくなった。非日常の空間である病院の環境がかれの心を一時的に安定化させているだけなのに、彼にはその自覚などなく、本人だけが本当に症状はなくなり完治したものと思い込んでいる。そんな気持ちでいると入院生活も無味乾燥に感じてきて、一日もはやく社会に復帰したいと猛烈におもうものである。

やがて、治療の効果もあってアルコールによる禁断症状もじょじょに治まり体調がすこし回復すると、いよいよ我が家が恋しくなって、かれは「症状も治まったから帰宅したい」と駄々をこねる子どものように医師に訴える。患者のそのような心理状態を熟知している医師は、かれの切願にたいしても「まだ退院は早いですよ。もうすこし治療に専念しなければなりませんから、頑張ってください」と体よく撥ねつけた。それでも、誠の願いがかないやっと四カ月後、晴れて退院することができた。

退院時こそ、病院の非日常の空間では〈もう絶対に酒には手を出さないぞ〉とあれほど固く心に誓ったはずなのに、以前の日常生活に戻ってしまうと、染みついた習慣を改めるのは至難の業である。それが人間のかなしき性というものであろう。それゆえ、やはり以前のように飲み仲間が誠の家に顔をだし、「一杯だけでも…」という殺し文句と挑発的なことばを呪文のように唱えれば、かたくなに飲酒を拒んでいた彼もころりとその魔法に引っかかり、あの非日常の世界での決意は夢まぼろしのごとく、挫けてしまう。またもや、禁酒の誓いはもろくも挫折し、元の木阿弥となった。挙句の果てに、酒のため首が回らなくなると外祖父らの「給与地」をかたに、また酒屋から借金する始末だった。

退院してから何カ月が経過したことだろう。八月中旬のお盆の季節となったので、昼間に三歳になった長男を連れハルトリの先祖の墓参りの道すがら、酒屋にたちよって清酒の一合瓶を買い込んだ。墓に半分ほどの酒を供え、残りの酒を自宅にもち帰って飲んでいると突然、手や腕がはげしく震えはじめ歩行も困難になった。それを見ていた妻があわてて病院に電話をかけ、医者を家まで呼んで応急処置を施してもらったけれど、結局は三度目の入院である。

半年ほど病院に入っていたが、飲み仲間から隔離された環境と規則正しい生活と薬物療法のおかげで、まもなくしてアルコールの禁断症状は治まり、主治医の見立てで退院が許された。かれが帰宅すると、まもなく飲み仲間が退院祝いだといって、ただ酔っぱらうためだけの安酒を持参してきた。うかつにも彼は「それなら一杯だけ付きあうか」ということになり、またぞろ彼はアルコールの奴隷となってしまった。

生活保護を受給していたものの、酒にまわすカネなどないから、妻が毎日のように石炭拾いにゆき、水産加工場でも働いた。その収入を夫はせびって安酒を買っていた。酒がなくなると、まだ幼い長男にその空瓶を持たせ、「すぐそこのラーメン屋にいって酒を買ってこい」と命じ、一合三〇円で売っている焼酎を一〇円分だけ分けてもらって飲むほどの体たらくであった。

「情けなく、恥ずかしいことだ」四度目の入院のときは、さすがに自責の念に苦しんだ。春、小学校の入学式なのだろう、新調した服に真新しいランドセルを背負った新小学一年生たちが、うれしそうに母親に手を引かれ、ぞくぞくと学校へ向かっていた。そんな微笑ましい光景を殺風景な病院の鉄格子のついた窓からじっと眺めながら、三年後に小学生となる長男に思いを巡らせていた。

〈三年後も、自分はアルコールのため病院のベッドの上にいるのか？　入学式に出席する息子を自宅の玄関から見送れないなんて、それでも人の親と言えるのか…〉

おのれの心の弱さに改めて驚きあきれ、哀れな自分を悲嘆してむせび泣いた。五八年、次男も生まれ、かれも三十路を前にしていた。

その年の暮れに退院するとき、彼は退路を断つかのように「もう決して酒はやりません、約束します」と信頼をよせるO医師に断酒宣言をして病院を後にした。大みそか、あちこちの仏教寺院から除夜の鐘が鳴り響いていた。外気が肌を突き刺すような寒さにも拘わらず、かれは近くにある共同井戸に走り、断酒を神に誓い下着姿でいくたびも水ごりをとった。

それもつかの間、正月早々、飲み仲間が自宅に駆けつけて「めでたい正月なのだから」といって強引にコップに酒をついだ。それを機にまた連日のように酒盛りがはじまった。あれほど肚をくくって幾度も水ごりをとったというのに、誠はまもなく病院に逆戻りした。

五回目の入院——。前に入院していた病院の主治医にあれほど断酒を誓ったはずなのに、信頼をよせるO医師にこんな情けない姿をみせるのは生き恥をさらすようで、はなはだ引き目を感じてしまった。「また、来てしまったじゃ…」と誠はこうべを垂れ、主治医にぼそっと言った。

入院早々、事件が起きた。夜、彼がまんじりともしないで二階の病室の寝台に横になっていた。夜勤の看護婦二人が廊下を歩きながら病室に異状はないか、巡回している最中だった。ほどなくして、その看護婦たちが「キャー」と甲高い声で騒ぎはじめた。かれが即座に廊下にでてみると、若い大柄な男の患者が興奮ぎみに看護婦たちに何事かわめいて、押し倒したひとりの看護婦の首根っこを押さえつけ、もみあいになっている。

誠はびっこを引きながら現場に駈けつけると、男の顔面を力いっぱい蹴りつけた。びっくりした若い男が看護婦の首から手を離したすきに、誠はここぞとばかりに拳骨でなんども男の顔をなぐりつけ、看護婦たちと協力しあって男をとりおさえ、廊下に面した監禁室にぶち込んだ。男は覚せい剤依存の患者だった。

翌朝、くだんの看護婦二人の母親が来院して「武利さんが助けてくれなかったら、うちの娘たちはどうなっていたことか」と命の恩人にたいし丁重な態度で感謝の意を伝えにきた。若い看護婦の一人はしみじみと、こう言った。

「武利さんは怖い人だとおもっていたけれど、本当は気のやさしい正義の人なのね……」

それからしばらくして、S子という女子高生が一階の病室に入院した。その少女は野原を歩いていて、苦手にしているヘビに出くわし、忘れられない恐怖の体験を味わった。以来、その精神的ショックで食欲がわかないばかりか、口もきけなくなったのだという。少女はベッドに横たわったまま食欲もなく、もう二日間も食事をとっていなかった。昼食時間となり看護婦が少女のベッドまで給食を運んでも、少女は食べ物を口にすることができなかった。

誠が看護婦の許可をえて、一階の廊下におりて暇つぶしにぶらぶら歩いていると、どこかの病室から「食べなさい、食べなさい」という声がいくたびも発せられるのを耳にした。どうしたのか、と廊下ですれ違った看護婦にたずねて初めてその事情を知ったわけだ。元気のない女子高生を一日みて不憫におもい、少女のために何か自分にできることはないか真剣に考えてみた。

〈そう言えばおれが少年のころ、近所に耳の聞こえないフチがいて、よくおれの家に遊びにきては手まねで母親と交流していたなぁ。言葉は通じなくとも、人間同士の心の会話ならできる。女子高生を励ますつもりで、このおれが手まねで彼女の心に話しかければ、少女は元気をとり戻すかもしれない〉

淡い期待をもって、少女を担当する看護婦に彼の熱いおもいを伝えてみると、看護婦は「それはとてもいいことだわ」といって、主治医のところに走った。看護婦はすぐ武利の病室に戻ってくると、「先生から許可がでましたから、武利さんの得意な手まねでS子ちゃんに話しかけてみてください」と言った。彼はまなじりを決して、さっそく女子高生の病室に入ってゆく。トレーに載せられた食べ物を前にして寝台に座っている少女はすこしこわばった表情で、初対面のかれを見つめていた。

〈あなたの目を食べ物に向けなさい〉と、彼は手まねで少女に合図をおくる。少女もかれのジェスチャーで、おのずから食べ物に目がいった。彼は手を動かしながら食事をとる真似をする。そして〈物が食べられなくなったら手も顔も痩せこけて…〉と身振り手まねを織りこみながら、自分の顔をしかめて〈ついにはお陀仏となるよ〉とリンを鳴らし、手と手をすりあわせて念仏をとなえる真似をした。その間、少女はつぶらな瞳を見開き、かれの一挙一動を追っていた。

最後にかれはもどかしげに、「物が食べられなくなったら死んでしまうぞ！」と愛情をこめた、そして励ますような口調で少女に気合いをいれると、二階の自分の病室にもどりベッドに横になった。それから数十分後のこと、看護婦の一人が小走りで誠の病室にかけつけ、「武利さん、食べた！」と感激の声をあげた。かれはその短い言葉だけで頭にぴんときた。「おう、よかったなぁ」人助けの喜びで胸があつくなった。

翌日、S子に面会にゆくと、少女は健康的な明るい笑顔をみせ看護婦と会話を楽しんでいた。彼にいち早く気づいた女子高生はすっかり普通の女の子にもどり、にこにこしながら「昨日はありがとうございました」とていねいに頭をさげ、お礼をいった。そして、ついでに「昨日は私のところへ来て、大きな声を出していたでしょう!?」と彼をいたずらっぽく睨みつけていた。

S子が退院する直前、看護婦たちの呼びかけで「退院祝いの会」を催すことになった。さては患者代表のあいさつを誰に任せようかという段になって、じきじきO医師が誠の病室を訪れた。

「武利さん、退院祝いの会であいさつを頼む。酒を飲まないで大衆に向かって話しかけたことがありますか？　素面でもみんなの前で話せるよう、訓練のつもりでやってみなさい。自信がつきますよ」

O医師に激励され、彼は俄然やる気になった。

当日、三〇人ほどの患者と看護婦、担当医が会に出席した。そして、誠の出番がやってきた。

「みなさん！　このたびS子さんがめでたく退院されることになりました。お医者さん、看護婦さんのおかげです。みなさん、大きな拍手でS子さんの退院をお祝いしましょう。また、私たち患者も一日でも早い退院ができるよう、それを心に念じて精進しましょう。……」

集会にでた経験もなければ、会合の場で大衆に話しかけた経験もなく、少々力みすぎて演説調だったが、心のこもった誠のあいさつに感動した参加者から、惜しみない拍手が送られた。

スピーチが終了したときのことだった。かれの半生にいつも影のようにつきまとい、一歩もかれから離れようともせず、かれの心に入りこんでは悪態ばかりついてきた〝厄介者〟が、とうとうかれから姿をくらました。この経験をきっかけとして劣等感をのり越えて生きてゆこうとする積極性と自負の念が、かれの心に芽生えたようだった。S子が退院して間もなく、誠は病的な劣等コンプレックスを病院に置き去りにしたまま、五回目の退院を果たした。

退院してすぐ、公共職業安定所で土工夫の働き口をみつけた。この仕事は、いわゆる戦後の高失業の時期以降におこなわれた国の失業対策事業であった。割安で輸送も便利な石油にたいし競争力で不利な状況におかれていた石炭産業は、合理化・首切りの大改革に突っ走っていた時代であり、釧路の炭鉱離職者のすくなくない労働者が失業対策事業で生計をたててきた。

炭鉱離職者であり身体障害者である武利は、アルコール依存で入退院を繰り返していた約五年間にわたって受けてきた生活保護をみずから断り、土工夫として働くことに決めた。

都道府県が国の補助金をえて、日雇労働者を雇用した事業者にたいし雇用奨励金を支給するという制度で、釧路市では公共事業として市道工事があちこちの現場でおこなわれていた。日雇労働者は朝八時半までに指定された土木現場の事務所に出勤。そこには市役所職員が常駐していて毎朝、労働者の出欠をチェックする。スコップ一丁で道路工事の作業に黙々としたがい、夕方三時に一日の仕事がおわると、はたらいた労働者にたいし日給が支払われた。

働いてから三カ月間、一日も休まずまじめに勤めていた武利の仕事ぶりを見ていた市の事業を受託した土木会社の社長は、彼のところに歩みより声をかけた。「明日から違う仕事に就いてもらう」というのだ。

「えっ、おれ何か悪い事でもしたのか？」と武利。

「いや、そうじゃない。あんたが一生懸命はたらく姿をみて、正直びっくりしたよ。そればかりでなく、あんたは作業員たちの面倒見もよく指導者としての素質もありそうだから、スコップを持たせて肉体労働させるだけではもったいない。いま、まとまりなく働いている作業員たちの世話役として働いてもらうから頼むよ！」

社長はにっこり笑って、工事現場を去った。

また、武利といっしょに働いている全日本自由労働組合（全日自労）の役員のひとりが、休憩時間にかれを呼びとめ、労動組合に入ってたがいに労働者の権利を勝ちとっていこう、と協力をもとめてきた。一般の土工夫なら日額八〇〇円の賃金だが、失対事業の作業員は一日五〇〇円の賃金だった。むろん、おなじ日雇労働者として武利に異存はなかった。

この年（一九六一）、彼の三男が生まれた。長男も母親に連れられ人並みに新小学一年生として入学式にのぞみ、いまでは学校のグラウンドで級友たちと元気に遊べるようになった。そのうえ、これまでアルコール依存症で妻にたいへんな負担をかけてきたことを考えると、もう失敗は許されなかった。

飲み仲間が代わるがわる酒瓶をもって自宅を訪ねてきても、「明日の仕事が早いから」といって断り、「久しぶりに飲もう」と相手から話をきりだされても、「もう、酒は飲まない」と頑固に拒みつづけた。こうして、彼は何人もの酒飲み友だちを失った。

全日自労の一員となった武利は、釧路支部の代議員五人のうちの一人となり、全日自労の全道大会にのぞむため、執行委員長の指示をうけて札幌市をおとずれた。代議員たちは札幌の旅館に一泊して大会に出席、すぐに釧路にもどって来ると、さっそく報告集会をひらいた。釧路市の代議員たちは全道大会に参加したおおぜいの代議員が提起した日雇労働者がかかえる諸問題について、それぞれの見地から報告した。

最後に演壇にたった武利は、事前に全道集会での資料をもらっていたが、肝心の文字がほとんど読めない。そこで彼は正直に、「私は不就学者だから文字が読めません。この文章を隣の執行委員に代読してもらい、その後でこの資料にもとづき大会での感想を述べたいと思いますが、いかがでしょうか!?」と組合員たちに向かって問いかけると、会場から割れんばかりの拍手と笑い。

「私は生まれて初めて札幌にゆき、生まれて初めて労組の大集会を目に焼きつけてきました。全道大会には男ばかりでなく、おおきな風呂敷包みを背負って行商している女性も代議員として参加しておりました。その女性の隣には大学生三人が席を占め、応援演説をしました。その行商のおばさんは、一つのおにぎりを半分に分けて大学生のひとりに与え、その残りを食べている。そんな会場風景をみて、私は自然に涙がこみあげてきました。それなのに、会場の一隅ではヤクザか右翼みたいな輩が、演説者に向かって『そんな美しいことを言ったって、労働者の権利が獲得できるものか！』としつこくヤジを飛ばしている。私はたまらず席を起ち、その連中にむかって『おまえたち、そんな乱暴なことばを吐いていいのか。このたいせつな大会を潰しにきたのなら、さっさとこの会場から出てゆけ！』とでっかい声をあげて彼らを黙らせました けれども、この報告集会に集まったみなさんもそう思うでしょう⁉　みなさん、苦しいときこそ団結してがんばりましょう」

武利の演説が終わり壇上からかけ降りると、ひとりの中年の女性がかれに握手をもとめ、「武利さんの報告がいちばん参考になり、感動を受けました」と感激のことばを述べてくれた。それにつづいて数人の女性も彼をとり巻き、握手をもとめてきた。それからほどなくして釧路支部定期大会において、かれは一〇人の執行委員のひとりに推挙された。

かれが労組の執行委員に選任されてすぐ、「ある工事現場でまともに仕事をせず、市の職員の注意も無視して誰かれなしに威張りちらすヤクザ風の中年男がいる。作業員たちも怖がっていて、職場の環境が乱れている」という相談を一人の労働者から受けた。作業員が汗水たらして働いているというのに、職場の秩序をみだすような者がいてはみんなが迷惑をこうむるわけで、おなじ労働者としてそれを黙認することはできなかった。

翌朝、武利は世話役としていくつかの作業現場を車で巡回した折、問題の男が働いている現場をじっと眺めていた。評判どおり、男は剣先スコップを地面に突きさしたまま、ろくに仕事もしないで一部の太鼓持ちのような連中を相手に、長時間くっちゃべっている。そして、休憩時には、休憩所のど真ん中に座布団を五、六枚も重ねて、横柄にかまえて座っている。当の中年男に気遣いして、女子労働者のひとりが茶をついでいた。周囲の労働者たちも当の男に脅えているせいか、笑いのない沈黙の休憩時間だった。

ヤクザ風の男は上背があり武利より頭一つおおきく、茶を飲みおえると用便をもよおしたものか、休憩所から出ていった。戸外には仮の便所が設けられているのに、男は横着を決め込み休憩所横の草むらで放尿している。やりたい放題の男のみぐるしい尊大な態度を見せつけられた武利は、男が幾重にもかさねて座っていた座布団を、すべて休憩所の外に放り出してしまったのである。休憩所で休んでいた五〇人ほどの労働者たちは、これから何事がはじまるかと息をこらして二人を注視していた。

用をたし休憩所にもどってきた男は、じぶんの座っていた座布団が外に捨てられたことに立腹し、武利をにらみつけると「この野郎、いい加減にしろよ！」と野太い声で威圧し、かれの胸倉をつかみあげると、力まかせに彼の体を天井にもちあげようとした。その瞬間、武利は男の急所である股間をおもいっきり蹴りつけた。「イテテーッ」と不意を突かれた男はかがみこみ、その場にうずくまった。武利はそれをチャンスとばかりに相手の顔を殴りつけ、大男の顔は鼻血に染まった。

こわもての大男は漁場できたえた武利の腕力に恐れをなし、事務所の職員に「殺される―、警察を呼んでくれ」と必死になって助けを求めたけれど、すでに職員はじぶんが被害者になることを恐れて一番先に戸外に避難していた。この大男が、これまで周囲の労働者に威張りちらし、まともにみんなの作業に加わらず仕事をサボっていた男だったとは、笑止千万だった。

武利は、修羅場と化した休憩所の中央部をとり巻いていた労働者のひとりから手拭いをもらい受けると、鼻血を流している大男に歩みより、だまって鼻血の始末をしてやった。それでも、武利はその男のことが心配でならなかった。男はこの一件で職場がいやになり仕事を辞めてしまうのではないか。もしくは、懲りもせず相変わらず作業をサボって、自分勝手な振る舞いをつづけるつもりなのか気がかりだったからだ。

翌朝、いつものように会社の車にのせられ、市内数カ所の工事現場の作業のはかどり具合や作業員たちの現場の声をきくため、市内の工事現場を巡回した。そして遠くには前日、大男と争った工事現場がみえてきた。武利は上背のある男をすばやく認めた。かれの心配なんてなんのその、男はスコップ片手に同僚とともに元気にリヤカーに現場の残土を投げ入れ、まじめに仕事に携わっているではないか……。

Ⅱ　突きすすむ「同一化列車」

消滅した集落

武利誠がきっぱりと酒を断ち、失対事業のしごとに従事してから五年近くたったある日の夕方、ハルトリ在住のひとりのアイヌ青年が彼の自宅をたずねてきた。これまで、生活苦にもがいてきた同胞の悲惨なくらしを改善するため、人一倍こころを砕いてきた釧路アイヌの若き指導者・結城庄司であった。結城たちハルトリの住民は一九六一年春、道内のアイヌたちでつくる「社団法人・北海道ウタリ協会」の釧路支部を結成し、同年にはハルトリのアイヌ集落の住民のための公的施設、「生活館」と「共同浴場」を国の事業で新築させている。

しかし、「北海道ウタリ協会」は、アイヌたちの福利厚生を図ることを目的として、一九六〇年につくられてはいるものの、明治以来のアイヌ民族の絶滅化政策をさらに徹底しようとする政府・道庁主導の名ばかりのアイヌ団体である。同協会本部の事務も道庁当局に任せっきりという情けない有様で、当のウタリのひろい支持はとてもえられず、同協会の定款でさえ正式に公表されたのは、六三年三月発行の同協会の会報『先駆者の集い』創刊号においてであった。

　低迷するアイヌ復権運動に業をにやし、結城は危機感をもって同協会本部のある札幌市に転居して、本格的な権利闘争を始めようとしていた。

「武利さんが酒をやめて仕事にはげみ、労働組合運動にとりくんでいることは、周囲の人たちから聞いている。和人から軽蔑されてきたアイヌたちにも人権というものがあります。いま、ぼくはウタリ協会の釧路支部長をつとめていますが、ぼくが釧路を去ったあとの後任者を探しています。めぼしいアイヌに声をかけてみたが、積極的に支部長を引きうけてくれる人物はいない。釧路のウタリの心を一つにまとめられるのは武利さんだけです」

　突然、若き指導者から次期支部長を打診された誠は、どうしたものかとしばしの間、思案していた……。

　釧路支部長をひき受けるということは、並大抵のことではない。何はさておき自己犠牲をはらわなければ責任ある支部長の職は務まらず、朝から夕方まで土木の仕事に関わっていては、名ばかりの支部長と言われても仕方がない。たとえ、仲間のために支部長の職をひき受けたとしても、それはあくまでもボランティアであり、今後どうやって家族を食わせてゆくのか、まったくもって見当もつかない。

　そればかりではない。じぶんがアイヌ団体の支部長をひき受ければ、ふたたび三人の息子も周囲から「アイヌ」と呼ばれ、きびしい差別の眼にさらされることを案じていたのだ。正直、ウタリ協会に入会するのはうとましかった。でも、全日自労の運動にかかわり、日雇労働をしながら劣悪な生活に追いやられている同胞のきびしい実情をみて、何とかしなければと悩んでいたのも事実だった。結局、結城の誠実な態度と言葉に共感した誠は、迷ったすえに支部長を了解したのである。家族の暮らしについては当てなどないから、否応なく生活保護に頼らざるを得なかった。

一九六三年、武利三四歳のときである。経済企画庁（現・内閣府）が、『経済白書』で「もはや戦後は終わった」と宣言し、日本はまっしぐらに高度経済成長を突っ走っていた。持てる者、持たざる者の資本主義のひずみが社会問題化していたけれど、国民一般の物質的な生活は、僅かながら年ごとに向上する一時代でもあった。

だが戦前から積み残してきた、わが国の植民地主義のもとで派生した「アイヌモシリ」に関わる問題は、何ひとつ解決をみていなかった。ことに、日本社会の根強いアイヌ蔑視の風潮のなかで、和人とウタリの歴然たる生活格差をいかに是正してゆくのかという課題について、アイヌ民族の征服者である政府・北海道庁はまともに論議してこなかった。従来どおりウタリを和人に融合させる貧困な発想以外、権力者はなにも持ち合わせていなかった。

武利が北海道ウタリ協会の釧路支部長を引きうけ、アイヌの仲間に会合を呼びかけても、わずか六世帯のいつものメンバーしか集まらなかった。武利は同胞のほとんどが老朽化した家屋にすみ、まずしい生活をおくっているのを知り尽くしていたから、会員から会費を集めることはできなかった。従って、たとえ札幌で支部長会議が開かれても、財源のきびしい釧路支部では旅費をひねりだすこともできず、自腹を切るしかなかったという。

かれが会員拡大のため知人を勧誘しても、「どうせ和人にうまく利用され、観光地の客寄せとして〝アイヌ踊り〟にかり出されて物笑いの種にされるのが落ちだよ」「ウタリ協会に入ったら、われわれアイヌの子弟がよけい差別の餌食にされる。差別は自分たちの世代で終わりにしたい」などと猛反発をくらい、断固として加入をこばむ同胞のやりきれぬ本音を聴いた。

ひとたび、誰かがアイヌ民族の根本的な問題である「同一化と民族の自決」をテーマとして、アイヌ同胞に問いかけたとする。アイヌたちの一方が「もう混血が絶対多数となっているので、誰がアイヌか、顔を見ただけでは判別がつかなくなってきている。『民族の自己決定権』や独立を語ったところで、少数派のアイヌに何ができる。むしろ抵抗せず和人に同化することで、われわれウタリの苦しみを早期に解決したほうがよい」と主張する。

他方のアイヌは「混血がどうのこうのという次元の問題ではない。アイヌに帰属すると考える者がアイヌだ。戦後になって世界の世論は『民族の自決』が主流となっている。多数、少数にかかわらず民族の権利を訴えるのは当然のことではないか」と言って、双方、一歩も譲らない。いや、ひとりのアイヌの心の奥底にも、色違いの毛糸がもつれあうように様々な想念が去来し、対立と葛藤をくりかえし矛盾撞着の沼にはまりこみ、そこから這いだせないでいるのがアイヌ民族の現状ではないのか。「アイヌ民族」と一言で区切ろうとしても、それぞれが生まれた時代、出自の事情や周囲の環境によって彼（女）たちの意見や生き方は千姿万態となるのであり、事はそう単純明快とはいかない。

だが、老若男女を問わずアイヌの結束力やきずなが弱体化し、ウタリがむしろ和人社会群に孤立して暮らすようになったのは、もちろん征服者としての日本の歴代政府によるアイヌ同一化政策が尾をひいているからである。明治以降、アイヌモシリは和人にうばわれ、僅少で不毛な土地をそれの代償として漁猟民族であるアイヌにあたえ、そこで彼（女）が経験したこともない農耕を強いられる。

むろん、ウタリの大半が農業に失敗することは、政府も道庁も当初から承知していたし、アイヌたちに一度は与えた「共有地」や「保護給与地」を、いずれかの時期にふたたび和人の手に取り戻すことについても、明治政府以来の既定方針だった。

アイヌたちがたとえ共有地を手にしても、時の流れとともに限られた共有地の面積にたいして、共有権者の人数ばかりが増える。また、その土地を和人に賃貸しても、共有地自体から得られる収益金はほぼ一定であるから、歳月とともに一人の共有権者への利益配分は果てしなくゼロに近くなる。くわえて、土地の共有権者が相当数にのぼれば権利関係も複雑となって、そのことだけでも共有地の維持・管理はむずかしくなり、いずれは〝共有地の悲劇〟が訪れる。

ところが一九三七年六月、内務大臣の定める《北海道旧土人保護法》の施行細則（北海道庁令第三三号）が改められた。投機目的などで従来からアイヌの土地に触手をのばし、貧しいアイヌに金品をわたして不法にアイヌの土地に質権・抵当権・永小作権を設けていた和人たちが、連署で北海道庁長官に必要書類を出せば、それらの土地は簡単に和人に転がってくる制度だった。

法律で「旧土人保護給与地」などに、アイヌたちを縛りつけていたのでは、一般和人と接触する機会も限られ、ひいてはそれが同化を遅らせる原因となっているから、これらの土地を和人に開放し混住させることで、おのずとアイヌ民族は和人の生活様式をとり入れ、同一化が進展するとの思惑があった。

こうして、和人がウタリの属地に入りこんだ結果、コタンのなかでの和人の数がアイヌ人口を圧倒することになる。アイヌの立場からすると、これまで頼りにしてきた近所のウタリの友人や知人が死亡、または家庭の事情などでコタンから転居してしまうと、孤立するアイヌ家族は和人とも仲良くしないことには日常生活で困難をきたすから、アイヌは否応なく和人の言葉をおぼえ、それがきっかけとなって和人とアイヌとの交流がすすみ、さらには婚姻関係が結ばれれば血の同化もひろまり、政府のもくろんだアイヌ同一化政策は成功裏に終わるというわけである。

しかし、アイヌ集落やその共同体が消えるということは、単にアイヌの土地が失われるという以上に、これまでコタンに暮らしてきたアイヌ民族にとってかけがえのない言語・宗教・習俗などの伝統文化がいっしょに消え去るという、たいへん深刻な意味をふくんでいた。それは一民族をこえ国境をこえ、人類にとって計り知れないほどの損失であった。

なぜなら、民族文化や文明は多様な民族の英知のぶつかりあいのなかで発展、進化するものであるからだ。残念ながら、すでにヨーロッパ人は大航海時代までに、非欧州地域に暮らしていた独自の文化・文明をもつ多くの民族を滅亡の淵に追いやった。

かつてハルトリの〝土人部落〟とよばれていた一地区は、和人の混住によって今ではその名称も死語となった。その結果、アイヌ民族の固い結束をひき裂く分断化の問題があらたに生じたのである。ハルトリが炭鉱マチとして栄えると、商人は「給与地」を所有する貧しいアイヌの足元をみながら土地売買の交渉をおこない、それを格安で買いたたくことができた。たちまちのうちにアイヌ集落内での和人の人口がウタリの人数を圧倒するようになると、和人たちは異物を排除するかのようにアイヌ文化をも攻撃しにかかる。

ひさしぶりに出会ったアイヌ老人同士が、胸元で両手のひらを天にむけて何度も繰りかえす独特なあいさつ（オンカミ）を見た和人たちは、その礼儀作法が奇異だといってアイヌの風習をあざ笑った。疎外されるアイヌたちがときに同胞の家に集まって酒を飲み、興にのればそれぞれが自慢の古式舞踊や唄を演じて盛りあがる。それをのぞき見していた和人たちは侮辱的な態度をむきだしにして、「ほらまた、盛りのついた猫みたいな唄が始まったぞ」「まったく、犬の遠吠えだな」などと悪態をつく。アイヌの風習や文化は排斥され、ウタリは地域のなかで理由なく辱めをうけ、町内会にも誘われなかった。

　過去、ウタリゆえに村八分にされ、「汚い、臭い、気持ち悪い」などの暴言を吐かれたウタリは、想像を絶するほどの数にのぼるであろう。アイヌ本人や親族の名誉をけがす行為は、単に名誉棄損というばかりではなく脅迫罪ともなりうる。ところが、そのような被害者となってもなお官憲に告発したウタリがいたとは、寡聞にして知らない。また、長年にわたり差別に苦悩してきたアイヌ同胞の側も、じぶんを卑下する病的な劣等感のために、和人を訴える気迫がなえていたものか、ひとえに受難の道を歩んできたのである。

　いや、そうではあるまい。たとえ一人のアイヌが向こうみずに、自分を侮辱する和人を官憲に告発したところで、証拠物件もなく事件性に乏しいとみなされる。いや、それ以上にウタリの周りにはアイヌ同胞に偏見をもつ和人がうようよしているから、一種の〝モグラたたきゲーム〟をえんえんと繰り返しているようなもので、それだけで人生の時間の大半を費やしてしまう結果になりかねない。彼（女）が向かいあう相手は、和人社会群そのものなのだから。

　……戦後生まれのTの半生を、ひょんなことから聴かされたことがあった。小漁師の父親の働きでは家族の生活がままならないため、忍従するTの母親は朝からリヤカーに百数十本もの牛乳ビンを積みこみ、来る日もくる日も各家庭に牛乳をくばる仕事をつづけていた。ハルトリ周辺は山坂がおおく、リヤカーを引くのも大変である。母の労苦を肌で感じ取っていた心優しく純真なT少年は登校前にも拘わらず母を気遣って、来る日もくる日も母が引くリヤカーの後部を押して手伝った。

Tにとって、クラブ活動などで早朝から中学校へ登校する同級生と道端ですれ違うのが、最も苦痛だった。苦労の割にはあまりカネにもならぬ牛乳配達の仕事をひき受けているアイヌ母子の姿を見せるのは、「貧しいアイヌ」という看板をじぶんの背中に貼りつけているようなもので、屈辱である。少年は同級生や顔見知りが前方から近づいてくるのを確認すると、顔を伏せて車を押しつづけた。

かれは中学時代に野球部で活躍し、高校を出てから社会人野球の選手になるのが夢だった。けれども、困苦欠乏の家庭ゆえ一五の春に高校進学を断念、あっさりと釧路市内のガラス屋に就職した。中学卒の新参者、しかも顔をみれば彫りの深いアイヌ民族の少年。職場の先輩たちはアイヌというだけで、はなからT少年を軽蔑していた。仕事に就いて間もなくのころ、午前中の仕事を終えて昼食時、かれが弁当を食べようとしたとき、先輩にカネをわたされ買物を頼まれた。

「おい、向こう側にある食料品店にいってサネの缶詰を一つ買ってきてくれよ」

かれは先輩の注文に素直にしたがい、店に走った。少年は先輩に言われたとおり、「サネの缶詰はありますか?」と店の中年女性に訊ねた。中年の女は「サネの缶詰ですか?」とけげんそうな顔をして少年に問いかえす。サネとは女性のあそこのことだ。店の女は純朴そうな少年の目をみて、はたと感ずるものがあったらしい。「誰かに頼まれたの?」と少年に問うた。

「はい」

「あなた、からかわれているのよ」と中年女。

「……」

職場の連中から辱めをうけた少年は、卑劣で陰険な連中ばかりのこのガラス屋をとうとう辞めてしまった。Tは現在、ハルトリから最もとおい街はずれに家族をもって暮らしている。トラック運転手として、和人の妻とその連れ子といっしょに一見、幸せそうに生活している。

連れ子のひとりがまだ小学生のころ、どこで教えられたものかアイヌ民族を軽蔑するような話をし始めたことがあった。座りながらその話を聞いていた彼は、連れ子の偏見に満ちた話に耐えかねて、その場を離れて窓際に寄り、目に涙を浮かべながら窓からみえる景色を眺めていた。

テレビ世代のTは、テレビなしの生活など考えられないほど、仕事を終え帰宅すると酒を飲みながらテレビ画面にかじりついている。とくに、少年時代から憧れていたプロ野球中継は見逃さない。だが、ニュースなどでたまたまアイヌ民族の映像が流されるや否や、彼はとっさにテレビのスイッチを切るか別のチャンネルに切り替えてしまう。

そして、ときに酔いがまわると思い出したかのように、かれの唯一の理解者である妻に語って聞かせるのだという。

「あのガラス屋で働いていた連中にいま出くわしたら、力一杯ぶん殴ってやりたい。でも、奴らが健在だとしても、死に損ないになっているだろうな……」

現在の教育現場においても、和人子弟によるアイヌへの侮蔑的言動を、単なる差別的行為としてそれを禁じているだけで、教える側にどれほど「人権侵害」や「犯罪行為」としてのきびしい認識があるのか、いささか心もとない。

人種差別はりっぱな犯罪だ。以前、北海道のある小学校でアイヌ差別事件が起きて社会問題化したとき、北海道の市町村では文部省の学習指導要綱にもとづき、小学校社会科副読本（小学校三、四年生対象）のなかに簡単なアイヌ史やその文化に関する内容を新たに加筆させた。が、その記述内容も市町村によってばらつきがあり、そのうえ手元に副読本がありながら、いかに和人子弟にアイヌ史を教えるべきかについて、政治的・思想的立場をきびしく問われる教員は袋小路にまよいこみ結局、副読本の授業がおこなわれないままの教室も多いと聞く。

また、地元紙（北海道新聞・二〇一二年四月一二日付朝刊）によれば、つい最近も北海道議会において自民党の一議員から、財団法人「アイヌ文化振興・研究推進機構」が発行した小中学校の社会科副読本のアイヌ史の記述内容に、「誤解を招く部分がある」との難くせがつけられ、編集に携わった教員などから「歴史の改ざんだ」との抗議があったことが報じられている。

わたしもその副読本をとりよせて一読してみたけれど、とりたてて史実にそぐわない記述があったとは思えない。

義務教育への政治的介入を疑われるような軽率な行動は現に慎むべきであり、和人本位の一方的な考えでアイヌ史をねじ曲げようとする発想自体、もはや時代遅れである。

大むかしから阿寒湖（チミケップ・トー＝山水の崖を破って流下する湖）の南岸には小さなコタンがあって、アイヌたちはシカや湖沼の魚、山菜などを摘みとっておだやかに暮らしていた。そこに一九〇六年、元農商務省官僚や貴族院議員などの経歴をもつ前田正名《まさな》は、道庁から阿寒湖畔一帯の土地約五〇〇〇ヘクタールの払い下げをうけ、原始林を切りひらいて、造材・製材会社の「前田一歩園」を営んだ。また、昭和初期までに阿寒湖畔にすみついた和人たちは、独自に漁業組合をつくり湖沼の漁業権を独占したため以後、コタンのアイヌたちは阿寒湖原産のヒメマス漁などを禁止された。

ハルトリ出身の山本多助（アイヌ文化研究家・一九〇四―一九九三）ら道東地方のアイヌが中心となり一九五二年、前田一歩園より阿寒湖に面する約一町歩の土地をただで借りうけ、「阿寒アイヌ観光コタン」をつくった。これが道内初の観光コタンであり、いわゆる〝観光アイヌ〟と呼ばれる人たちの出現である。当時は観光シーズンの夏場だけの営業で、二〇余りのアイヌ民芸品店がそこに軒をならべ、自分たちがつくった木彫り熊や木製のペンダント、ブローチ、キーホルダーなどを売って、観光客の人気を博していた。

滅びゆくアイヌ文化の一片を商品化し、それを阿寒湖畔の観光事業に役立て、ひいてはその観光事業がアイヌたちの生業につながれば、一石二鳥ではないかと彼たちは考えたわけである。

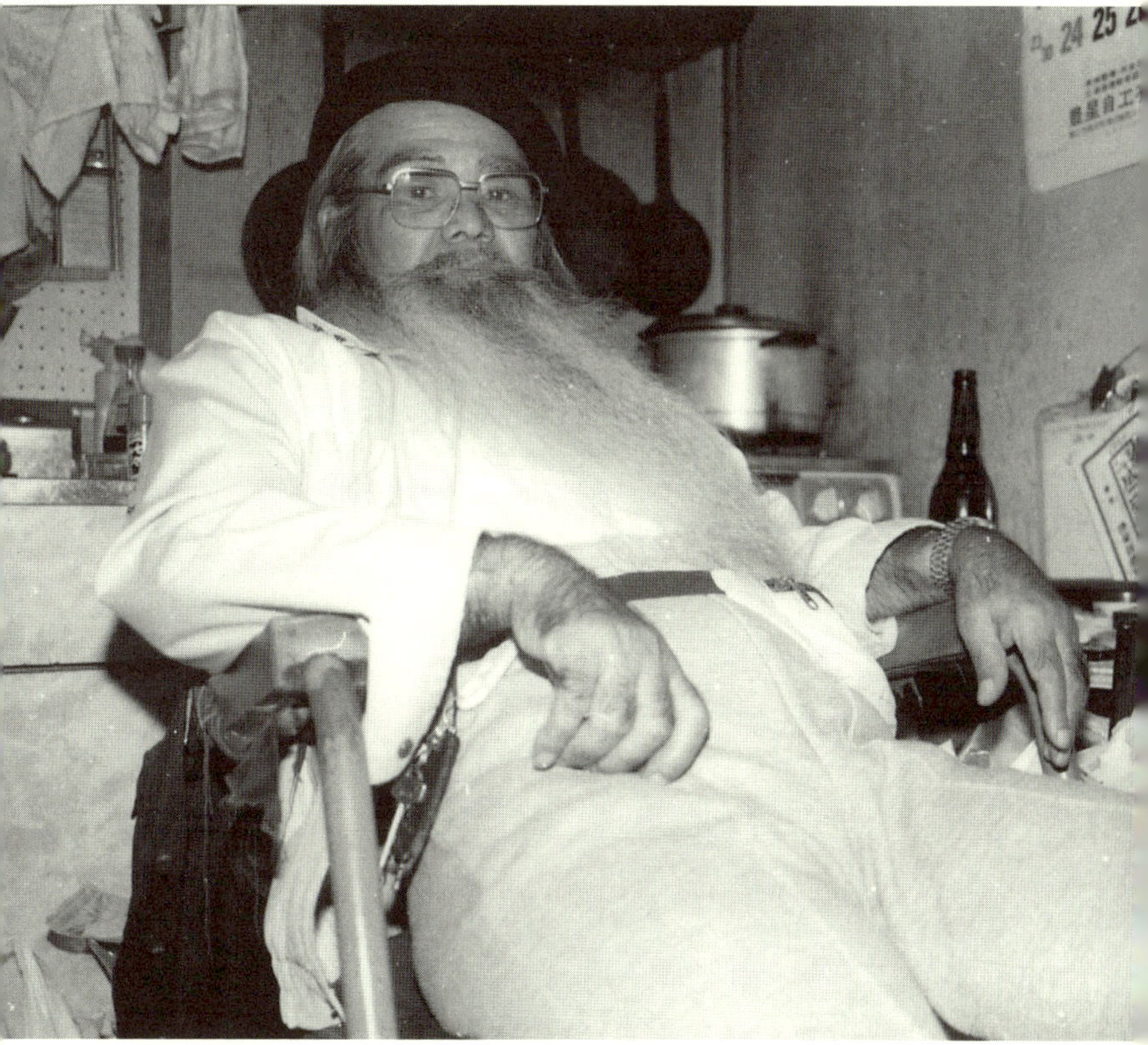

黒いベレーを小粋にかぶる帯広市在住のO老人。胸元まで伸ばした灰色のあごひげを撫でながら、大好きなビールをうまそうに飲んでいた。聞けば、むかしは十勝地方の観光地で一台のポラロイドカメラを片手に、観光客相手の仕事をしていたという。ときに、帯広の旧アイヌ集落の沼岸で毎年秋に開かれるカムイノミの祭司を務めたこともある。「古式ゆかしい母語でのカムイノミは大正期には消え、ぼくのやる神事はそのまね事さ」

人種差別や偏見のために希望する会社に就職できず、漁師か水産加工場の日雇労働、鉱夫や土工夫などの肉体労働の仕事に就くしかなかったアイヌの若者の一部は、ブームとなり繁盛する「観光コタン」にあやかり、小規模ながらも民芸品店の経営者となった。ぞくぞく開店するアイヌ民芸品店にあこがれ、手づるで民芸品店の売り子となり、木彫職人をめざす若いアイヌたちがいた。

アイヌ民芸品店が乱立したため売り子が不足し、知人を介してウタリの美男美女の売り子探しに血眼になっている和人経営者たちの姿があちこちにあった。和人社会におけるアイヌの就業はかんぜんな買い手市場だったものの、阿寒湖畔に軒をならべるアイヌ民芸品店だけは、かんぜんな売り手市場だった。就職差別をうけ、希望する仕事にも就けず家でぶらぶらしている若者のうわさを聞きつけるや否や、経営者じきじきスカウトにゆくという時世だった。スター的存在である美男美女のはたらく店は、それだけで売り上げを伸ばした。

体力がおとろえ、肉体労働の職にもありつけないアイヌ老人はどうしたか。彼たちの大半は木彫りなどの技能もなかったが、店主はアイヌ観光コタンの「客寄せ」として、いにしえの威厳あるコタンコㇿクル（村の長）を連想させるような彫りの深い顔にながいひげを蓄えさせ、アイヌ風の着物をはおらせて、店頭に立たせた。

それだけでロマンチックな旅情や異国情緒をかもしだし、旅行客の側もそれを架空の舞台と知りつつ、他愛なくみんな一緒に時のながれを楽しんでいた。また、アイヌ老人を雇った写真屋は、やはり彼たちに長いひげを蓄えさせ、阿寒国立公園内のあちこちの景勝地に観光写真を撮るためのひな壇のセットを設けて、団体観光客の中央部に彼たちを座らせコタンコロクル役のモデルとして使役した。むろん、これも和人経営者のあざとい演出に違いなかった。あたかも、未開の部族のごとくにアイヌ民族の世界をイメージしている店主が圧倒的で、店舗ではアイヌ民族のとりわけて優れた精神文化などには、ほとんど関心がなかった。

「それを鑑賞したかったら博物館にでもいけよ」と観光業者に怒鳴られるかもしれない。だが、アイヌ独自の精神生活から編み出された歴史的遺産をとりそろえた高いレベルの博物館が、いったい道内のどこにあるというのか。わたしがこれまでに観てきた道内各地の博物館は、展示品の内容から察して、まさに〝開拓者博物館〟と化していた。

どこも明治・大正期に内地から移住してきた和人たちが農林漁業でつかった当時の道具や家財道具などの展示で溢れかえっており、アイヌ民族の涙のことより、和人による開拓の汗を強調していた。

武利誠は「観光コタン」を訪れた日のことを、複雑なおもいで回想する。

――おれがムックリ（口琴）づくりを始めたのは、阿寒観光が脚光を浴びていた七二年だった。おもに阿寒湖畔のアイヌ民芸品店に商品を卸していたから、その春におれと商取引のある民芸品店にお礼かたがた訪ねたことがある。ついでに、賑わいをみせている「阿寒アイヌ観光コタン」に立ち寄ってみた。親熊からはぐれたものか、その春に産まれた一頭の子熊が、とある民芸品店の軒先につながれ、観光客の人気ものになっていた。ふと、目をそらすとひとりの初老のアイヌが民芸品店の店頭でたち働いている。何とおれの住居の隣に暮らすアイヌ面のFではないか。近づいてかれの仕事ぶりを窺っていると、かれはアイヌ衣装をはおり地面に敷いたムシロの上で、木彫職人のまねごとをしている。Fとその妻は春から秋までの半年間、民芸品店の物置小屋に寝泊まりしながら働いているということだった。

――そこに、本州方面からきた女子大生とおぼしき二人組のうちの一人が、「ほら、アイヌのおじさん、食べなさい」といって駄菓子をひとつFに差しだした。Fは見たこともないような物を見せつけられたかのように「フェー」と驚きの奇声を発し、いかにも原始人のような身振りで恐怖におののく表情をつくった。その仕草をみていたお姉ちゃんのひとりは、「このおじさん、クマやシカの肉しか食べていないから、きっと驚いたのね。可哀想に…」といって、その場から立ち去っていった。おれは、その一部始終を眺めながら言いようのない怒りがこみあげてきた。たとえ生活のためとはいえ、アイヌ民族の尊厳を汚すようなことまでして、働かなければならないのかとおもうと、怒るというよりも哀しくなったよ……。

もちろん初老の男はかれの旺盛なサービス精神から、われわれが娯楽としてみる映画やテレビでおなじみの紋切り型の「未開人」の像に似せて、すっとんきょうな声をだし演技していたに過ぎない。ただ、観光客を楽しませたい一心で。しかし、うら若き女性たちは、この男の演技を見抜いていたのかどうか。こんなつまらない演技をした結果、未開地にくらす辺境の野蛮人という誤ったイメージを彼女たちに植えつけてしまったのではないか。武利の心配は尽きなかった。

「内地の和人のなかには今でも、ウタリが民族衣装をはおり、アイヌの長老は現在でもひげをのばし森の中に暮らしていると誤解している人がいた。このおれでさえ、観光コタンにきた旅行客から『おじさんは日本語が上手だね』と言われて、逆にびっくりさせられたよ」

そもそも、アイヌモシリが和人の居住植民地となった明治期から、北海道観光の売り物は広大で風光明媚な大自然とアイヌ民族だった。とくに夏場の観光シーズンには、「視察団」と称してアイヌ集落には連日のように本州方面からの観光客がおとずれ、和人とは風習のちがうコタンを見学し、アイヌ子弟が学ぶ「アイヌ学校」にも立ち寄った。視察団一行がアイヌ集落にほどちかい国鉄駅に到着すると、駅員はのぼりを立てて旅行者を先導し、コタンを案内して回ったというけれど、現在でも北海道観光の目玉はさして変わらない。

このように、阿寒湖畔などに暮らす和人たちが商売のため、明治以前のアイヌ民族の風俗習慣を商品化する「アイヌ観光コタン」の試みは、ウタリをみる和人観光客に誤解をあたえ、それが尾を引いて後世のウタリの尊厳をけがし、またまたアイヌは差別の標的にされかねないと、武利ばかりではなく心あるウタリは不安を抱いていた。

武利の末っ子が小学校の修学旅行で阿寒国立公園を見学していたちょうどその時、同公園内の弟子屈《テシカガ》の街角では「アイヌ・メノコ（女の子）のヌードダンサー」と銘打って、夜になるとストリップショーが開かれていた。その看板をみてショックをうけた息子は、旅から帰るとすぐ父親に報告した。息子にとって楽しいはずの修学旅行も、観光地で商売の種にされるアイヌ民族のむごい現状を見せつけられる傷心の旅でしかなかった。

翌年の春、また隣家のFとその妻が、「半年間、観光コタンに出稼ぎに行ってくるよ。しばらく家を留守にするのでお願いします」と武利宅に遊びがてらあいさつに来たとき、誠は「阿寒湖畔にいったらだめだ。それで、おまえたちの生活ができないというなら、おれが市役所にいって生活保護の手続きをしてあげるから、観光コタンにだけは絶対に行かないでくれ!」と頼み込んだ。それでも夫婦は「生活保護をもらえば、まわりの人から物笑いの種にされるだけだから、湖畔に働きに行くしかないのだ」とかたくなに拒んだ。

あとは力ずくでFを阻止するしかなかった。武利は部屋にあった電気バリカンを手にして、これまで大切に伸ばしてきたFのあごひげをグイとひっつかみ、一気にひげを刈りこんだ。Fの妻はあわてて、「武利さん止めて、やめて。夫が仕事に就けなくなる!」と叫び声をあげ、武利が握っているバリカンを必死で取り上げようと試みたものの、小柄でやせこけた女の手には負えなかった。りっぱな長く蓄えたひげこそコタンコロクルの象徴みたいなものだから、ひげのないアイヌの首長役は、いかにも貧弱すぎてとてもモデルは務まらない。

「何を言っているか、この乞食野郎! 動物園の物珍しい動物のように、観光客からアイヌ面だけをじろじろ見られて給料をもらっているだけではないか。じぶんの才能を生かした木彫り作品などをつくって、人びとに感動を与えるひとりの誇りあるアイヌとして生きてみろ！」

武利は烈火のごとく怒った。結局、蓄えたひげを武利にばっさり切られたFは、これまで雇ってくれていた民芸品店には採用されず、武利の意見に従って生活保護で暮らすこととなった。ところが、生活保護をうけるようになって以来、Fの酒量が多くなりがちで飲んでは道端に倒れこみ、そのたびごとに妻に介抱された。周囲の和人の親子も、それを見て軽蔑したような顔でFをながめている。かれの妻も困りはて、夫のことで武利宅へ相談にきた。

武利は、日をあらためてFを生活館に呼びだして諌める。

「Fさん、あなたは社会のために何かすることはないのですか。たとえば、あなたの得意な木彫りの技をこの周辺の老人に教えることだってりっぱな社会貢献だ。あなたはまだ六十歳代で隠居するような齢ではない。失礼なことを言いますが、あなたの奥さんは女性でありながら、化粧もしていないでしょう？　それは、奥さんがあなたのために苦労を重ねてきて、化粧どころではなかったということだ。そのことは、あなた自身が一番わかっているはずではないか…」

それからだ、Fが木彫りの制作に情熱をこめて打ち込むようになったのは。

なるほど、一口に「観光アイヌ」といったところで、経営者もいれば売り子もモデルもいる。彼たち彼女たちが、客にこびも売らずもくもくと仕事にはげんでいる姿は、気高く威厳にみちている。しかし、なかには客寄せのため観光客におべっかを使って笑わせ、その場を盛りあげる道化師のような役回りを任されるアイヌたちもいたのだ。子熊や子犬のように和人から〝土人〟と蔑まれていた時代の舞台装置のなかで、そのようなモデルとして働くのはあまりに哀しい。

アイヌ文化は何物にもかえがたく尊いもの。それをカネもうけに利用しようという商人ゆずりの商業主義が、「観光アイヌ」にかかわるウタリの精神を多かれ少なかれ毒していた。

その代表格は、「阿寒マリモ祭り」である。一九二一年三月、阿寒湖のマリモが内務省から天然記念物に指定され三四年一二月、阿寒湖・屈斜路《クッシャロ》湖・摩周《マシュウ》湖をふくむ地域が国立公園として指定されて以後、それを機に阿寒国立公園への観光客がふえはじめ、珍重される阿寒湖のマリモが旅行客や地元住民によって大量に採取され売買の対象となった。さらに、阿寒湖に隣接して北海道電力の水力発電所が新設されると湖の水位低下をまねき、マリモの生息環境が激変した一九五〇年春、湖岸にはおびただしい数のマリモが打ち上げられ、全滅の危機にさらされた。

阿寒観光の目玉であるマリモを護るため、旅館・民芸品店の経営者など観光業に携わる人たちが起ちあがり同年秋、「マリモ愛護会」が結成され、売買されたり盗まれたりしたマリモの返還運動をスタートさせた。同時に、湖の水位低下をもたらしマリモの生息環境に見過ごせないダメージを与えた北電にたいし、水力発電所の廃止や発電所の移転などの要求を突きつけることとなった。

ところが翌年秋になって北電から北海道釧路国支庁長にたいし、阿寒湖の水力発電所を使わないかぎり、道東地方の電力事情は頻繁にピークカットしなければならなくなるので、湖面の水位低下を許可してほしい旨の申請があり、同支庁長は阿寒町長に次のような調査を依頼する。

阿寒国立公園内阿寒湖水位低下に就いて

標記に就いて北海道電力会社より阿寒湖面水位低下許可願があったので、貴職にあって御調査のうえ御回報わずらわしたし。

記

一　水位低下（従来より更に一尺低下のもの）した場合「マリモ」に及ぼす影響

一　この許可に就いて地元民及び関係者の意向

「マリモ愛護会」は道庁にたいし、「現水位より更に低下する場合マリモは死滅すると思考します。マリモは天然水位に依り生息するもので、水位の高低は生存上重大なる支障があり、年々減少の一途を辿る有様にて、水位の低下は天然記念物マリモの保護に逆行すると思惟します故、諸事情御賢察のうえ水位低下反対に御協力下さるよう御願い致します」（阿寒町史）と求めている。

結局、この問題は道庁当局に判断をゆだねられ、道庁は「水位低下によりマリモは死滅せず」との結論に至ったものの、その根拠は明らかにされなかった。

「（上略）電力事情からみて、事情まさにやむを得ないものと認め、社会教育局長をもって特に同意を与え、これに基づき北海道教育委員会より条件付き許可の運びとなり（下略）」

道庁は北電側の要請を大幅にみとめ、幕引きをはかった。それ以上あらがうことをしなかった「マリモ愛護会」へのせめてもの謝意を表すためか、もしくは水力発電所新設により、マリモの絶滅を深刻に受けとめた必然の帰結なのか五二年三月、文部省は阿寒湖のマリモを〝特別天然記念物〟に指定した。

いや、マリモが絶滅の危機にたちいたった原因は、そればかりではない。明治後期から昭和にかけて阿寒湖周辺での造材業者による原始林伐採によって、丸裸にされた湖岸の表土が雨に流され泥水となって湖底に流れ込み、マリモの生息環境や生息地域がいちじるしく狭められたことも、その要因となった。

こうして、商人が主体となったマリモ返還運動が全国規模で繰り広げられるなか五〇年一〇月、阿寒湖畔では第一回「阿寒マリモ祭り」が開かれ、マリモの保護運動の宣伝効果もあって遠方からも観光客が集まった。むかしのアイヌの衣装を身につけた地元のアイヌの男二人が丸木舟にのりこみ、湖面に浮かぶ数個のマリモをすくいあげると、それを「アイヌ観光コタン」に設けられた儀式会場に供えて、男たちによるカムイノミ（湖の神々への祈り）が執り行われる。そして翌日の昼ごろ、湖岸では道内各地から阿寒湖畔に動員された大勢のアイヌ女性たちによるウポポ（唄）やリムセ（踊り）が観光客に披露されるなか、儀式に供えられたマリモはふたたび丸木舟に乗せられ、舟から湖に戻されるのである。

むろん、この神事らしきものはアイヌ民族の伝統に倣ったのではなく、あくまでも観光客を呼びこむための阿寒観光の見世物でしかない。人間の生活にとって不可欠なものといえば、いまもむかしも衣・食・住である。マリモは大自然を形成する一つには違いないけれど、人間の暮らしにとって直に欠かせないものではない。従って、ふるくからそこで暮らしてきたアイヌたちはマリモにたいし何の興味も関心も示さなかった。むしろマリモは、阿寒湖の魚を獲って暮らすアイヌにとって邪魔っけだったらしい。

それでもなお、「観光アイヌ」のモデルをつとめる以外に仕事のあてがないのだ、と事情を説くウタリの若者もいた。

「学歴がないこともあるが、学歴があっても会社側ではわれわれアイヌをなかなか雇ってくれない。採用する側では、なにか〝考えるところ〟があるのではないか。それは、いまもむかしも変わらない。だから、観光アイヌには言い分がある。アイヌとして生まれてきたのだし、その文化を自分の暮らしに役立てるのに誰が、われわれの仕事を批判できるだろうか……」

たしかに彼の言い分も理解できないわけではない。だが、意見や立場を異にする者同士がののしり合い、反目するだけではその問題の本質はみえてこない。誰がアイヌたちをここまで追いつめたのかという根源を問うことのほうが、もっと大切ではないか。そのためにはアイヌモシリをかすめ取られ、民族の漁猟文化をことごとく奪われ無一物となったウタリの厳然たる歴

「アイヌ観光コタン」発祥の地・阿寒湖畔——。「観光アイヌは、動物園の動物のように、アイヌを看板にして観光客にこびへつらって給料をもらっているだけ。もっと、自分の才能を生かした職業に就くべきだ」と一方のアイヌが言う。他方のアイヌは「人種差別で自分の希望する職業に就けないで悩んでいるのだ。アイヌ文化の一面を紹介して自分の生活に役立てるのに、誰が観光アイヌを批判できるのか」と真っ向から意見がぶつかり合う。

史の歩みを想起しなければなるまい。

無職同然の貧しいアイヌたちが、追われおわれて阿寒湖畔という枯葉の吹きだまりのような場所にたどり着いたとき、すでに産業資本が待ちうけていた。観光業者は大自然に抱かれたマリモとともに、少数民族・アイヌを観光の見世物として利用しようと考えた。アイヌたちは利益を生みだすテーマパークの商品として、人間さえも商品化する商業主義のただ中に送りこまれた。その舞台こそが「阿寒アイヌ観光コタン」だったのであり、このなかにこそ〝観光アイヌ〟問題の核心がある。……

ところで、わたしは同観光コタンで民芸品店を経営する一人のアイヌ男性から興味ぶかい妙な話をうかがった。前田一歩園は初代園主・正名から次男の正次にひき継がれ、正次の没後は妻の光子（一九一二―一九八三、宝塚音楽歌劇学校を卒業後、タカラジェンヌ・文屋秀子の芸名で宝塚の舞台で活躍）が三代目園主をひき継いだ。光子園主の代になってからの話である。園主はこれまで長期間にわたり無料で貸してきた約一町歩の「阿寒アイヌ観光コタン」の敷地を一括して、これまで土地を使ってきたアイヌたちにただで譲渡する意思があることを、当のアイヌたちに切り出したのだという。園主からのまじりけがない善意の贈物だったに違いない。

ところが、またとないこの提案にたいし、アイヌたちはその話に乗らなかったというから、ずいぶん不思議なこともあるものだと思っていた。

もともと、その土地はアイヌ固有の領地の一部である以上、返還してもらって当然のことであるし、観光コタンのアイヌたちだって祖先の土地が返されるのは大歓迎であったろう。だが、ひとたびその土地の所有者となれば和人の法律の網にからめとられて、固定資産税の納付義務を負わされる。アイヌたちがたとえ無料でその土地をもらっても、今度はけっして安くない税金を役所に納めなければならず、観光コタンに暮らすアイヌたちの質素な暮らしをおびやかすかも知れない。それならば、従来どおり前田一歩園（現・財団法人）から無料で土地を借り受けているほうが、アイヌたちにとっては有利であるとの結論に達したのではなかろうか。

光子園主から提示されたアイヌモシリの一部返還の申し入れを、北海道の先住民の子孫がむざむざ断らざるを得なかったという秘話をきかされた夜、さすがにわたしもショックのあまりしばらく眠りにつけなかった。

官主導のアイヌ団体

第二次大戦後、世界の植民地支配体制がどっと崩れさり、おもにアジア・アフリカ・中南米の九六の国々が、イギリス・フランス・ポルトガルなどの植民国から独立を遂げた。このような反植民地主義の機運が高まるなか一九六〇年、いまだ独立を果たしていなかったアフリカ・アジアの一七の国々が植民国からいっせいに独立をはたした。そのように激動する世界情勢を前にして、日本政府・北海道庁は予想されるアイヌたちの民族運動の機先を制する形で、一部のアイヌに呼びかけて「社団法人・北海道ウタリ協会」を結成させ、事務局を札幌市内の道立社会福祉館内に置いた。

しかし、同ウタリ協会の会報『先駆者の集い』創刊号（一九六三年三月発行）が発刊されて以後、しばらくは官主導の同協会の活動らしきものは皆無であった。政府と北海道庁はその間、アイヌ民族による権利回復運動の動静をじっと窺っていたかのようである。へたをすれば「ウタリ協会」発足が引き金となって、アイヌ民族の澎湃たる復権運動に火がつく恐れもあり、ヤブヘビともなりかねないのである。

さて、武利誠がウタリ協会釧路支部長をひきうけたとき、ハルトリのアイヌ集落には「生活館」と「共同浴場」が既設されていた。これらの施設は、和人居住区にくらべ著しく劣悪なアイヌ集落の生活環境を改善するため、政府の「不良環境地区改善施設整備事業」として建てられたものである。六一年、ハルトリをはじめ平取《ビラトリ》、静内《シズナイ》、鵡川《ムカワ》、白老《シラオイ》、伊達、阿寒に八施設がつくられたのを皮切りに、道内五七カ所のコタン（二〇世帯以上が隣接して居住）を対象に、同事業が次つぎと推し進められた。

この事業の対象地は道内のアイヌ集落のみならず、全国のスラム街、産炭地やかつては「えた・非人」と称され、庶民からも差別的な扱いを受けてきた本州以南のいわゆる、「被差別部落」などである。

政府の同事業の種類には、生活館、共同浴場のほかに下水排水路、共同井戸、共同作業場、共同洗濯場などがあった。

「生活館」とは一般にいう地域集会所のことであるが、道庁の当初の計画では集会ばかりでなく生活相談や生業の指導などを施し、共同事業として木彫・伝統織物の作業やその他の授産事業と技術指導もおこなわれた。かつ幼児をあずかる託児事業、健康診断や診療業務をあわせて行なうとともに、図書館の開設やアイヌ児童の補修教育、技術訓練、精神指導をおこない、子弟の就業をアイヌ居住区から和人居住区にひろげることを目指していた。ハルトリの生活館内にはその後、無認可保育所(すずらん保育園)が併設されている。

「春採生活館」では、ウタリ協会釧路支部の会員一五人ほどが月に数度、古式ゆかしいウポポ(唄)やリムセ(舞踊)の練習をしていた。彼女たちは陰湿な差別や偏見の目にさらされながらも一様に、先祖が残してくれたかけがえのない民族文化を後世に伝えたいという強い願望をもっていた。が、アイヌ集落のなかに和人が混住するようになり、その人数が増加するなかでその土地にはおのずと和人の風習が根づきはじめ、それまではアイヌの絶滅化政策にあらがって同胞が培ってきたアイヌたちの習俗は〝風前の灯〟となっていた。

ハルトリで孤立するアイヌ同胞の唯一の溜まり場が、「生活館」であった。六七年、「春採アイヌ古式舞踊・釧路リムセ保存会」はこれらの会員を中心として発足し、月に数度は例会がひらかれ、歌舞の練習に汗をながした。アイヌ古式舞踊の指導者は、明治後期生まれのエカシとフチだった。

〽フンドリフン　チカップ　アアホー　アアホー　ホイホホー

女たちが手拍子で調子をあわせ、歌舞は始められる。「鶴の舞」である。女性四人の踊り手が円座をくみ、着物姿の四人全員が両腕をおおきく横にひろげると、ちょうど丹頂鶴がおおきく羽を広げたような姿になる。うち二人が湿原の神である丹頂鶴のオスとメスに扮して起ちあがり華麗に舞いおどった。雪解けのころ、つがいの鶴が「クヮー、クヮー」と甲高い鳴き声で愛の讃歌をうたいながら、ダンスを踊っているようすを表現しているのだという。

〽オウワヘイ　ヘイワ　オウワヘイ　ヘイワ

こんどは、男たちが力強い掛け声を発して勇壮な「剣の舞」を演ずる。

むかし、コタンでは男たちがエムシ（刀）をもって悪魔払いをした。刀には悪霊や悪魔を追いはらう霊的な力があると信じられており、たとえば伝染病を追い払ったり、新築の家を清めたりするためにこの踊りを舞ってきた。刀をにぎった男二人が向かいあい、テンポよく刀をふりまわし、「カチン、カチン」と刀を打ちあいながら舞う民族特有の猛々しい踊りである。

これらの舞踊をふくめ、リムセ保存会の男女は全部で一五ほどの演目をこなしていた。

ひととおり歌舞の練習を終えた女性たちは、茶を飲みながら世間話を楽しんだ。いや、アイヌ集落の混住の結果、ともすると毎日を孤独にすごし孤立する悲しみを訴える老会員。和人に侮辱され、はらわたが煮えくり返るほど悔しいおもいをして、心ゆるせる仲間のまえでだけ涙する会員。そんな疎外され憂鬱な日々を過ごす女性にたいし、「仲間はここにいるではないか」「悲しく、辛いときはいつでもうちに遊びに来てね」などと明るく優しく励まし合う仲間が、「生活館」に集まった。

リムセを習得すると、アイヌ観光を目玉にする近隣の観光地からの招きで、釧路リムセ保存会の面々は遠方はるばるやってくる観光客のために、古式舞踊を披露することになる。阿寒湖畔の「マリモ祭り」や標茶《シベチャ》町の塘路《トウロ》湖畔で開かれている「ペカンペ（ヒシの実）祭り」などである。仲間といっしょにバスに乗ってでかける小旅行は、日頃のうっぷんを晴らす何より心なごむ時間であった。

また、「共同浴場」というのは、この施設を活用することによりウタリの入浴を励行し、身体を清潔にたもつことで皮膚病やその他の伝染病を予防し、健康を保つとともに衛生思想の普及徹底をはかる目的でつくられている。つまり、総じてこれらの事業はアイヌ民族を邦人に同化させる意図のもとに建設された。

しかしながら、ハルトリ周辺に居住し風呂場もなく粗末な家屋に暮らしているアイヌ同胞にとって、「共同浴場」の設置は長年の悲願だった。風呂場のないアパートや家屋にすむアイヌが、街中の公衆浴場へたまに出向くと、入浴している和人たちは奇異の眼をアイヌにそそぐ。汚い、臭い、気持ち悪いと物心がついたころから見下げられてきたウタリにとって、自分を見つめる和人たちの冷たい視線がたまらなく辛かった。入浴を面倒くさがるものぐさな人間はどこの世

ハルトリに居住するアイヌ民族のために1963年に新築された共同浴場。アイヌが銭湯にゆくと入浴中の和人たちは、冷たい眼でじろじろ多毛のアイヌを見つめていた。「自分たちの身体は見世物ではないぞ！」ハルトリのアイヌたちのつよい要望で建てられたこの施設。しかし、アイヌたちの求めではなく浴場のボイラーの故障を機に、浴場を管理する釧路市は2007年、施設の閉鎖をきめ約半世紀の歴史に幕が下ろされた。

界にもいるけれど、入浴をきらう民族などどこにいようか。

ウタリが「衛生思想」に欠けているのではない。和人と容姿の異なるアイヌが銭湯に入ると、さも珍しい動物でも観察するかのように和人たちは、アイヌを無遠慮にじろじろと眺めていた。誰だってそんな不愉快な思いをするくらいなら、銭湯に出かける気にもならなくなる。国の同化政策がらみというばかりではなく、人種的偏見におびえる多毛のアイヌ民族が和人の眼を気にせず、くつろいで入浴したいという同胞の切実なねがいが、「共同浴場」建設を後押ししたといえる。

北海道ウタリ協会の本部事務局を、当初の道立社会福祉館から北海道庁民生部総務課内にあてがい、休刊中だった会報『先駆者の集い』第二号が同名で再刊されたのは、それから八年後の一九七一年一〇月のことであった。「復刊に当って」という見出しで、同協会の野村義一理事長は巻頭言を載せている。

本会の機関紙（会報）は昭和三八年に『先駆者の集い』のタイトルで創刊号が出されたきりでその後一回も出されていない。息切れというよりは、実際やる気があるのかないのか、会員の皆様方には疑わざるを得なかったことと思う。

ご批判は甘んじて受け、これからは思いを新たに、前のように立派なものではないが、本会の動き、私たちを取り巻く諸問題など当面するものをとらえ、お知らせする目的で、本紙を復刊する。思うに私達をめぐる問題は最近とみに世論の中に起きている。このことは、ありがたいのか迷惑なのか。それはさておき、全道のウタリの実態をみるとき、今少しく政治に行政に一般社会における配慮が必要だと思っている。だからこそ、昨年の後半からふりかかった旧土人保護法廃止の動きにも身を挺して、火中の栗を拾いつつ、やっとウタリ福祉基金の昭和四十年発足のメドがついたものと思う。

このことは、明治三十二年の旧土人保護法公布いらい七十年を経た今日、われわれウタリにとっての歴史的な瞬間であると思うし、この機を逃すようなことがあっては協会役員が永劫にその責任を問われることになろう。

ウタリの皆さん、基金の発足まで謙虚に考えを述べ、声なき者は行動で示そう。そしてわれわれの幸せを確保するまで団結しようではありませんか。本紙復刊に当って今考えていることを述べ皆さんのご健勝を祈って止みません。

翌年二月にせまっていた冬季オリンピック札幌大会を前にして、会報同二号は一九六一年度以来、政府がすすめてきた生活館・共同浴場・共同作業所などの「不良環境地区改善施設整備事業」の種目の拡充をはかり、ゴミ焼却炉・共同便所・地区道路の事業があらたに増えることなどを伝えていた。うがった見方をすれば、国際社会が関心をもって見まもる冬季オリンピック札幌大会をひかえ、日本国にそそがれる国際社会からのきびしい眼にたいし、政府は日本のマイノリティにも適宜適切な対応をとっている姿勢を、表面的にでも示そうとしたのかも知れない。

会報『先駆者の集い』第五号（七四年一月発行）には、武利誠率いる釧路支部の活動報告が掲載されている。

▽昭和四十六年（一九七一年）より、活動の一環として会員の相互扶助を高めることを目的に生活資金の融資（一万円〜三万円）を開設したところ、大変に評判がよく、物価問題も反映してか、もう少し融資枠を増やして欲しいとの意見が多いので、支部長の武利誠さんは物価高に対処する考えから、市社会課に貸出元金の五十万円の融資を申請中。
▽ウタリ対策の一環として建設された共同浴場（釧路市管理）に、町内の老人クラブ会員の無料入浴を市側に要請した。
▽アイヌ文化展示場開設のため、市有地払下げ運動をよびかける。

ウタリ協会組織が官主導とはいえ、むろん会員の中にはウタリの窮状を打開するために腐心してきた人たちがいたのも事実である。

会報『先駆者の集い』を読み進めてゆく。《北海道旧土人保護法》のなかには、貧しい者には生業に必要な器具や資産を給する（第四条）、傷痍・傷病にかかり自費治療のできない者には、救療・薬価を給する（第五条）、貧困者のうち修学している子弟には必要な学資を給する（第七条）、不良な住宅を改良しようとする者には、必要な資金を給する（第七条の二）などが明記されている。それらの福祉条項を根拠法として、政府に対しアイヌのための新しい「福祉制度」を待望する機運が高まっていた。

これら福祉条項の財政的裏付けとして、同法八条の前段には「第四条乃至第七条ニ要スル費用ハ北海道旧土人共有財産ノ収益ヲ以テ之ヲ充ツ」という文言があり、後段では「若シ不足アルトキハ国庫ヨリ之ヲ支出ス」とある。しかし、戦後間もなくの一九四六年になって、社会保障や福祉関係立法があたらしく整備されたのに伴って、同保護法の福祉条項はばっさり削られた。

しかも肝心の「北海道旧土人共有財産」（アイヌ共有地とその土地を和人に賃貸して得た収益金の総称）は、戦中までにそのほとんどがアイヌ民族の和人化政策の資金として「乱費」されていたばかりではない。たとえば釧路地方の厚岸《アッケシ》町では、アイヌ共有地を管理していた道庁が、その土地に課せられる税金より格段にやすい賃貸借契約を和人漁民との間で結んでいた。ために土地を所有していた厚岸アイヌたちは、多大な損害を被ることになるのである。

厚岸町のアイヌ共有財産を管理していた道庁は、その土地の賃貸料が市場相場にそぐわないほど安く設定されていれば、共有地の土地代を相応に引きあげるなどして適切にアイヌ共有財産を維持管理する義務を負っていたのに、その責任を果たさないまま共有財産の赤字が雪だるま式に膨らむのを黙認していた。ある日突然、厚岸町役場から固定資産税（地租税は戦後間もなく固定資産税となる）とそれの延滞金の納付通知が、アイヌ共有権者の代表者に送られてくる。

大きく膨らんだ税金の納付通知書を見せつけられて、アイヌたちは愕然とした。困窮するアイヌにはとても支払える金額ではなく、アイヌ共有権者たちは、やむなく共有地を和人漁師たちに売り渡し、その売却金を納税分に充てるという道庁の指示に従うしか方法がなかった。こうして、道庁は戦後のどさくさに紛れて、厚岸のアイヌ同胞がたのみのアイヌ共有地を消滅させた。アイヌたちから共有地をふんだくる明確な意図のもとに練られた計画であろうが、道庁はとうとう最後までその管理義務の責任を果たそうとしなかった……。

したがって、《北海道旧土人保護法》の「福祉条項」を根拠として、あたらしい福祉制度をつくろうとしたアイヌたちの当初のもくろみは、夢まぼろしに終わったのである。

しかも、七一年当時の「ウタリ対策」とはいっても、その実態は政府の「不良環境地区改善施設整備事業」が主体であり、道庁の単独事業として唯一、アイヌ子弟のための修学資金制度があるだけだった。大学生一〇人にたいし月額・一人五〇〇〇円（一二ヵ月分）、高校生六二人にたいし月額・一人二〇〇〇円（六ヵ月分）を支給。また、技能修得をめざすアイヌ子弟にたいし一人一万円（定員二〇人）を給付するという、ささやかな事業があるだけだった。のびないウタリ協会の会員数をふやす思惑があってのことに違いなかろうが、この事業の定員枠はせまく、アイヌたちの関心を寄せつけなかった。むしろ入会することで生ずる人種差別を大多数のアイヌ同胞は警戒していた。

弱肉強食の資本主義社会にあって、互助の精神を先祖から教わってきたアイヌたちは、和人社会のなかで日陰者となり、報われない日々を過ごしてきた先祖の悲惨な人生を直に見つめてきた。そこで、ウタリの父母たちは考えた。このウタリ対策がアイヌ子弟の同化教育というばかりでなく、和人たちと肩をならべてその競争を戦わなければ、資本主義社会の落伍者になることは必定だったから、とみに欧米化する和人に伍して、大多数のアイヌ同胞は高学歴→大企業→高収入をめざし、いちずに和人化の道を突っ走るしかなかった。

アイヌ子弟が高校・大学で学んでいれば、むろん原則としてそのすべての子弟が修学資金助成の対象者であった。ただ財源に限りがあり定員枠が定められていたため結局、ウタリ協会会員の子弟が優先されたことは言うまでもない。アイヌ民族を分断化して支配しようとする政府・道庁にとって、むしろそのほうがウタリの民族運動を制御しやすく、まさにアイヌの和人化政策を合理的に進めることができたからである。

《北海道旧土人保護法》が明治時代に制定されて以来、日本政府はアイヌ子弟を和人化させるために同化教育をすすめるばかりでなく、とくに近い将来アイヌの指導者になると目される優秀な子弟にたいしては、国費をもって国内の高校や大学などに進学させてきた。現行（二〇一二年度）の制度では公立、私立を問わず高校の入学支度金二万三一〇〇円（定員枠なし）を支給し、高校の修学資金は国公立が月額二万三〇〇〇円（定員枠なし）、私立が月額四万三〇〇〇円（同）を給付している。ただし、大学進学の入学支度金と修学資金は国公立、私立に関係なくいずれも貸付の制度としている。

しかも、ここで注目しなければならないのは、あくまでも同化教育を目的とした制度であるから、外国の高校・大学に留学するアイヌ子弟の場合は、むろんのことその対象外となってしまう。外国で学ぶことは和人化教育になじまないということであり、その原則は明治から平成の現在に至るまで連綿とつづく――。

日本の高度経済成長にともない和人たちのマイホームブームが起こり、ことに老朽化した家屋にすむ釧路のウタリ協会会員からは、和人たちの新築ブームの影響もあって住宅の新築資金の要望が圧倒的だった。その声をうけて武利支部長は釧路市にたいし、「ウタリのおおくが廃屋のような家に住んでいる現状にかんがみて、住宅の新築資金を貸し付ける条例を制定してほしい」との陳情をつづけた。

北海道ウタリ協会本部の役員が出席する支部長会議に出席したときも、真っ先に「ウタリ協会本部が中心となって、道内各市町村にたいしアイヌに住宅の新築資金を貸し付ける制度を働きかけてはどうか。これまでの手うすい福祉事業のままでは、アイヌ会員にとって魅力ある制度とはいえないし、未加入のアイヌだってウタリ協会に関心を寄せるわけがない」とつよく福祉制度の充実を訴えた。

つまり、北海道ウタリ対策というものの実体が、いわゆる旧アイヌ居住地の地区対策にとどまっていて、貧しいアイヌそれぞれの生活を向上させる個別対策があまりに貧弱だというのだ。ところが、あに図らんや北海道ウタリ協会のトップである野村義一理事長は、「国や道庁の財源も限られているので、住宅に困っているウタリを優先的に公営住宅に入居できるよう行政に申し入れたい。加えて、自宅の補修改善に必要な資金貸付の実現をはかりたい」などと道庁の下請機関みたいな発言を繰り返していた。

こうして、政府と共同歩調をとってきた北海道庁が初めて「北海道ウタリ福祉対策」の基本方針をたてたのは、七三年九月のことである。これは前年、道庁がおこなった道内に居住するアイヌの生活実態調査（一一五地区・一万四三〇〇人）の結果、ウタリには父から子、子から孫へといったような貧困の連鎖や貧乏の再生産がつづいており、しかもアイヌたちの大半が低所得者階層をなしていて、和人にくらべ大きな生活水準の格差がみられた。また、アイヌ集落は住宅をはじめその周辺の道路・上下水道などの生活環境の整備がおくれていた。教育面でも就学困難な子弟がめだち、高校への進学率も和人の子弟に比べて相当ひくかった。

したがって、このようなアイヌ同胞の実情を放置すれば、欧米の資本主義のシステムをほぼ会得した現在の和人の意識レベルにウタリは追いつけないということであり、このとき新しく策定された「北海道ウタリ福祉対策」の目的は、明治以来のアイヌ民族の単なる農耕民化の次元をはるかに超え、現在の和人一般の生活様式に極力、アイヌ同胞をなじませるという新たな意味が加えられたということである。それを大別すると▽地区対策▽個別対策の二本柱で構成される。

地区対策

生活条件の整備

一　住宅地区改良事業の実施
集落のうち改良を要する住宅の分布が多い地区について、住宅地区改良事業により良好な住宅及び環境の確保をはかる。

二　福祉住宅の建設
第二種公営住宅の建設にあたり、特定目的公営住宅にウタリ向け公営住宅を加え、生活実態に即した住宅にウタリの優先入居を促進する。

三　不良環境地区改善施設整備事業の実施
① 集落地区の再編成を考慮し、従来からおこなってきた環境改善事業の充実をはかる。生活館、共同作業所、共同井戸、下水排水路、地区道路、橋梁、共同浴場、街灯、墓地移転など。
② 生活館を中心とした生活、保健、職業相談などの隣保事業を促進するため、すべての生活館に運営費助成を行うとともに、主要な生活館に新たに専任の指導員を配置する。

就業条件の整備

一　生産基盤の整備

ウタリの多くは第一次産業に従事しており、経営規模も概して小規模であるので、経営規模の拡大と近代化のための指導をとくに濃密に行うほか、構造改善、経営近代化のための諸制度の活用を図り必要な資金融資の円滑化をはかる。なお生産基盤の整備については、農林漁家の多数存続するウタリ地区についてあらためてその実態を調査し必要な対策を講ずる。

二　共同作業場の整備

① 共同作業場の経営の安定と収益率向上をはかる機械設備の近代化などに要する経費を助成する。

② ウタリの多数居住する地区については、大型共同作業場を設置することとし、これに要する経費を助成するとともに、技術、経営両面の指導を行うほか、国有林及び道有林の優先払い下げ等により生産資材の安定供給の措置を講ずる。

三　小規模事業対策

ウタリ地区の事業は概して小規模であり、生産性も低いので、事業組合等の組織化を指導奨励するとともに、共同利用施設等による経営内容の改善について、適切な指導と必要な助成措置を講ずる。

福祉条件の整備

一　老人ホーム等の設置

ウタリの老人は、従来の生活慣行から、一般の老人ホーム等に入所を好まない傾向が強いので主としてウタリを対象とした老人ホーム及び老人福祉寮を必要地区に設置する。

二　保育所の設置

保育に欠ける児童のため、必要地区に保育所を設置するとともに、保母を増員配置する。

三　保健相談事業の実施

地区住民の健康の保持増進をはかるため、巡回検査及び診療を行うほか、市町村保健婦による巡回保健指導を実施する。

四　児童対策の実施

ウタリ地区の児童の福祉向上をはかるため、児童相談体制を強化する。

教育・文化の振興

一　学校教育における指導

本道の歴史におけるウタリの果たした役割、文化遺産などについて、広く関係者の意見を求め、指導資料の発行などについて検討する。

二　ウタリ文化の研究調査及び保存

北海道文化振興審議会の答申を尊重し、ウタリ関係者を含めた特別部会を設置して、ウタリ文化の調査研究及び保存と伝承に努める。
三　青年・婦人学級・講習会等の実施
青年婦人を対象に成人学級、講座、講習会等を生活館中心に開催することにより、教養を豊かにするとともに生活慣習の改善に資する。

個別対策

住宅資金の貸付

一　ウタリの多くは、自己住宅を持っているが、老朽家屋が多く、住宅の新築、増改築及び宅地購入に要する長期資金の貸付を行ない居住環境の改善をはかる。

雇用対策

一　就転職希望者に対しては、職業訓練手当、就職資金等援護制度の拡充を図るとともに、就職指導の積極的推進により、職業と生活の安定を図る。

教育対策

一　修学資金等の給付
経済的に子弟を進学させることが困難な家庭に対し、入学支度金、修学資金を給付する。
二　青年の海外派遣
ウタリ青年の視野をひろめ、将来に対する希望と自立意欲の昂揚をはかるため、ウタリ協会を通じ、青年の海外研修を実施する。

福祉対策

一　自立更生の助長

福祉事務所、社会福祉協議会、民生委員などにより生活、職業、就学等の相談指導を通じ世帯更生資金の活用をはかるなど自立更生を助長する。

これが世にいう、第一次（七年間）「北海道ウタリ福祉対策」の最初の内容である。そして、かねてからウタリ協会がもとめていたアイヌの福祉対策は政府の責任において実現すべしという同協会の主張がみとめられた。

会報『先駆者の集い』第六号（七四年九月発行）によると、七四年五月三〇日に関係各省庁事務次官会議がひらかれ、その申し合せで北海道がすすめているウタリ対策を円滑に推進していくためには、国においてもウタリ対策事業にかんして、関係行政機関相互間の事務の緊密な連絡をはかる必要があるので、北海道ウタリ対策関係省庁（一〇省庁）の連絡会議をつくり、同会議の運営にかんする事務は北海道開発庁（現・国土交通省）が担当することに決めた。

七四年度から、国庫支出金をえて道庁が策定した社会福祉の充実・教育・文化財の保護などの関連施策を統合した「北海道ウタリ福祉対策」が実施されてからは、全道のウタリ協会支部の会員数が着実にのびはじめた。

「住宅資金貸付条例をつくるため、ウタリ協会の組織を新しく結成したいので手を貸してほしい」と言って、武利支部長に相談にくる隣町の同胞もいた。頼まれれば断れない武利は、隣町に出かけていって会員あつめに奔走した。釧路市内ばかりでなく近隣の町村にも、バラック同然の建物に暮らしているウタリがたくさんいたからである。

武利がある漁師の家をたずね、「この町にもウタリ協会の支部を発足させたいのだが、会員になってもらえないですか？」と勧誘したところ、「また、アイヌの団体をつくって、差別をあおるつもりか。寝た子を起こすようなまねはしないでくれ！」などと猛抗議されたばかりか、「ウタリ協会など縁起でもない。差別はわれわれの世代で十分だわ！」とののしられ、玄関先に塩をまかれたこともあったという。

一九七五年度のその詳細な事業内容が明確になるのは、会報一二号（七六年五月発行）によってである。その名のとおり「北海道ウタリ福祉対策」であるから、なるべく「福祉対策」をつまびらかにして、またそれ以外の旧アイヌ集落の地区道路や下水排水路などの「生活環境整備事業」は、前述した「不良環境地区改善施設整備事業」と重複するため、その部分は削って記したい。

一九七五年度事業実績報告

福利厚生対策

▽民芸品開発奨励費　つぎの五組合に、それぞれ一〇万円あて補助した。札幌アイヌ民芸品生産者協同組合・千歳蘭越共同作業場・シベチャリ民芸品製作組合・旭川ウタリ民芸品生産者共済組合・釧路工芸組合

▽技術修得費（自動車）一人三万円で五〇人分支給した。この技術修得費は希望が多く、八〇人の申込があったので審査に当っては基準を設け、これによったものである。

▽技能修得支度金（職訓校その他）一人一万五〇〇〇円で六〇人に支給した。

▽入学支度金給付（高校入学時のみ）一人二万円で一四一人に支給した。

▽修学資金給付　高校　一人月額四〇〇〇円で三七五人に支給した。

大学　一人月額一万五〇〇〇円で五六人に支給した。

▽就職支度金給付（中卒者のみ）一人一万五〇〇〇円で一五〇人分を予定したが、五〇人しか給付対象者がなかった。

▽公共職業訓練手当支給　つぎの関係訓練校で、ウタリ子弟三三人にたいし月額平均四万三〇〇〇円の手当を受給した。浦河訓練校一五人・苫小牧訓練校一五人・札幌訓練校一人・帯広訓練校一人・旭川訓練校一人

▽ウタリ福祉資金貸付　一件当り一〇万の貸付で五四人に活用いただいた。

▽世帯更生資金（貸付）　生業資金二三件一三四〇万円・住宅資金二件一一〇万円

▽住宅資金貸付事業（新築）　千歳市五戸・白老町四戸・新冠町三戸・釧路市四戸・阿寒町五戸・

本別町二戸・石狩町一戸・えりも町四戸・穂別町四戸・弟子屈町一戸・様似町一戸・静内町六戸（合計四〇戸）

▽ウタリ地区の保育所設置　標茶町虹別に四〇人定員の保育所を新設した。

▽特別保育事業　六町一一保育所に保母一一人を加配した。さらに四町の六保育所のウタリ児童一〇四人に対し一人三〇〇〇円の被服費を貸与した。

▽巡回相談事業　七保健所管内の二三地区、四九回にわたって実施された。

▽就職支度金の貸付　扶養義務のある者八万円、単身者五万円の貸付が受けられる。

「ウタリ福祉対策」とは、この程度のものかという感想をもらすアイヌ同胞もいれば、なかにはこんなにもアイヌ民族にたいし、行政サービスを施さなければならぬものかと、疑問を投げかける和人もいた。「逆差別になる」と言うのである。もはや和人に肩をならべ、さらにウタリの才能を開花させて和人並みの社会的地位を獲得した誇りたかき一部のアイヌたちは、「ウタリ福祉対策」など無用の長物どころか人種差別・偏見をあおるばかりで、百害あって一利なしと断罪する。かつてはウタリの復権運動にかかわった凄腕のアイヌ老人でさえ、「ウタリ福祉対策」には否定的な意見を吐くばかりである。

しかし、歴史の眼をもたず、ただ漫然と現状を追認する色メガネでみていては決してとらえきれない現実がある。アイヌモシリをそっくり奪われたアイヌ民族は、貧困の連鎖のなかでもがき苦しみつづけ、征服者によって身ぐるみはがれたアイヌ同胞は、目には見えない手かせ足かせをはめられている。

アイヌモシリに侵入してきた和人勢力のために、その土地に先住していたアイヌ民族は、自由意思で自分たちらしい暮らしを送るという、民族集団であればごくふつうの権利（民族自決権）も行使できずにいるという絶望的な状態が、すくなくとも「シャクシャインの戦い」以降、現在に至る三四〇年間にわたってつづいているのである。

そのアイヌモシリを失った悲しみの対価として「ウタリ福祉対策」があるという。しかし、はっきり言ってその内容は話にならないくらい貧弱すぎる。言葉はちと悪いが刑務所の受刑囚の食事以下の待遇を受けているに過ぎない。

それでも、なお北海道在住のアイヌたちは、こんなみすぼらしい「ウタリ福祉対策」の恩恵に浴したいとねがい、北海道ウタリ協会の会員に加わった。武利支部長がわざわざ同胞に入会を勧めなくとも、知り合いの会員の口コミだけで会員希望者が殺到したという。それは裏を返せば、当時のアイヌ民族がいかに切迫した厳しい境遇にあったかを物語っていた。

ちょうど、一九七〇年前後から阿寒国立公園への団体旅行客は増加の一途をたどり、アイヌが一つひとつ手づくりした民芸品は脚光をあびた。木彫り熊は値が張るけれど、竹製のムックリ（アイヌ口琴）や木製のブローチ、ペンダントは安価で荷物としてもかさばらず、内地のふるさとの知人や友人にプレゼントするには手ごろな値段だった。それは観光客にもてはやされ、一人で五個も一〇個も買いこむ客がいて、いくら売っても客の波はとだえず商品の在庫がなくなる店がでるほどだった。武利誠はそこに目をつけた。生活館内の共同作業場には、ムックリをつくる小型の機械も備え付けられていたから、その機械を使って技能を磨けば彼もいっぱしの民芸品製作者として、家族の生活を支えることができる。

武利が共同作業場でアイヌ口琴づくりを教わったのは、皮肉にも阿寒湖畔の〝観光アイヌ〟として出稼ぎにいっていた隣家のFだった。Fは阿寒湖畔に出稼ぎしていた間、「阿寒アイヌ観光コタン」に出店していた山本多助から、ムックリの作り方をまなび技術を盗んだ。かれは観光シーズンが終了する秋のおわりにハルトリに帰宅すると、さっそく近所の道端などにうち捨てられていた古くて使えなくなった竹ザオや竹ボウキの柄を利用して、口琴づくりの技術を磨いた。初めからじょうずに仕上がるわけもなく、材料が尽きれば民芸品などの材料として使っていたオンコ（和名・イチイ）の木片などをつかって訓練を積んだという。

武利もまた、岩手県の農家から数十本の竹材（長さ約三メートル）を自費でとり寄せムックリづくりに汗をながし、数カ月を要して三〇〇〇本を製作した。一本一〇〇円で阿寒湖畔の店に卸せば、三〇万円になるはずだった。そんなとらぬ狸の皮算用をはじきながら一本一本の製品の最終チェックをおこなったところ、そのほとんどが不良品。板の中心部にあたる細長い舌状の振動部分が板の本体にぶつかってガチャガチャ不快な音ばかり発し、口琴の哀愁にみちた音調がまともに出ないのだ。彼ががっかりして自宅に失敗作をもって帰ると、妻は悔し涙をうかべながらその不良品を一本ずつストーブにくべていた。

むろん、彼も悔しかったけれど、「失敗は成功のもと。がっかりしないで、また明日からこつこつ頑張ろう」と妻をいたわり、励ますしかなかった。やっと製品らしきものができたのは二年後の七二年からである。じぶんの技術に自信をもち、ムックリの売れゆきも順調なすべりだしだったから、かれは生活保護を打ちきり更生した。彼がいくら作っても阿寒湖畔の民芸品店ばかりでなく、遠く札幌市、旭川市、北見市などからの注文にも応えなければならなくなり、かれの仕事は妻や息子たちの手を借りなければならないほど多忙になった。

手垢のついた日誌

武利誠の自宅の裏手にある八畳間ほどの広さのプレハブづくりの作業場は、大工の仕事に就いている次男が父のために建ててくれたもので、はや四〇年にもなる。ある日、わたしがいつものようにその作業場を訪ねたとき、武利は何かを思いだしたとみえ一度、自宅に引きかえしてから紫色の風呂敷に包まれたいかにも重そうな荷物を抱えて、わたしの傍らにドサリと置いた。七七年から八九年までの一二年間にわたる彼の私的な日誌である。

ウタリ協会釧路支部の会員がふえて、「ウタリ福祉対策」に関する事務量が多くなったため、

ハルトリに暮らす武利誠と、かれの作業小屋――。釧路の厳冬の日も夏の肌寒い日も、彼はただ暮らしのために約40年間、アイヌ民族伝来のムックリ（口琴）づくりに励んできた。この仕事をはじめた1972年以降、商売は順調だったものの、アイヌ観光とやらも所詮、ひとつの流行にすぎなかった。ムックリの注文も限られ、当年とって83歳の彼は生活保護以下の老齢年金で暮らしている。

メモがわりに使っていた分厚い一八冊の大学ノートである。たとえ彼がいくら支部長として関わった過去の活動を細大もらさず述べたてたところで、この日誌以上に彼のアイヌ運動の軌跡を雄弁に、しかも実直に物語ってくれるものはないはずである。手垢のついたその備忘録をぺらぺらとくくるだけで、彼がいかに生真面目に腰をすえて任務に取りくんできたか、一目瞭然である。

それればかりではない。不就学者の彼にとって、文章をつづることは決して簡単な作業ではなかったはずである。生活館事務室の机に備えていた自分の息子の国語辞典をたよりに、苦心して書きつづられたノートの内容は、まさしく貧困と差別の日々に苦悩してきたアイヌ同胞の阿鼻叫喚の記録なのであり、あるページでは読む者の心をはげしく震撼させずにはおかない。そうだ、当時わたしが春採生活館を訪ねたとき、かれの小辞典はいくたびもおなじページをめくったせいで、辞書の角がこすれ、染みや手垢で茶褐色に汚れ、あちこちのページの角が折れ曲がって、ちょうどコッペパンのようにふっくらしていたことを、今しみじみと思い出す……。

七八年一月二六日　Tが公営住宅入居の件で、春採生活館に相談にくる。その件で、あす午前中に釧路市役所にゆく予定。

一月二七日　Tの公営住宅入居が決まる。

二月七日　Dの妻、市営住宅入居の件で来館。私とDは釧路市社会福祉課に出向いて、お願いにゆく。二月中には入居の予定。

二月一二日　本日より生活館の共同作業所にて、木彫りとアイヌ文様の職業訓練がはじまる。支部役員M子を講師に婦人一四人参加、新聞二社がその取材にきた。

二月一六日　午前一〇時すぎ、知人の製材所社長・Mがロシア人の漁船員三人と通訳一人を連れて共同作業所を訪れる。木彫り熊一個を守り神として購入していった。私はロシア人にむかって「むかしは千島列島（クリル諸島）にアイヌ民族しか住んでいなかった」と話すと、ロシア人はにこにこしてうなずいていた。

二月二三日　釧路管内のウタリ協会五支部（釧路・阿寒・白糠・弟子屈・標茶）で「北海道ウタリ協会釧路地区支部連合会」を結成する。五支部が力を合わせ、おおきな声で行政や同協会本部に要望を突きつけることが目的である。初代会長に武利誠が選任される。

四月一六日　ウタリ協会釧路支部総会を春採生活館で開く。出席者二四人。

四月二六日　北海道ウタリ協会本部の定例総会が開かれる。釧路市の代議員五名が札幌市に赴く。

四月三〇日　ウタリ協会本部の定例総会の報告会を生活館で開く。会員二一名出席。

五月一一日　Kの夫婦げんかのことで、白糠町まで出張する。午前一一時から午後五時半まで。何とか問題を解決する。

五月一九日　会員Kが自宅新築の件で相談にくる。住宅新築資金五〇〇〇万円（償還期間二五年以内）と宅地取得資金の二五〇万円（同）、貸付金の利率（年二パーセント）、釧路市が国・道庁から補助金をうけ、市が金融機関から借金した金額を利用者に貸し付ける仕組みとなっている。利用者の枠はある。市との話し合いの結果、Kの資金貸付は認められた。

五月三一日　住宅資金の貸付金をうけたKの返済計画が厳しいとの理由で、市はKの住宅を市の担保に入れる旨の圧力をかけている。そこで私は、市の冷たい対応に電話で抗議する。市側では、利用者の毎月の返済が滞れば、市民の税金で金融機関に返済しなければならず、黙認できないという。

六月五日　午前一〇時、市役所社会福祉課長ら三名、拙宅にくる。新しい生活館の名称について、われわれが提案した「ウタリ会館」の名称ではだめだ、と課長はいう。なぜだめなのか説明せよ、と私は課長にせまる。

六月一二日　春採生活館が老朽化したため、生活館を移転改築する予定になっているが、これまで生活館を利用してきた周辺の町内会は生活館の移転に反対しており、一七日に町内会の役員会を開くという。

六月二四日　市役所に電話する。生活館の移転改築に反対していた町内会と市との間で話し合いをおこなった結果、町内会は移転改築を認める。

六月二九日　本日付け『釧路新聞』には、新生活館の名称をめぐり市とウタリ協会の対立が表面化していることを掲載している。内容は「武利支部長は、和人を排除するものではないが、もともとウタリ施設として計画されているわけだから、『ウタリ会館』の名称をつけて施設の位置づけを明確にしてほしいとの意向だった。それにたいし釧路市は、この施設は地域住民全体で利用する施設であり、名称を『ウタリ会館』とするには問題がある。ウタリに限定した名称は好ましくないとの考えだ」

七月六日　市のウタリ担当の一職員が、アイヌたちの面前で「毛深い女は、あそこの味がよい」とのハレンチ発言をしたことで、当人を生活館に呼び約二時間にわたって抗議のチャランケ。

八月二二日　午前一〇時半、早稲田大学のY教授が電話で私に会いたいとのこと。生活館で待ち合わせる。「北方領土返還」の全国大会が去る二〇日に根室市で開かれたことについて、われわれアイヌ民族をぬきにしての大会では、絶対に島は返らない。「旧島民」は、和人ではなくアイヌ民族であり、千島列島は乱開発しないでいつまでも大自然をまもりたい、と持論を話した。昼一時まで。

九月二六日　T子より電話あり。家を新築したいが、まだ資金の枠はあるのか。会員になっていないT子にたいし、私はウタリ協会への入会を勧める。

一〇月一六日　Sは釧路市役所へ出向き、「ウタリ福祉対策」の墓碑整備資金三〇万円を借りて、新墓碑を建立する。アイヌ墳墓に眠る先祖の遺骨を発掘して、となりの和人墓地に遺骨をうつす予定である。新墓地の場所は決まったが、肝心の先祖の埋葬場所は不明のまま。

一〇月二〇日　Tは墓碑整備資金を借り、アイヌ墳墓の先祖の遺骨を改葬することになる。Sは、建設会社の重機を頼んで先祖の遺骨を探してもらったものの、それらしきものは出ず。

一一月八日　一二日に市内T小学校の学芸会でアイヌ古式舞踊をおこなうという話を耳にした。午前一〇時より支部役員会をひらき、「安易にアイヌ文化を披露するのは、偏見・差別の引き金ともなりかねず、いささか問題だ」との役員会の結論を小学校に電話で伝える。午後から小学校校長と面会し、舞踊の録音テープを聴かせてもらう。この歌舞は東京のH研究所から習ったもので、テキストもあるとのこと。しかし、この歌舞には誤っている部分もあるので、学校で子供たちによく説明してやってほしい、と校長に念を押した。

一一月一一日　アイヌ墳墓の位置が不明確なので、北海道釧路支庁（現・釧路総合振興局）の担当課長と話し合う。課長がちかく道庁に出張するので、墓地の図面を作ってくるよう求めた。また、釧路市の担当課にも出向き、協力をお願いした。

一二月一〇日　新しい春採生活館の落成式。午前一〇時から会員仲間でカムイノミ（アイヌの神々への祈り）を執りおこない、一一時から落成式がはじまる。会館建設に努力したウタリ三名にたいし、釧路市長から感謝状が贈られる。私はウタリ協会の代表あいさつで、この生活館が日本一の生活館であること、また本日は奇遇にも「世界人権デー」であることなどを述べた。野村理事長をはじめ、釧路支庁、釧路市の関係者も列席。

一二月二九日　釧路ユネスコ協会の忘年会に出席する。酒を断った私だが、同協会の丹葉節郎会長をたたえて即興で浪曲を歌う。〽東北海道の吹雪の下に　一輪の福寿草の花とともにすっくと立ったその人の名は　丹葉節郎である　世のため人のため　今日も赤い夕陽を背にうけて　重いカバンを肩にのせ　今日もゆくゆく終わりのない道を……

一二月三一日　札幌在住の前ウタリ協会釧路支部長・結城庄司より電話あり、来年もよろしくとのあいさつ。風はめっぽう強いが、どうやら雪のない正月になりそうだ。

七九年一月七日　札幌生活館の落成式に合わせて、祝電を打つ。「札幌生活館の開設おめでとうございます。世界は広く民族も多様です。生活館の炉ぶちをかこみ、アイヌ民族の精神文化が健在であることを示すためにも、各民族と話し合える生活館であることを願っております」

一月一〇日　午後一時より、ウタリ協会釧路支部の定期総会。総会日程①支部長あいさつ②事業実績報告③収支決算報告④新役員人事⑤会費四〇〇円とする⑥閉会―。共産党釧根地区委員会の和人のHは来賓あいさつの中で、「自分が子供のころ父はたびたびアイヌ人の家を訪れていた。アイヌ人は魚を売るとき、始まりといってから一、二、三……九、一〇、終わりと数えて二尾余分にかすめとった。そんなことがないといいな、と父はよく話していた」と話す。「アイヌ勘定」のことを言ったのか。

一月一二日　昨年、春採生活館が落成したばかりなのに、今年も米町に生活館を建てたいとの市からの要望がウタリ協会釧路支部にあった。市といえども同協会釧路支部の協力なしにはできない事業なので、私は野村理事長にたいし願書を出すことにする。文言はこうした。「釧路の米町地区はもともと釧路アイヌが居住していた地区です。和人に追われて春採に強制移住させられました。現在もウタリが居住していますが、春採より生活環境は悪いです。来年度の釧路支部は、アイヌ墓地整備とともに米町の生活館開設に力点をおきますので、国・道庁への働きかけよろしくお願いします」

一月二四日　来年度の「ウタリ福祉対策」について、市の担当課に問い合わせる。ウタリ住宅改良資金貸付事業については、二月議会にかける予定、アイヌ墓地改葬の件については、七八年度に調査費五〇万円を計上し実施する予定である。

一月二七日　共同作業所に三国達郎市議会議員（共産党）が来館。私は先日のウタリ協会釧路支部の定期総会でのHの「アイヌ勘定」発言に誤りがあったのではないか、と追及した。アイヌは「アイヌ勘定」の被害者である。それは、和人たちがアイヌを搾取する悪辣なやりかただ。三国議員も同感であることを示す。誤解をとくため武利支部長に会いに来るよう、Hに話しておくとのこと。（注・Hの舌足らずな発言を、武利がその真意を誤って受け止めたらしい）

二月一日　市役所より春採生活館に電話があり、米町の生活館建設（鉄筋コンクリート二階建・総工費五〇〇〇万円）がほぼ決まったとのこと。ついては明日午後五時半より懐石料理・六園荘にてウタリ協会の役員と米町の町内会役員との交流会を開きたく、参加願いたいとのこと。了解した。

二月二日　ウタリ協会釧路支部役員五名、交流会に出席。米町の町内会役員八名が出席して、双方の役員同士が自己紹介をし、互いの交流を図る。また、米町の町内会長より「このたびはウタリの方にたいへんお世話になった」と感謝のことばをいただいた。市より二名の職員が顔を見せる。

二月二八日　ウタリ協会釧路支部の役員会をひらく。昨日、会員Tが生活館において酒気を帯びて生活館の管理人ともめて迷惑をかけた行為は、当協会の名誉を著しく傷つけたことになるので、三月一日から一カ月間にわたり、Tの生活館利用を禁ずる処分を決める。

三月二日　仲ノ沢町内会のK会長から、町内会総会を春採生活館でおこないたいとの事。許可する。

三月一〇日　昨年より家の老朽化のため新築の相談を受けていたYと市役所へゆく。担当課との間で四月からY宅の工事に入っていいか話し合い、私たちの要求が認められる。

三月二二日　午前一〇時三〇分に市役所で、釧路支庁社会課長と北海道民生部総務課のM参事と対面する。二人を仮称・米町会館（現・東栄生活館）の建設予定地へ案内し、また移転改築された春採生活館をみてもらいその場で、「不良環境地区改善施設整備事業」のうち、地区道路の工事をお願いする。これは地元町内会の要望が強い。

三月二三日　生活館にて鰐淵俊之市長（元自由党衆院議員）と伊藤武一道議会議員（公明党）

にたいし、悪路で有名なハルトリの「仲ノ沢道路」の改修工事と街路灯の設置を陳情する。町内会役員八人、ウタリ協会会員四五人出席する。

以上が一年余にわたる「武利誠日誌」の中身の一部である（公と私が複雑に交じりあっていて、アイヌ会員の個々人と特定できる具体的な生活相談など、プライバシーにかかわる部分については、割愛せざるを得なかった）。

ここでわたしがいちばん関心をもったのは、「北海道ウタリ福祉対策」のなかの「地区対策事業」のことである。日誌には新しい生活館の移転改築や東栄生活館新築のこと、さらには地区道路の補修工事のことまでウタリ協会釧路支部長名で北海道ウタリ協会本部や釧路支庁、市役所にせわしなく陳情していることだった。

言わずもがなハルトリは、かつて釧路川河口の高台に居住していたアイヌたちが強制的に追われた地区。昭和時代に入って炭鉱マチとなったハルトリは、労働者のための炭鉱長屋がたち並び、商店が軒をならべるアイヌと和人の交差点と化してしまった。いや、混住とはいっても大多数を占める和人たちの暮らす「旧アイヌ集落」と言ったほうが正確であろう。そんな地域にわざわざ「北海道ウタリ福祉対策」の予算をつぎ込む必要があったのか——。

たしかに生活館、共同浴場はウタリも使用できるが、地域の和人たちも利用できる。さらに共同井戸、下水排水路、地区道路、橋梁、街灯の施設はことごとく「旧アイヌ集落」に居住する一般市民への行政サービスである。結局は、生活館を新築するにしても、市は一方のアイヌたちにたいしては「道庁の『ウタリ福祉対策』の一環としておこなう」と力説し、他方の和人たちに対しては「北海道の『不良環境地区改善施設整備事業』の一環としておこなう」と説明し、それぞれ言葉をつかい分けて双方の住民を言いくるめてきたはずである。

その市の説明にたいし、双方の住民は「行政はわれわれのためによくやってくれている」と納得し、これら行政サービスに満足したことであろう。

「北海道ウタリ福祉対策」と銘打ちながらも、釧路市内の地元町内会が利用する老朽化した集会所の建て替えの陳情をうけた釧路市は、新・春採生活館が落成したばかりだというのに、翌年早々、武利支部長にたいし今度は東栄生活館（米町に隣接）の新築を要請したことは、武利日誌をみれば明白である。むろん、ウタリ協会釧路支部の会員のなかには、「ウタリ福祉対策の資金で、シャモ（和人）のために生活館を建設するのは反対だ！」という厳しい声も一部であがった。

米町にはアイヌ同胞がほとんど居住していないにも拘らず、武利は北海道ウタリ協会の野村理事長にたいし、善意ではあるが虚偽の陳情書をつくって和人が便宜に浴する東栄生活館建設に協力した。いや、その後も釧路市の意向をくみとり、善意の釧路支部長は現在まで市内五カ所の生活館建設に協力してきた。ハルトリ地区の生活館以外はウタリの居住していない地区、もしくはごく少数のウタリしか居住していない地区である。道庁がこれらの事業を監査すれば、その虚偽の事実はたちどころに発覚するけれども、これまでこの種の問題で道内の市町村職員やウタリ協会関係者が詰め腹を切らされたという事例を、わたしは一つとして知らない。

一般の地区会館を新設しようとする場合、釧路市の単独事業となって総工費はまるまる市の持ち出しとなるが、「生活館」建設の場合は国庫と北海道から四分の三に相当する額の補助をうけ、残りの四分の一を市が独自予算を組めばいいだけだから、釧路市にとってこんなうまい話はないのである。

さらに地区道路――。この事業については、厚生事務次官通達による国庫補助金を交付する基準があって、道路法にいう市町村道のうち幅員二メートルから六メートル以内のものを「地区道路」という。釧路市ハルトリ地区の馬車道だった「仲ノ沢道路」約五〇〇メートルの舗装工事は、幅員四メートル以内だと、総工費のすべてを国庫と道庁の補助金でまかなえるため、市は武利支部長を口説きおとし、車一台がやっと通れそうな幅員三メートル余の道路として工事をおこなった。

ところが、である。「仲ノ沢道路」は〝土人部落〟が形成されて以来、周辺住民の便宜のために三〇筆もの私有地をつらぬいて、獣道のようなところを馬車が走っていた歴史的経緯もあって、現在でもれっきとした民有地である。そこが市道ではなく私道であるならば、たとえアイヌ集落内であっても、「ウタリ福祉対策事業」の対象外となってしまうはずである。従ってその条件を満たすためには、釧路市がこれら道路部分の民有地を買収し、まっとうな市道として整備する責務があったはずである。

ところが、市は民有地のままこの道路の補修工事を始めようというのである。その間、三〇人の地主たちが境界線のことや工事の認否についてなんども会合を開いたものの、簡単にまとまる話ではなかった。その仲介の労をとったのが、市ではなく武利支部長であった。かれは地元町内会の役員も兼ねていたから、工事に反対する地主一人ひとりと掛けあい、数年をかけて工事開始に漕ぎつけたのである。

釧路市が市の道路課や地籍調査課において当該地を調べれば、この道路が市有地か民有地であるかぐらいの判別は容易につくはずであった。しかし、市はその道路が私有地であることを知りつつ、ウタリ協会釧路支部の善意を悪用して、その書類を道ウタリ協会本部、道庁に提出させて道路工事を着手させたけれども、それは法的にも道義的にも決して許される問題ではない。

また、この工事の監査に入った道庁は、なにを調べたのか？　もし民有地であることを黙認していたのだとすれば、まったくもって論外な話である。「仲ノ沢道路」の補修工事が公共事業の要件を備えておらず、違法な工事であるならば、釧路市は工事に要した国や道庁からの補助金をぜんぶ返納しなければならないはずであるが、そこはどうなっていたのだろうか。

その後、「仲ノ沢道路」は大雨で谷間の小川が氾濫して付近のアイヌの家屋などが床上浸水したため市は八七年三月、その道路の地下に下水排水路を設けているが、これも「ウタリ福祉対策」事業でおこなわれたものである。

「ウタリ福祉対策」の事業は、基本的にウタリ協会釧路支部の了解なくしては成しえない。武利支部長も同事業は、困窮するアイヌ同胞のためのものであることを重々承知していた。確かに人情にあつい武利誠の心の片隅には、まだまだ劣悪な生活環境に置かれている釧路市民のためにという義侠心が騒いでいたのも事実である。しかし、それ以上にかれが一肌脱がざるを得なかった複雑な事情があったのである。

本来、アイヌ同胞の権利を行政につよく訴えかけるべきウタリ協会釧路支部は、アイヌ同胞の居住していない釧路市内の数えきれないほどの施設の建設や市道整備事業のために、戦前の市町村の下部組織である町内会・部落会・隣組のような役所の協力機関に成り下がることも、たびたびだった。それは、経済的に厳しい状況から脱出できないアイヌ同胞の日常的な諸問題を解決しようとすれば、最後は行政頼みしか方法がないからである。従って、釧路市にたいしては忠誠をつくす以外になく、とりわけ釧路市がウタリ協会に求めてくるウタリ福祉対策の一環である「地区対策」事業については、ウタリ協会釧路支部が全面協力することを前提として、官によるアイヌ民族の「しばり」が強まった。

道路下の下水排水路が設けられてから二五年を経たいまの「仲ノ沢道路」は、たびたびの震災におそわれたから、ひどく波打って舗装がひび割れた状態のまま放置されている。

ウタリが一〇世帯以上住んでいなければ対象とならない地区道路の建設。しかし、釧路市の隣町・標茶でも、「地区道路」をつくりたいという町側のつよい要請があり、ウタリ協会標茶支部はその行政の意向をおもんぱかった。道庁やウタリ協会本部へ提出する事業申請書に、数世帯しか住んでいないその地域に、ウタリがあたかも一〇世帯以上も居住しているかのようなウソを記して、計五本の地区道路（町道）の補修工事予算を標茶町に引っぱってきた。それは七、八〇年代のことである。

いや、標茶町や釧路市ばかりではなく道内各地のアイヌ集落周辺の地区道路・街路灯・橋梁・下水排水路・生活館などは、アイヌたちの善意を悪用して造られ設置されたものである。地域に暮らすアイヌ同胞が困ったとき、地元の市町村に懇願しなければならない局面が必ずでてくる。その時のために、取引とまでは言わないが、まさしく社会的弱者の組織であるウタリ協会は、絶対的存在である行政の意向をくみとり、気遣いしなければならない困難に直面していた。そのような行政とウタリ協会の主従関係を構築することを含めての、アイヌ同一化政策だったのであろう……。

ともあれ、政府・道庁にとって以上のような不正もふくめて、アイヌ民族の征服者たちは織り込みずみの事柄なのであろう。所詮これらの事業は当初からアイヌ集落やスラム街、産炭地などの「不良環境地区」であるとの行政の御墨付をいただければ、地域を問わず国や道庁からの予算がばらまかれるシステムだった。

加えて、ウタリ福祉対策の「地区対策事業」のなかには一般国民向け対策まで含まれていた。比較的収入のおおい層を対象に、主に都道府県が建築・管理している第一種公営住宅とは別に、収入のすくない層を対象とした主に市町村が建築・管理する第二種公営住宅の建設事業も「北海道ウタリ福祉対策」の事業内容として明記されていた。現在では第一種、第二種の区別はないけれど、当時は低収入のウタリを第二種公営住宅に優先的に入居させるというだけで、政府・道庁は第二種公住の新築事業までも、むりやり「ウタリ福祉対策」の事業に含めていた。

帯広市内の朽ち果てそうな一軒の借家。そこに入居していたアイヌの中年女のことばが、昨日のことのように思いだされる。

「七〇年代から、帯広市郊外にたくさんの（第二種）公営住宅が建ったのよ。当時、アイヌの人たちは倒壊しそうな古い家屋に住んでいたから、アイヌ家庭の多くは、一度にその公住に転居することになったの。私が新しい公営住宅に入居した知人を訪ねたとき、あちこちの公住からアイヌの入居者が出入りするのを見て驚きました。ここは和人居住地から隔離された新しい『アイヌ集落』ではないかと思ったほど。ついでに、それまで市の中心部にあり、市民から悪評の刑務所もその市民の強い要望をうけて、その公住付近に移転改築されましたよ……」

国家の思惑によってコタンが消され、行き場をなくしていたアイヌ同胞は、家賃の安いあばら屋に住みつづけながら、貧しいアイヌ同士が旧交を温めあい、これまでの人間関係をたいせつにしながら暮らしてきた。ところが、この北海道各地においてアイヌたちの入居を優先する第二種公営住宅を建て、そこにあちこちのウタリを集団移転させることで、アイヌたちの共同体意識やそれまでの人間関係はずたずたにされた。

このような公住建設もふくめて政府・道庁が「ウタリ福祉対策」と称した理由もわからないではない。「ウタリ福祉対策」とアイヌの「和人化政策」は分かちがたく結びついており、いわばコインの裏表である。しかも、和人たちも共に恩恵をこうむるこれら事業のそれぞれは厳密にいって、「ウタリ福祉対策」というよりも初めからただの公共事業であり、一般国民向けの福祉対策そのものなのである。政府や道庁は和人同様、この公共事業によってウタリも恩恵に浴するから「ウタリ福祉対策」だ、と屁理屈を並べたて長い間、アイヌ民族をだまし続けてきた。

もっと正確にいえば、国家や道庁は道民向けの公共事業計画のなかから、アイヌ民族の福祉にも役立つ事業を改めてリストアップし、それを一覧表にまとめあげたものが「北海道ウタリ福祉対策」だといっても過言ではあるまい。それは確かに一つの事業でしかなくても、その事業の用途として「一般道民向け」と「アイヌ向け」の二通りの使い道があることを道庁は道民に告知したにすぎない。ところがアイヌと和人の別々の眼をとおしてその一つの事業をながめた時、あたかもアイヌと和人のための二つの事業が同時並行で実施・着工されるかのような幻想やトリックを、道民は長期にわたり見せつけられてきた。

少なくとも明治期どころか、戦後から現在にいたるも征服者によって民族の自決権を奪われたまま、実体のない目録だけの「北海道ウタリ福祉対策」に幻惑され、捕縛され、騙された結果として民族解放のチャンスを失してきたアイヌたちの胸中は、いかばかりであろうか……。

数年前、わたしは札幌市内の病院に入院していた平取町出身のフチを訪ね、あれこれウタリの現状について訊ねたことがあった。彼女は憤怒の炎を抑えながらおおきな目を見開き、きっぱりした口調でこう述べていた。

「毎年、地元紙には年間何十億円という〝ウタリ福祉対策予算〟がついたとの記事が大きく載っていて、それを読んだ和人から『アイヌさんは保護されているから、いいねぇ』という羨望の眼差しで話しかけられます。とんでもない、私たちアイヌは何も国家や道庁から保護など受けていないのですよ。たとえば一〇軒ある村落のなかに一軒だけぽつんとアイヌの家があれば、そこに地区道路や生活館などが造られるというだけの話。また、それ以外の事業も同様で、人数から言えばその事業で恩恵に浴しているのは、アイヌよりもむしろ和人たちの方ですよ」

お為ごかしの「ウタリ対策」

さらに「武利日誌」には、個別対策の一つである個人住宅の新築資金貸付事業のことが書きつづられている。武利誠支部長は一九七四年一月の釧路支部定期総会において、会員を前にこう語った。

「みんな、『団結』という言葉の意味を知っているか。母さんのでかいケツを合わせることじゃないぞ（一同大笑）。みんなが心を一つにして目的に向かって進むことだよ！　会員が一致団結してウタリ住宅の新制度を実現させれば、いま会員でない仲間たちもウタリ協会に加入するはずだ」

冗談を交えながら、会員の奮起をうながす。

武利支部長はまた、ウタリの貧しい家庭を一軒ずつ歩きまわり、「市の住宅資金を借りれば、和人たちが銀行から住宅資金を借りる場合より、半分の利息でマイホームを手にできる。北海道はもともとアイヌ民族のもので、アイヌには土地の権利というものがあるのだから遠慮はいらぬ」といって差別におびえる、みすぼらしい家屋にすむ住人たちを勇気づけ入会を勧めた。

こうして同年、やっと釧路支部の会員たちの切望がかなって、「釧路市ウタリ住宅新築資金等貸付条例」は釧路市議会で可決成立し、同年六戸の家屋が新築された。この年、釧路市のほか千歳市三戸、伊達市七戸、白老町二戸、浦河町三戸、新冠町六戸、阿寒町四戸、石狩町三戸あわせて二八戸のウタリ住宅が新築されている。

この事業は市町村が事業主体で、一人の会員が五〇〇万円の新築資金の貸付を申請したとする。すると釧路市は金融機関から三七五万円を借金し、国と北海道からの補助金一二五万円の計五〇〇万円を工面してその利用者に貸し付ける。

利用者はその借りた元金と貸付利率二パーセント分（市中銀行から一般国民が住宅資金を借りると、当時の貸付利率は約四パーセント）を二五年以内に市に返済し、市はその金額と利子分を金融機関に返す。

もし、利用者からの返済が滞った場合、市は市民の税金により立て替えて金融機関に返済してゆく仕組みであった。

釧路市では七八年度までに二〇戸、八五年度までに釧路支部会員と同数の七二戸、道内全体では同年度までに約一一〇〇戸がいちおう新築された。わたしが「いちおう」と言ったのは、夢だった家を新築はしたものの、不安定な職業に就かざるをえなかった建築主の〝借金地獄〟がそこから始まるからである。漁師や土木作業などの肉体労働者の場合、道内ではその仕事が夏場に限られ冬場は失業状態である。そんな不安定な暮らしのなかで、住宅ローンの返済は重荷である。おもわぬ病気や労災、失業などで予定していたローンが滞る場面が、いくたびもその身に押し寄せる。そのころからウタリ協会では、住宅ローンの滞納が問題化し始めた。

八〇年度からウタリ協会理事の重責を担っていた武利が、翌年一月の北海道ウタリ協会の理事会に出席したとき、ウタリ住宅資金の未納問題が喫緊のテーマとして取りあげられた。各支部の償還率をめぐり理事同士の意見交換が始められると、「新築してから一度も住宅ローンを支払わない会員がいる。そんなことではウタリ協会の信用にかかわる」などと比較的ゆたかな暮らしをしている胆振《イブリ》・日高方面の理事たちから、未償還金額のおおい道東方面の支部がやり玉に挙げられた。

これにつづいて、野村義一理事長も「未納者のおおい支部には、来年度から住宅資金を貸し出すわけにはいかなくなる」と声を荒らげた。おもに国や道庁からの補助金で諸事業がおこなわれる北海道ウタリ協会は、北海道庁が認可したれっきとした「社団法人」である。アイヌ民族の和人化をモットーとする道庁のきびしい指導監督がなされる同協会のトップ・野村は、住宅を新築したいという会員のつよい要望との板ばさみで、つらい判断を迫られたことであろう。だからといって、野村が道庁側の立場でものを言っていいはずはない。彼はあくまでもウタリ協会の代表者なのである。

三〇人ほどの理事をまえに声高に話す野村にたいし、道内の各支部にくらべ住宅ローンの未納者がおおい釧路地方のアイヌ同胞を代弁して、武利理事は次のように述べたてた。

「理事長、それぞれの支部の会員たちの事情もすこしは考えてほしい。来年度から未納者がおおい支部に予算を割り振らないという今の発言は、われわれの地域の実情にうとい理事長の暴言で、直ちにとり消してほしい⁉」

しかし、野村理事長の助っ人として立ちあがった日高地方のある理事から、武利理事めがけて容赦ない援護射撃が加えられる。

「武利さん、理事長に抗議するとは何たることだ。そんなに釧路地方のアイヌが生活に困っているなら、市役所などへいって生活保護の世話にでもなればいいじゃないの！」

同胞でありながらこの他人事のような無責任な発言にたいし、武利はその理事に再反論する。

「なぜわれわれはウタリ協会を結成したのか。貧しいウタリの生活向上のために協会をつくったのではないか？」

激高したのは武利ではなく、日高地方の理事のほうだった。「生意気な口をたたくな。おい、外に出ろ!」と武利理事にむかって言い放った。武利もすかさず感情をおし殺し、会議の全出席者に断りをいれる。

「私を釧路支部長と理事の席を三〇分間だけ降ろさせてください。あとはウタリ協会のどのような処分にも従いますから…」

そのように冷静な態度で断りをいれてから、かれは円卓会議場で背広の上着をぬぎ、ゆっくりと外に出ようとしていた。すると、その理事会を傍聴していた釧路支部の前支部長・結城庄司が、日高地方の理事に向かってこう叫んだ。

「おい、いい加減にしろよ。あんたが相手をする武利さんは、ハルトリの『暴れん坊』と呼ばれていたんだよ。あんたみたいな男など一発でたたきのめされるぞ!」

そう言われると、日高の男は顔面蒼白となり体をわなわなさせながら、「おれの言いかたが悪かった。みなさん、御迷惑をかけてすみませんでした」と急に小声になって反省の弁をのべたので、一件落着となった。

この理事会が終わりしばらくして、野村理事長みずからハルトリの同胞の家々の実情を調べにきた。ある家の屋根はトタンが腐食して、家の中から天空がみえ部屋の雨漏りがひどい。また、隣家は老朽家屋のため屋根がひしゃげ柱もかたむいていたから、家で暮らすにははなはだ危険だった。さらに、そのまた隣の家屋は雨が降ると小川が増水して泥水が家の中に入りこみ、家の半分が土砂で埋まっていた。いずれも板壁がくさりかけ、建物の外から部屋のなかがのぞけるような、粗末なバラック同然の住宅を理事長は一軒ずつ見て歩いたという。

「やっぱりなぁ、ひどいものだ……」

ハルトリの窮状をみた野村は、苦りきった顔つきで一言ぽつりと感想を述べただけで、それ以上ことばが出てこなかった。

いま、わたしは八五年度に北海道ウタリ協会本部事務局が作成した「ウタリ住宅改良促進事業の償還状況」という内部資料をみている。それによるとウタリ住宅条例のない八支部を除いて、住宅資金を借りている道内四三支部全体の未償還金額は、約二億八二〇〇万円（四一五件）にものぼっていた。償還率が四〇パーセントに満たない支部もあって釧路支部二四パーセント、弟子屈支部二五・八パーセント、旭川支部二九・八パーセント、阿寒支部三一・七パーセント、釧路町支部三九・一パーセントなどとなっている。

理事会が開かれるたびに償還率のひくい釧路地方などの支部は、ウタリ協会理事長や償還率のたかい地方の理事たちから、いっせいに情け容赦もない追及の矢面にたたされた。

「こんなに低い償還率では、ウタリ協会の沽券にかかわるばかりか、国や道庁からの予算が減らされ、これから新築しようとする会員にも迷惑をかけてしまうではないか。とくに、武利理事はチェックが甘すぎるのではないか」など、道庁当局の回し者のような非難をくりかえす理事たちと向き合わなければならなかった。

そこまで追及されても武利理事は、悲壮な決意をこめて徹頭徹尾、釧路地方の各支部などの会員をかばいつづけた。

「ウタリには土木作業員、漁師などの季節労働者が圧倒的に多い（道内に住むアイヌの四〇《パーセント》）。このような人たちの生活実態は年の半年は労働し、失業時に五〇日分の失業給付で生活している。このような人たちが家族のために家を新築するけれど、さすがに失業中に住宅ローンを返済するのはきびしい。結局、季節労働者は家賃のやすい借家か公営住宅に入居するしかなく、一部の裕福なアイヌだけがりっぱな新居に入る。そうすると、和人との格差を埋めるどころか、ウタリの間にも格差が生じて、何のためにウタリ住宅の制度ができたのか、所期の目的さえ見えなくなってしまう。釧路アイヌの多くは、ふるくて雨風も防げない家に住んでいる。このような家々の爺さん婆さんを助けたいとおもって、私たち役員は全力で仕事をしてきただけだ」

出席していた野村理事長もその討議のなかに割って入り、両者をなだめる。

「わかった。カネのない者はいくら払いたいと思っていても返済できない。だから、われわれはみんなで協力し、生活に困窮する会員をもっと温かく見守ってやらなければならない。これからもみんなで頑張っていこうや！」

　やがて、釧路市当局から住宅ローン未納者への容赦ない取立て攻勢が始まった。

　道内支部のうちもっとも償還率のひくい釧路支部では、市の担当職員が夜になると滞納している家庭に電話をかけ、「借金を払え、払え」と催促する。催促された会員が武利支部長に泣きついてきた。武利はやむなく市当局にたいし抗議した。

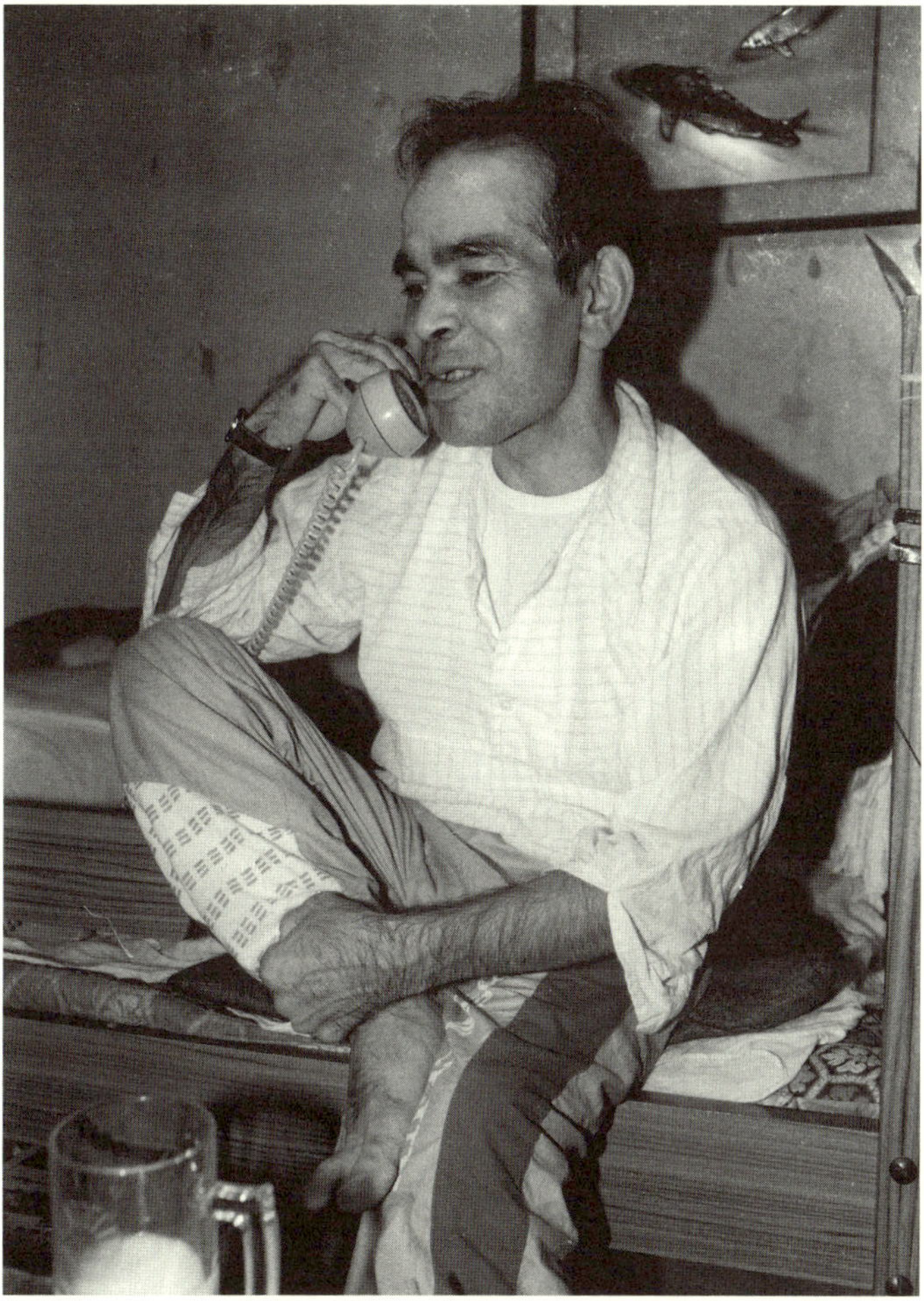

戦後生まれの彼は、少年時代から小学校を休んで雑品拾いをした。クズ屋にそれを売ったいくばくかのカネは母に渡していた。窮乏する家庭を何とかして救いたい！　そんな子どもらしい健気さが、なんとも痛々しい。中学校卒業後、かれは阿寒湖畔のアイヌ民芸品店に雇われた。さらに、てっとり早くカネになる職場をもとめ、土木作業現場を転々とした。そんな時にもいとしい母親を気遣い、ときどき遠くの飯場から母に電話を入れていた。

「仕事熱心でまじめな職員かもしれないが、借金苦でアイヌを自殺に追い込むようなことはしないでくれ。どこに夜七、八時になって家庭の平穏を乱すような電話をかけまくる職員がいるのか。それでは、どこかの消費者金融と変わらないじゃないか！」

それにたいし市当局は、こう言い訳する。

「私たちは何がなんでもカネを払えとは言っていない。家庭の事情だけを報告してもらいたいのです。なしのつぶての方がいるから、そういうことになってくる。公金を使っているから毎年監査もおこなわれ、適切な指導をおこなわなければ行政上のミスになるので、その辺りを理解してほしい」と。

釧路支部内では、ウタリ住宅の資金を利用して夢のマイホームを新築した季節労働者の家族が、市のきびしい借金の取りたてに悩まされ、結果的に一年もたたないうちに新築住宅から以前の狭いアパートに引っ越さざるを得なくなった。また、別の男性会員は、新築した家を担保に消費者金融から生活費を融資してもらったため結局、その新居を手放してしまった。家主が追い出されたその真新しい家屋は、ウタリ協会支部や市を介して一般市民に売られたケースなどもあった……。

住宅資金の貸付事業ばかりではなく、「ウタリ福祉対策」のなかには諸々の貸付制度があって、福祉資金（一件につき一〇万円）、就職支度金（五万円～一〇万円）、大学入学資金（貸付限度額二〇万円）などがそれに該当する。これらは文字通り借金ということであり、生活難の者に借

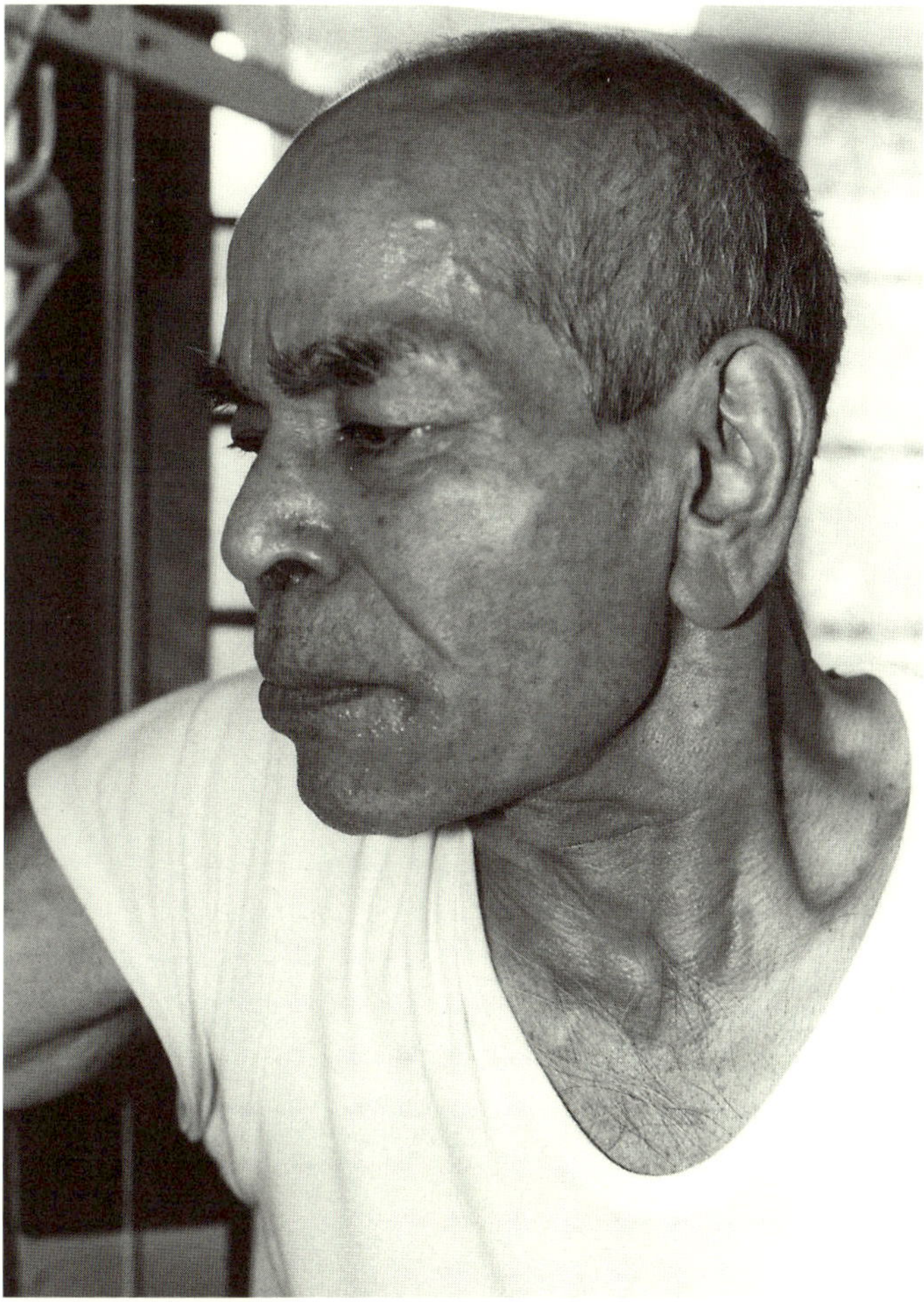

過酷な肉体労働に従事していたとき、40代半ばだった彼は突然、脳卒中でたおれ以後、半身不随の生活である。必死でリハビリをつづけても、一向に回復しない肉体の機能と言語障害のため、コミュニケーションがうまくとれなくなった彼は自暴自棄になった。そのうえ長年、親交のあった友人たちが次々と亡くなり、母もついにあの世に旅立った。かれは一度としてウタリとしての哀しみを語ったことはなく、いつもそれを冗談話で切り返す。

金させることは、窮乏するアイヌを借金地獄に陥れることにもつながる。当然のことながら北海道アイヌ協会（〇九年四月、ウタリ協会からアイヌ協会に改称）の定期総会では、やっと最近になって「住宅改良資金の利子を無利子化してほしい」などの要望も出されるようになっている。

その意味で、武利のウタリ住宅資金の貸付制度についての考え方は正当であったし、その信念はつねに一貫していた。

「政府はアイヌモシリをうばい、ウタリにたいへんな犠牲を強いたのだから、アイヌの家屋ぐらい国の資金で建ててくれてもよさそうなものではないか!?」

彼はいまでも口癖のように、同じせりふを繰り返している。

住宅ローンの償還率八五・八パーセントで、釧路地方ではもっとも未納者のすくない白糠支部――。しかし、そこにはからくりがあった。白糠町では、貸付金申請者のうち支払い能力のある者を選りすぐる仕組みをつくり、白糠支部に前もって「適格書」を作成させ、町に提出させていた。適格書には、「上記の者は、白糠町ウタリ住宅改良資金貸付けに関する条例の順守及び貸付金の償還を確実に履行できる者であり、貸付適格者であることを証します。なお履行できないときは、本職において代替え実行することを申し添えます」との記載がある。

本職とは白糠支部の支部長とその支部役員五人のことであり、役員の押印が義務づけられている。つまり役員たちは借金する会員の「連帯保証人」となるわけで、そのような難しい立場におかれた役員は、とうぜん貸付金申請者のうち、確実に住宅ローンを返済できると思われる会員を慎重に選考するはずである。しかし、そこまで徹底した危機管理をおこなってウタリ住宅を建てるとなれば、アイヌと和人との生活格差を解消するという所期の目的は達成されないまま結局、不安定な仕事に就いている貧しいウタリは、いつまでたってもマイホームの夢はかなわずに終わってしまう。

ウタリ住宅のローン滞納問題が起きて以後、住宅ローンの貸付事業は、支払い能力をきびしく審査する銀行などの金融機関が一般向けにおこなっている住宅資金融資の制度と基本的に変わらない白糠方式をとっており、これではどこが身の不遇をかこつアイヌの福祉対策といえるのか、はなはだ疑問である。そのような安定した職業についている者ならば、何もこのウタリ住宅の制度を利用しなくとも、和人と同様に一般の金融機関を利用すればすむ話ではないか。

このようなウタリ住宅の制度では武利支部長が指摘したように、ウタリの間にも格差がひろがりウタリが分断化され、ウタリがてんでばらばらに動き出せば、アイヌたちの協力も団結も期待できなくなる。それは結局のところ、日本政府にたいし民族の自決権を求めようとするアイヌたちにとって、取り返しのつかない厳しい状況が待ちうけていることを意味する。

しかも、新築されたウタリ住宅の九九・九パーセントは和風である。和式の家屋に暮らしているアイヌ家族が、アイヌ民族の帰属意識を保ちつづけられるものなのか。アイヌ伝統の神窓もなく炉も切られておらず、どこにもアイヌ的なものがなくて、果たして同胞の誰がアイヌ民族の和人化をくい止められるというのか。

そもそも、アイヌ民族がかかえる問題は福祉政策で解決がつく問題でもないだろう。政府も道庁もこの民族問題をあえて矮小化し、民族問題をあえて内地の被差別部落と同次元の問題にゆがめて、えんえんと欺瞞の「ウタリ福祉対策」を演出してきた。しだいに民族問題に覚醒したアイヌ同胞は、その都度訴えてきた。

「現在のウタリの諸問題は、和人がアイヌモシリを侵略したために生じたものだ。生活手段だった狩猟・採集文化をとりあげられた結果、アイヌは生活苦と闘ってきたが現在も貧困と差別が残っている。だから、アイヌと和人の貧富の格差をうめればこの民族問題が解決するという次元の問題ではない」

とどのつまり、アイヌたちはアイヌモシリを返還してもらう以外に、民族の幸福を追求する権利を得られないということである。

和人政府がアイヌ民族向けに、日本のまずしい農家をモデルとした木造家屋を提供したのは、一八七一(明治四)年のことだった。北海道アイヌの和人化政策をすすめる開拓使が、小樽のウタリを対象に一八棟つくったのがその初めであろう。当時のアイヌ民族は、そのおおくが草小屋で暮らしていた。

そして、道庁が改正された北海道旧土人保護法にもとづき、本格的にアイヌ共有財産の収益金をつかって、道内各地のウタリに和風住宅をつくらせたのは一九三七(昭和一二)年。この住宅改良事業によって、道内のアイヌ民族の総戸数三五〇〇のうち一八〇〇戸を増改築するという当初の計画であった。財産権にかかわる人民の権利は、戦前も戦後も不可侵の権利として国家が保障しているものの、その不可侵性は「公益」や「公共の福祉」の必要による制約を受けることを明らかにしている。

したがって釧路地方のアッケシ厚岸町の場合、行政は厚岸のアイヌ共有者三五名の共有財産であっても、「公益」を理由としてアイヌ共有財産を道庁長官の管理としたうえで、その収益金を「公益」の名のもとにアイヌ民族の和人化をはかる対策の資金に充てたと考えられる。

釧路地方では当時、標茶（戸数不明）と厚岸（一〇戸）のアイヌに和風家屋が新築された。厚岸町では、総工費の八割に相当する七五〇〇円は厚岸アイヌ共有財産の収益金から、残る二割分の金額は建築主個人に負担させる予定だった。だが、生活苦にあえぐ貧しい建築主たちには二割の負担金をまかなう余力などなかった。住宅資金に困った建築主は知恵をしぼり、施工する大工に頼み込んで、道庁がさだめた松材による仕様ではなく、建築主たちが旧土人保護給与地内の森林を伐採し、木工所で製材してもらった雑木を建材として総工費の八割のみで家を建ててもらった。

むろん、道庁役人は黙っていなかった。新築された住宅が仕様通りに建てられているか現地を監査にきた道庁の役人は、雑木の板壁を一目みるなり、アイヌ集落のM代表にむかって雷を落とした。しかし、三日三晩にわたってM代表を責めたて平謝りさせたところで、せっかくの新居をとり壊す権限もない役人は、苦虫を嚙みつぶしたような顔つきで厚岸を去らねばならなかった。

この住宅改良事業は新築を出願したアイヌなら誰でも許可されたわけではなく、①定住者であること②性行善良でかつ篤農家であること——などのきびしい条件がつけられていた。つまり、政府・道庁のアイヌ同化政策に従順で、役所の指示どおり真面目に営農している共有者だけがその恩恵に浴したわけで、アイヌ伝統の漁猟の仕事などに就いていた共有者たちは対象外だった。それが和人支配者のいう「公益」であり、そのために本来ならばこのアイヌ共有財産の恩恵に浴する権利のある共有者三五名のうち二五名の共有者は、そのおこぼれにも授かれなかったという次第である。

当時、ハルトリには学問をつみアイヌ社会では一言居士として有名な結城庄太郎（結城庄司の実父）がいた。道庁がこの住宅改良事業を実施するのに先立って、道内各地のアイヌ代表を札幌の道庁に呼びよせて会議を開いた際、結城代表は「道内各地の草小屋にすむアイヌを平等に扱ってほしい」と発言し、道庁役人と火花を散らした。けれども、釧路アイヌのそれは道庁長官管理ではなく、釧路市長が管理する程度のほとんど価値のない共有地。アイヌ共有財産の収益金も少額だったハルトリのアイヌたちの場合、幸か不幸か初めからこの住宅改良事業の対象から外されていた。

さらに、「武利日誌」のページをめくってゆく。

ところどころ、アイヌ墓地整備に関する記述が目につく。七八年一一月二七日、武利支部長は草刈りもせず放置されたままハルトリの地に眠る祖先のアイヌ墳墓の改葬事業について、釧路市長と市議会議長に陳情書を提出した。翌年一月二四日、武利は釧路市当局からの連絡で、来年度にハルトリのアイヌ墳墓整備のための調査費五〇万円が計上されたことを知る。調査期間は五月から九月までの五カ月間である。

この当時、アイヌ墳墓の整備は道内各地のウタリ支部が競うように手がけようとしていた懸案事項だった。アイヌ民族は死人の埋葬をすませると以後、その死者の墓で弔う風習はなかったと伝えられている。しかし同化教育の効果もあって、いつの頃からか毎年お盆のころになると和人同様、先祖供養のために墓参りをする習慣を身につけた。それでも、草刈りを済ませてきれいな花が供えられている和人の墓地にくらべ、家が途絶えたり子孫が釧路から遠方に転居したりして、墓守のいないアイヌの墳墓は管理もままならず、雑草がのび放題となっていた。そんな事情も知らない和人が、このような荒れ果てたアイヌ墳墓をながめてどう思うだろうか、とウタリ協会関係者は心を痛めていた。

当時、ウタリ協会の大部分の指導者は、和人たちからいやというほど人種差別を体験し、社会人になってからも就職、結婚などで言葉にできないほどの残酷な差別待遇をうけてきた世代であり、一方では「一億火の玉となって鬼畜米英に勝利しよう」とのスローガンや、和人はアイヌを差別せずみんな平等に仁愛を施そうという「一視同仁」の精神など、一五年戦争の際の軍国主義思想に洗脳されてきた世代でもあった。ゆえに、ウタリ協会幹部は、アイヌのゆるやかな絶滅化政策＝アイヌ同一化政策を抵抗感なく受けいれてきた。

ちなみに、和人が植民する明治以前のアイヌ墳墓は、コタンをとりかこむ山の中腹や丘の上などに設けられている。それが北海道の三県一局時代にはいると、釧路地方を管轄していた根室県は「墓地及埋葬取締規則施行細則」をさだめ、墓地および火葬場はそれまでに許可した一町村内一カ所に限定し、宗教が異なることを理由として別設することを許さなかった。

わたしが道内各地のアイヌ集落の墓地を歩いて見たのと同じく、ハルトリのアイヌ墳墓もまた、和人墓地とは隣り合ってはいたが区画を異にしていた。現在はともかく、その「墓地及埋葬取締規則施行細則」のあった時代、死刑に処せられた囚人は一般の和人墓地とは別に区画された場所に埋葬されることとなっており、アイヌ民族も死刑囚と同様の区別・差別をされてきたということである。むろん、役所が和人墓所をウタリと別に区画したのは、アイヌと和人の風習の違いや、和人たちのアイヌ民族への差別感情に配慮した結果とも言えよう。

さて、武利支部長はアイヌ墳墓の改葬事業に先立ち、墓の縁故者に諸事情をつたえ、市の改装事業計画を説明した。釧路市も武利に協力を惜しまず、いくつもの先祖の遺骸が道内各地に暮らすアイヌの子孫のもとに引き取られ、子孫が新しく建立した和風の墓のなかに納められた。

ところがある日のこと、ハルトリのアイヌ墳墓の改装事業計画を小耳にはさんだハルトリ出身で札幌市在住の一人のアイヌ青年は、釧路市在住の実母をつれて武利にかけあった。

「せっかく永遠の眠りについた先祖の墳墓を、触らないでほしい。むかしのアイヌは死者を埋葬したあと、二度とその墳墓をお参りする慣習はなかった」

その訴えの根底には、アイヌ文化を保存・伝承したいという彼なりの強い使命感があったであろう。アイヌモシリに先住民だけが暮らしている時代ならば武利もその言い分に異論はなく、世が世ならば賛同したいところであった。

「北海道に和人が入植しておらず、アイヌ墳墓だけあるならそれでいいかも知れない。おれたちだってふるい墳墓の遺骨をなにも好きこのんで掘り起こし、改葬したくはないさ…」

武利は静かに話をつづける。

「だが、雑草がのび放題のアイヌ墓地を通りかかる和人たちが、それを見てどう感じているとおもう？　アイヌはだらしない、アイヌの信仰心はどうなっているのかなどと和人は一方的に考え、それがまた新たな差別や偏見を生みださないか。アイヌは死んでも差別されているのだよ。そればかりではない、墓参にきた和人の遺族らが、荒れ放題のアイヌ墳墓を墓場とも知らずに供物を捨ててゆく。それを食べに野犬や野良猫がやってきて、その場で糞をするのをこの目にして、何とかしなければと思うのは、同胞ならば分かるだろう」

母子は苦悩した面持ちでそれ以上なにも語らず、とぼとぼ立ち去っていったという。

わたしが、このエピソードを武利本人から聞いたのは、アイヌ墳墓の改葬が終わってずっと後のことだった。このアイヌの一青年がアイヌ文化破壊に、一石を投じたのである。石は湖沼に波紋をひろげ、陸続きに道内各地に暮らす鋭敏な感覚をもったアイヌ青年たちのところにまで届いたのだろうか。アイヌ文化の継承・文化財の保護という観点ばかりでなく、それはアイヌ先住の証しでもある。したがって、アイヌ同胞にとってアイヌ墳墓の改葬問題は、アイヌ民族のアイデンティティーに関わる重要な意味を含んでいた。

雑草がのび放題のアイヌ墳墓をみた和人たちがどうウタリをけなそうと、その場所に和人が供物を投げ捨てようと、野良犬や野良猫がそこに排泄物を落としていこうと、そんなことはアイヌ文化のかなめである墳墓破壊の比ではない。ところが、ウタリ協会内部においてはアイヌ文化のこの最重要の問題を吟味しないまま、道内各地では取り返しのつかないアイヌ墳墓の発掘工事と改葬が全道的におこなわれたのである。この事業もまた、「北海道ウタリ福祉対策」の一環であり、もちろん行政の意向がつよく反映していたのは間違いない。

こうして、幾体もの亡骸がその子孫のもとに引き取られ、墓穴だけが点々とするハルトリのアイヌ墓地では七九年五月二〇日、ウタリ協会釧路支部がカムイノミの儀式と、仏教寺の住職をよんで身元のわからない無縁仏の供養祭が執りおこなわれた。

この墓地には家が途絶えたものや、なんらかの事情で親類がひき取りに来なかった身元不明のアイヌの人骨ばかりではなく、武利支部長が少年時代から間近に見てきたタコ部屋の労働者、そのなかには和人ばかりではなく、戦中に朝鮮半島から強制労働のため日本に送られてきた朝

政府・道庁は、釧路市ハルトリのアイヌ墳墓の改葬につづき、今度は白糠町内にあるアイヌ墳墓の改葬事業を一気呵成におこなった。ニッポン人からみれば一見、放置されたままのアイヌの墳墓に感じられるかも知れないけれども、それもまた文化の異なる和人の偏見である。アイヌ民族のなかには、現在でもアイヌ風の宗教にこだわりを見せる人びともいる。写真右端は、北海道ウタリ協会の武利誠理事。

鮮人などのなきがらも一〇〇柱あまり発見されていた。なかにはゴム長靴を履いたまま粗末に葬られた亡骸もあった。地面を五〇センチほども掘るとすぐに人骨が発見されるので、武利の頭には「そうだ、あのときのタコ部屋の労働者のものではないか」との記憶がよみがえる。そこで武利はアイヌ風と和風の供養祭を催し、その席上には在日朝鮮人の代表者を招いた。

アイヌ墓地の改装工事には、ハルトリ周辺に暮らす数人のアイヌ労働者を地元の石材店が雇い入れ、墳墓発掘にとりかかった。なきがらの身元が判明していれば子孫の許可をえて、明治期から埋葬されてきた墳墓をスコップで掘りさげ、一体ずつていねいに発掘した。墓によっては生木を削ったアイヌ式の墓標も時をへて朽ち果て、その後、子孫が先祖の墓のてっとり早い目印として、漬物の重石ほどのおおきさの石を並べているのも散見された。なきがらが発掘されれば、墓地わきの火葬場で火葬に付し、骨壺にいれて仏教寺に仮置きさせてもらった。

その間、武利支部長は釧路市との間で仮置きにしたままの多くの亡骸をおさめる納骨堂建設の話し合いに入っていた。むろん、アイヌ墳墓の改葬事業は、市にとって〝渡りに船〟だった。釧路市の基幹産業の好況で人口が増加したぶん、ハルトリの和人墓地の用地にゆとりがなくなっていたからである。身元不明のアイヌの墳墓が整理され、その人骨が納骨堂一カ所におさめられれば、その空いたアイヌ墳墓のスペースを和人墓地の用地として活用することができた。

八〇年二月八日　午前中、ウタリ共同納骨堂を建設することで、市社会課を訪れる。総工費

「おーっと、墓を踏みつけるところだった！」アイヌの墳墓は生木の墓標が朽ち果て倒れれば、どこに遺体が埋葬されていたか判別できないことも多々あった。改葬作業は、墳墓のわずかなデコボコなどをたよりに遺骨を発掘するしかない。やっと、スコップ一本で遺骨を掘りだしても、墳墓の間隔が狭いため遺骨を誤って踏んづけた作業員は、縁故者から見とがめられ、しこたま怒られていた。

二千四〇〇万円をかけ、今年のお盆までに完成させる予定である。

二月一二日　ウタリ納骨堂建設のことで市役所へ出向く。住宅建築部や社会課の担当者と会議をおこなう。納骨堂の設計図をもらった。

二月一三日　ウタリ納骨堂の建設場所を調べるため、ハルトリの建設予定地を見にゆく。風がつめたく寒さが身にしみて、悪寒がする。どうやら風邪をひいたらしい。

六月九日　午後より納骨堂の基礎工事がはじまる。納骨堂の敷地からも、タコ部屋の土工夫らしい遺骨が出てきた。近所の中年女性が家から線香を持ってきて、念仏を唱えていた。私も煙草に火をつけその遺骨のまえに供えて、心のなかで成仏するよう祈った。その後、工事作業を見学していた。

六月一一日　私は納骨堂建設現場に朝から夕方までいて、仕事の進み具合をみていた。午後よりタコ部屋の労働者の遺骨六八柱があらたに出たので、市との話し合いで明日午前から遺骨を火葬場にはこび、火葬することになる。

七月一〇日　午前中、事務整理する。午後より納骨堂建設予定地にゆく。午後三時までに新たに八体分の人骨が発見された。

また、この改葬事業をおこなっていた前年一二月二五日午前、武利の母校である小学校のグラウンドの土手から、骨相からみてアイヌの家族のものと思われる人骨が発見され、市から武利支部長に連絡が入った。明治以前には、その付近にもアイヌ集落と墳墓があったのである。和人植民の開拓に支障がでると考えた釧路郡長が一八八五年五月、根室県令にあてた上申書により釧路アイヌをセッツリ（鶴居村）に追放する時まで使っていたアイヌ墳墓の一部であった。

市はそのアイヌ墓地の存在を知らずに小学校の運動場に使っていたものか、もしくは市の委託をうけて運動場を整地した土建業者が、それと知りつつ乱暴に工事を続行したものかは知らないが、なんと罰当たりなことをしたものかと思う。武利と市の関係者はその数体分の人骨をそれぞれ骨箱にいれ、アイヌ墳墓付近の寺院に一時預かってもらうことにした。

いや、北海道内で土木・建築関係の仕事にながく携わったことのある労働者ならば、工事中アイヌ民族のものらしき人骨が発見されても、工事責任者も含めて何事もなかったかのように、そのまま工事を続行する場面に一度や二度は立ち会ったことがあるであろう。これらの人骨はほぼアイヌのものと考えて間違いではない。生活に便利なコタンのある場所の近辺に、アイヌたちは墳墓をつくっていたからである。

道路工事などの公共事業を進めていて、アイヌ民族の遺骨・遺跡などが出土した場合、工事責任者は市町村の教育委員会に通報する義務があるのだけれど、ひとたびこの遺骨・遺跡などの学術調査が始まれば、工事は一時ストップしてしまうほかない。工事中断どころか貴重と思われる遺跡である場合、やむなく現在進行中の道路などの設計変更もあるため、工事が相当遅れる。会社経営にも支障がでてくる。

したがって、工事業者は人骨が出てきたぐらいでは市町村の当局に連絡せず、見てみぬふりしながら工事を続行しがちである。だが、とりわけ高度経済成長期、そのような事情によって貴重なアイヌ文化財が破壊されてしまったのだとすれば……。

ともあれ八〇年一〇月、ウタリ共同納骨堂は建立され、アイヌ民族や朝鮮人や和人など身元不明の約一一〇〇柱もの遺骨はここでは差別なく、すべて平等に安置された。その名称もただ「納骨堂」とだけ記された。武利は言う。

「なぜ、無縁納骨堂と名付けなかったのか、と問われることもある。考えてもみなさい、この世に縁もゆかりもなく生まれてくる者などいるわけがない。みんな子孫はいるけれど、経済的事情などで子孫が現われないだけのことさ」

翌年一一月一八日夕方、北海道教育庁の職員を案内人として、文化庁の主任文化財調査官と文化財保護審議会専門委員の一行が春採生活館をおとずれた。釧路リムセ保存会の〝古式舞踊〟を見学する目的で、一週間まえから市教育委員会から武利支部長に連絡が入っていたので、当日はウタリ協会釧路支部の面々が昼ごろから御上に失礼がないよう飲食の準備をおこなった。文化庁の官僚一行とともに地元の名士や市関係者もあつまって、リムセ保存会の古式舞踊を鑑賞し、出席者たちはビールで乾杯した。

一方で、ウタリ協会釧路支部が続けてきたアイヌ墳墓の発掘工事は最終段階にはいっており、武利日誌ではこの年一二月八日に工事が終了し、釧路アイヌ約一〇〇人が出席して改めて先祖供養の儀式が催されている。たしかに文化庁は八四年一月、釧路リムセ保存会をはじめ道内八つのアイヌ古式舞踊団体を、国の「重要無形民俗文化財」に指定している。しかし、このとき釧路市をおとずれた文化庁の専門官たちの目的が、本当にアイヌ古式舞踊の見学のみにあったものか、にわかに信じることはできない。

春採生活館からアイヌ墓地までは、目と鼻のさきの距離にある。政府や道庁にとってアイヌ文化の支柱であるアイヌ墳墓の発掘・改葬事業は、アイヌ民族が子々孫々伝えてきた風習や宗教観を、根こそぎにする試みであった。アイヌ文化に精通している文化庁の文化財専門官であるならば、漁猟・採集文化と絡みあうようにして言語や宗教（カムイノミや墳墓）や習俗がかかわって正統的文化を形成しており、それに比べるとアイヌの古式舞踊は、あくまでも正統的文化に付随するサブカルチュア（副次的文化）の類でしかなく、それは和人国家の存立にとって弊害も支障もない。

そうすると、ウタリの和人化をもくろんできた文化庁の専門官たちは、また一つ消されたアイヌ文化財の歴史的瞬間を現地で見届けるため、釧路市をわざわざ訪問したのではないか、という感慨にわたしは捉われてしまうのだ。

Ⅲ　アイヌのことはアイヌで

エカシの怨声

　歴史をかえりみれば、アイヌ墳墓をめぐりたびたび騒動が起きている。幕末の一八六五年、道南地方の落部《オトシベ》村（現・八雲町）と森村（現・森町）では、箱館在住のイギリス領事館館員ら三人がアイヌの骨格標本をつくる目的で、アイヌ墳墓をあばき遺骨計一七柱を盗掘した。落部と森のアイヌ民族や村役人が箱館奉行に告訴・告発したことで、箱館奉行はイギリス領事館にかけあい、盗掘にかかわった三人は犯罪者として処罰をうけた。この事件は当時、大問題となり盗まれた人骨のうち落部村の一三柱は返還されたものの、森村の四柱はそのままイギリス本国に密輸され、現在もロンドンの自然史博物館にその骨格が所蔵されているらしい。

　また、明治初期に和人植民が北海道へ移住するようになると、人類学・解剖学研究などに携わる学者たちのアイヌ民族への関心がきゅうに高まった。東京人類学会が新設されて間もなく、同会会員であり東京帝大で解剖学を講じていた小金井良精教授らは、一八八八年夏と翌年夏に北海道をおとずれ、〝学術研究〟を名目にアイヌ墳墓から一六〇柱余の頭骨を発掘して後年、「日本石器時代人アイヌ説」をとなえた。一九二四年夏には京都帝大医学部の清野謙次は、樺太のアイヌ墳墓から五〇柱の遺骨を掘りだし、「日本原人説」を主張した。

しかし、いずれの場合もアイヌ墓地近辺にあるアイヌ集落の住民の目を盗んでおこなわれた犯罪行為であった。いうまでもなく、当時の刑法（明治四〇年四月法律第四五号）でも「墳墓ヲ発掘シタル者ハ二年以下ノ懲役ニ処ス」（第一八九条）とあり、「死体、遺骨、遺髪又ハ棺内ニ蔵置シタル者ハ三年以下ノ懲役ニ処ス」（第一九〇条）、「第一八九条ノ罪ヲ犯シ死体、遺骨、遺髪又ハ棺内ニ蔵置シタル物ヲ損壊、遺棄又ハ領得シタル者ハ三月以上五年以下ノ懲役ニ処ス」（第一九一条）と明記されている。

そして、一九三四年から始まった児玉作左衛門（北海道帝大医学部教授）グループによる大規模なアイヌ墳墓の発掘――。児玉グループのアイヌ墳墓発掘はまず、八雲町から始まっている。児玉は同年、北海道大学に赴任すると同時にユーラップ浜で一三三柱の人骨を収集した。発掘作業は旧制八雲中学の生徒に手伝わせたものの、現地のアイヌ集落から大勢の村民や縁故者が現場に駆けつけ、児玉にたいし「墳墓を暴くのはよろしくない」と抗議したという。

この発掘が新聞で報道されると、児玉は道庁の刑事課から呼び出しをうけ、次席刑事から事情聴取をうけた。とうぜん墳墓発掘に関わってのことであろう。そのとき児玉は今後、道内各地の公共工事などでアイヌの骨らしきものが出土した場合、刑事課から一報いただけるよう協力を依頼したという。児玉グループは一九三六年に樺太東海岸、同年と翌年にかけてクリル諸島の最北端・シュムシュ島で立てつづけにアイヌの人骨を掘り起こしている。

児玉は戦後も日高地方の静内、江別、北見、網走、帯広などでアイヌ墳墓を発掘して歩いた。これらの発掘は、市町村がおこなう都市計画事業によるアイヌ墳墓改葬に便乗するかたちで行なわれたものが多い。一九六三年一〇月、帯広市は市街地の発展とともにアイヌ集落に設けられていたアイヌ墳墓を郊外へうつす改葬事業をおこなった。遺骨収集にはコタンのアイヌたちが雇われた。その仕事に携わったウタリの一老女は当時を振りかえり、「発掘された遺骨のうち学者たちは頭骨だけをカマスに納めたものの、それ以外の人骨はろくに掘り出さないままブルドーザーで乱暴に整地させた」と憤慨していた。

遺骨収集を待ちかねていた児玉教授らはそそくさと帯広に飛んできて、一九の頭骨をコタンの人びとや遺族に無断で札幌に持ち去り、北大医学部の骨格標本に供した。また、帯広市はコタンの住民や墓の縁故者に直接連絡しないまま、アイヌ墳墓の改葬作業をおこなった。コタンにはかならずアイヌ墳墓の縁故者がいるはずである。けれども、〝学術調査〟を方便としてアイヌに協力を求めても、どこに墳墓発掘を快くみとめる子孫がいるだろうか。ことに宗教の掟にきびしいアイヌ民族のこと、改葬反対のウタリがいれば墓地の撤去はすすまず、都市計画事業も遅れる。従って、市は掲示板にこっそりその公告内容を縦覧して、法的な手続きを済ませたのであろう。市が事前にアイヌ墓地の縁故者との話し合いを持たなかったから、発掘後に縁故者が騒いだところで後の祭りである。

北海道ウタリ協会本部の調べによると、北大医学部には児玉グループなどがアイヌ墓地で収集した人骨は、北海道関係八二二柱、旧樺太関係九一柱、クリル諸島関係五一柱、そのほかにも四〇柱の不在葬（頭骨のない人骨）があり、計一〇〇四柱にも達した。一九八二年一二月、同協会本部が各支部に北大保管の人骨返還希望についてのアンケート調査をおこなったところ、釧路・旭川・江別の三支部が「現地で引きうける」との回答、残る一四支部は「北大側が責任をもって納骨堂を建設し、そこに安置して毎年イチャルパ（先祖の供養祭）をおこなう」ことで北大との一件に決着をつけた。

また二〇〇五年四月、札幌医科大学の学長が前年、北海道ウタリ協会本部の照会をうけて同協会理事長に文書で回答したところによれば、札幌医大で保管しているアイヌの遺骨は計六九七柱にのぼることがわかった。札幌医大がアイヌ民族の起源を調査研究する目的で、一九六〇年代から道路工事など公共事業で出土したいわゆる「行政発掘」によって収集されたもので、道内各市町村の教育委員会から譲り受けたものが大半を占めるという。

以来、同協会は毎年ここでもイチャルパを行なっている。しかし「行政発掘」といえども、アイヌの遺骨や遺跡らしきものを遺族やアイヌの団体に断りなく、和人だけの都合で勝手に処分できるものなのか。それは、あまりにウタリを軽視している。本来ならば、その処置方についてアイヌ同胞の意向を尊重するのが筋であろう。過去の和人学者や行政の植民地主義的な過ちにたいし、アイヌ同胞からの抗議があって、やっと北大と札医大側は先祖供養祭を催すことで両者の決着がはかられている。

だが、今後に想定される「行政発掘」の処置方について、アイヌ民族の意向を優先するなどの新しい段取りが定められたとは今まで聴いたこともなく、あいかわらず従来のやり方を繰り返しており、こんご新たな公共工事でアイヌ墳墓や遺跡が発見された場合、行政はどのように対処するつもりなのか。

和人学者たちがアイヌモシリの隅々まで踏査し、そのたびごとにアイヌ民族の人権や死者の尊厳を踏みにじり、アイヌ人骨の研究に明け暮れる慇懃無礼な態度には、学者としての見識を疑うばかりである。いや、学者ばかりではなく、おごる植民国の権勢を笠にきて少なくない道内の市町村は、都市計画法を盾にして多くのアイヌ墳墓を暴いてきたわけである。

道東地方屈指の港町・厚岸の小高い丘――。かつてこの丘の一角には一八八八（明治二一）年につくられた「老《おい》の山《やま》墓地」（七五〇〇坪）があり、多くのアイヌ民族がそこに埋葬されてきた。ところが、高度経済成長期の一九七〇年、増える交通量に対応するため、この丘陵部を削って一本の道路を貫通させるという町の都市計画案にもとづき、この由緒ある墓地もとり壊された。

和人が入植し、「老の山墓地」がつくられた明治中期の厚岸は、海岸線に沿ってアイヌ集落が点在していたから、和人たちの新天地開拓にとって大きな障害となっていた。そこで北海道庁は海岸線に点在するアイヌ集落から住民を追放し、その場所を和人植民の居住地や漁場とし

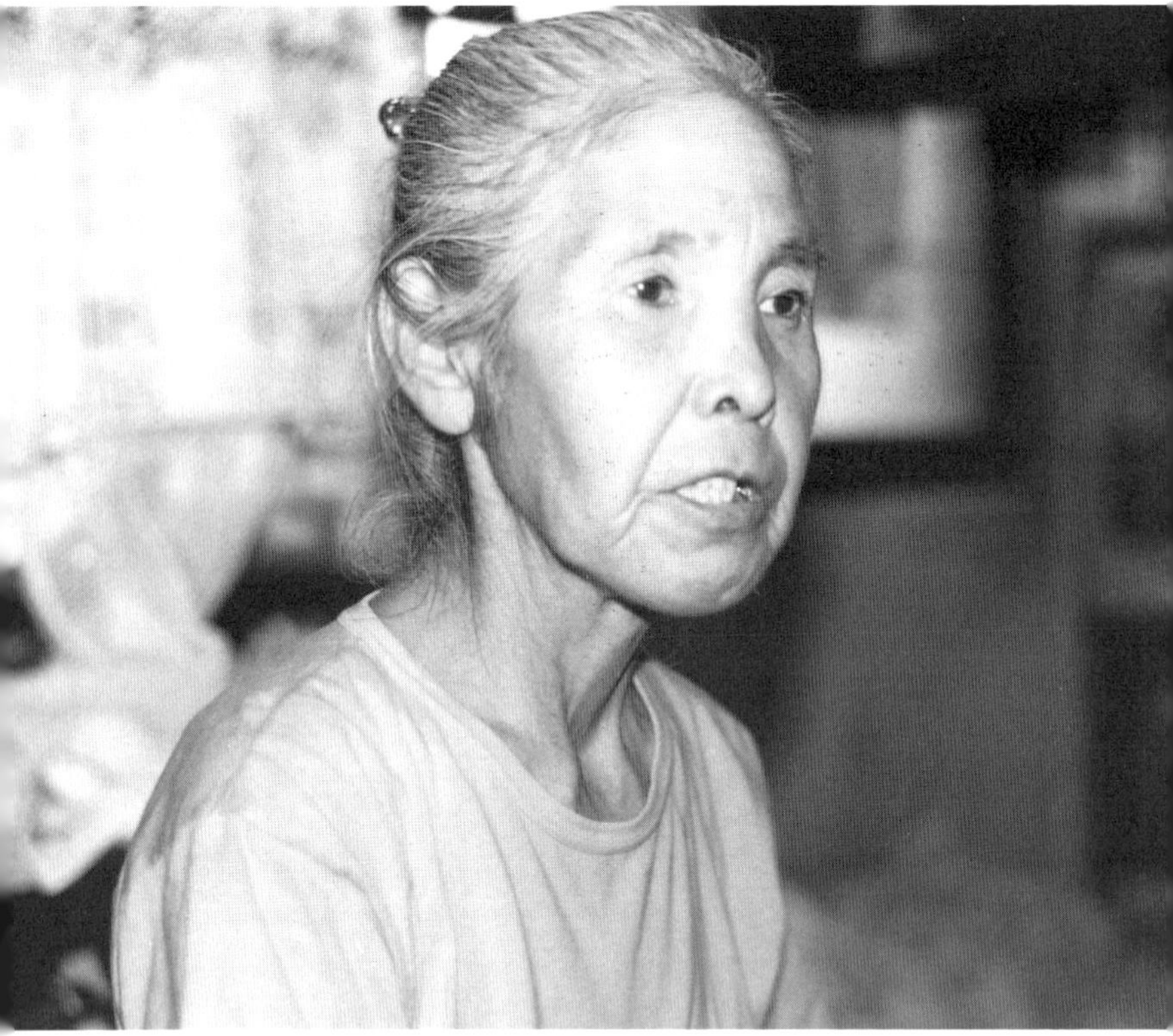

植民国・日本の人類学や解剖学に携わっていた学者たちは、猛り狂ったようにアイヌ墳墓を暴きまくった。死者の尊厳よりもみずからの名誉、地位獲得に汲々としていたのだ。骨格標本とされたアイヌの遺骨の多くを保存していた北大側は 1982 年、アイヌたちの抗議を受けて大学構内の一角に納骨堂を設け、毎年イチャルパをおこなっている。初めてその先祖供養祭に出席したという彼女は、言うに言えない複雑な想いを吐露していた。
北大でのイチャルパに出席したわけは何ですか？　彼女の叔母たちは戦後、千島や樺太から北海道に戻ったけれども、叔父たちの消息は不明である。「アイヌ民族にはお墓参りの習慣はないのですが、先祖供養祭に出れば私の叔父さんへの想いも届くかもしれないとの一心で出席したのです。アイヌたちはどうしてこんなひどい目に遭わなければならないのでしょうか。心の優しすぎる民族の末路とは、このようなものなのでしょうか」

てあてがう。また、道庁は各コタンを追われたアイヌ四二戸（約一五〇人）を厚岸市街の一カ所（松葉町）に強制移住させた。移住を強いられたアイヌ民族は生活のため、新しく漁業をいとなむ移民（七八〇戸・約二六〇〇人）の安価な労働力として使役された。

それ以降、市街地で亡くなったアイヌたちは近間にある「老の山墓地」に埋葬され、その子孫もそこに葬られた。むろん、道内の他の墓地とおなじく、アイヌと和人が埋葬される区画は別々である。和人の墓はおおむね石づくり、アイヌ民族のそれは適当な大きさの生木を削って墓標としたから、歳月とともに朽ち果てるアイヌの墓所は、われわれ素人が見てもその形状だけで、おおよその判別がつく。

町当局が備えている墓地の管理台帳を調べれば、同墓地を借り受けている縁故者は一目瞭然であろうし、「老の山墓地」には相当数のウタリが永眠していたはずである。都市計画法にもとづき一本の町道をつくるのに先立って、厚岸町はアイヌ墳墓の縁故者を探しだす手続きをいかに行ったか。

わたしが調べたところ、アイヌ墳墓の縁故者にたいして町は直接、連絡をとらなかった。縁故者はその墳墓に先祖の遺体が永眠していることはうすうす分かっていたであろう。だが、墓参りの習慣のないアイヌたちは、歳月の流れとともに先祖が葬られている正確な場所を先祖からも知らされていない。従って、厚岸町は墓標が朽ち果て目印のないアイヌ墳墓の縁故者を探しだすのは、最終的に不可能と判断したのではないか。また、アイヌ民族は葬られた先祖の墓を掘り返すのを忌み嫌っていたから、「老の山墓地」の改葬計画はアイヌたちの理解を得られまい、と早々に結論づけたのかも知れない。そこで町は、アイヌたちとの交渉を避けたまま七〇年三月、三度にわたり地元紙に「墓地改葬公告」を載せて、あっという間に法的手続きを終えてしまった。

墓地改葬公告

厚岸都市計画街路事業により左記の墓地を移転改葬することになりましたが、使用者不明の墳墓がありますので、墓地使用者又は縁故者は昭和45年6月10日まで墓地管理者に連絡下さい。

連絡ないときは無縁仏として合葬いたしますから御了承下さい。右は墓地埋葬等に関する法律施行規則第3条により公告します。

昭和45年3月15日　北海道厚岸郡厚岸町長　村上忠次

記

墓　地	厚岸郡厚岸町奔渡町六丁目五七番地　老の山墓地
管理者	厚岸町長　村上　忠次
施工者	厚岸町

同年の『広報あっけし』四月号（厚岸町発行）と同七月号（同）には、「早めに申し出を！」「老

の山墓地の移転・改葬」の見出しで、「個々に通知したうちの四分の一程度よりご返事いただいておりません。なお、今年中に連絡のないときは、無縁仏として合葬いたします」などの記事を掲載している。

同年八月二二日、「老の山墓地」の遺骨発掘作業をまえに町は、アイヌ民族不在のまま合同慰霊祭を執り行なった。「改葬に立ち会った人のはなしでは『お墓の移転は気持ちのよいものではない。土葬されていた人のお骨を掘り出して改葬することなど、めったにないことであるが……』」（厚岸町史・上巻）と複雑な町民の胸の内を語っているくだりもある。

「老の山墓地」から発掘されたものの縁故者から町に連絡のなかった〝無縁仏〟は、計一八〇柱。その多くが町から連絡をもらわなかったアイヌ民族の遺骨と思われる。

「老の山墓地」の近くに住む和人漁師のMはいう。

「おれは一九六〇年ごろ地元青年会に入った。お盆前には恒例の社会奉仕活動があって有志三〇人ほどが集まり、老の山墓地の草刈り作業をおこなったわけさ。この作業を二度ほど手伝ったことがあった。おれが草刈りをした場所は雑草がのび放題で墓石もなく、代わりに木の墓標が点々としており、明らかに和人のものではなかった。墓石を建てられない貧しい和人なら、土饅頭にするはずだ」

つまり、彼が草刈りした場所はアイヌの墓所だったというわけだ。身元不明の一八〇柱の遺骨はその後、二二年間にわたり「老の山墓地」跡に隣接する空地に野積みにされたままだった

厚岸町は都市計画街路事業にもとづき、「老の山墓地」の小高い丘を削って南北の市街地を最短距離でむすぶ町道を貫通させた。明治期、和人の支配者は厚岸の海岸沿いの丘に散居するアイヌをこの近辺一カ所に移住させ、和人漁家の労働力としてしこたま使役させた。「老の山墓地」は和人たちに酷使されてきたウタリの墓所でもあった。町はアイヌの子孫には秘密裏に、地元紙の広告欄にちいさな公告を載せただけで墓地改葬事業をすすめた。

というから、当事業にあたった町のゆきあたりばったりの無計画ぶりには、呆れるほかない。その一八〇柱の〝無縁仏〟はその後、一九九二年に新設された厚岸霊園内の「無縁墓碑」にやっと埋葬された。

「老の山墓地」の遺骨の発掘作業を終えたのち、その小高い丘は重機により掘削作業が行なわれたものの、大雨が降ればその斜面がいくたびも崩壊して難工事だった。新しい町道が開通した後も、雨が降ればその斜面の土砂崩れが度重なり、大量の土砂に交じって幾つもの人骨が崖下の道路に落下してくるので、そのたびごとに道路は通行止めになった。実におおくの人骨が崖から崩れ落ちてくるため、近隣住民は動揺を隠せず「墓地を壊して道路をつくったから、先人のたたりがあるのではないか…」と真顔で囁いていたという。

この「老の山墓地」の改葬事業について厚岸町出身で一九五一年春、就職のため釧路市に移り住んだアイヌの子孫・Kに訊ねてみたところ、何のことかと言わんばかりにわたしの顔をまじまじと見つめているばかりだった。かれの両親も厚岸での農業に見切りをつけ六五年に息子の暮らす釧路市に転居したが、この両親も「老の山墓地」の改葬事業をまったく知らされていなかった。

高度経済成長期、厚岸町とおなじくアイヌ墳墓の縁故者をあえて探すこともせず、アイヌ墳墓の縁故者に対して「公告」しただけでその墳墓の改葬作業を強行した市町村は、厚岸以外にも相当数あるのではなかろうか……。

墳墓ばかりではない。アイヌ民族のチャシ（とりで）跡についても国や道庁の保存・管理は徹底していない。たとえば、十勝地方内陸部の足寄町《アショロ》では、アイヌ民族にとって貴重な七つのチャシ跡が畑地にとり巻かれ、うち一つは戦後間もなくまでは原形をとどめていたものの、六五年前後からの政府による大規模営農（機械化）方針とともに畑地が拡げられ、「いつの間にか畑の下に埋まってしまった」と、チャシ跡ちかくに住む一農民は話していた。

足寄町教育委員会に長く務めていた一職員は、これらのチャシの修復について「足寄には明治期から和人の移住者が開拓をはじめ、チャシ跡をふくめて道庁から土地の払い下げがおこなわれ、それらのチャシはすべて農民の所有地となっている。アイヌ文化財の保護と言われても、町としては手の打ちようがないというのが正直なところです」と語っていた。

釧路市のチャシ保存・管理状況はどうか。釧路市内には一六カ所のチャシ・コツ（跡）がある。すでに三カ所が開発行為によって壊され、モシリヤチャシとチャランケチャシの二カ所が国指定の史跡文化財として釧路市が管理を任されている。それ以外の残る一一カ所のチャシ遺跡は民有地内にあるという。たとえば、一農民がチャシの現存する土地を所有していて、もしその遺跡が崩落したなどの場合、《文化財保護法》では原則としてその土地の所有者である農民が修理・修繕の義務を負うこととなっている。しかし現状をみると、資金面をふくめ遺跡の管理を一農民に委ねること自体に無理があると言わなければならない。

道内には足寄や釧路のものを含めてチャシコツが五〇〇余りあったけれど、うち一〇〇ちかくのチャシが開発行為や崖崩れなどですでに消滅している。アイヌ集落とチャシとの関係は、和人集落と神社との関係に等しく、かつてはコタンに隣接してチャシがあり、墳墓があった。明治期以後、アイヌ民族の征服者である和人政府や道庁は、アイヌ文化の滅亡に躍起だった。現在、アイヌ文化財のほとんどの管理は、その和人政府や道内の市町村の手に委ねられたままである。そのような事情もあってか、父祖の文化をまもるべき立場にある「北海道アイヌ（ウタリ）協会」によるチャシの現地調査さえ実現していない。

道庁当局はのべる。

「チャシコツとコタンを一組にして保存するのがアイヌ文化財として必要なことなのだけれども、そのためには膨大な予算が不可欠で、道庁の力だけでは限りがある。アイヌ文化財として国家が責任をもって一括管理するのが望ましい」と。

だが、本来的にアイヌ文化財の管理は、当のアイヌ文化を培ってきたウタリに任せるのが最適とわたしは信じて疑わない。むろん、その管理や研究に充てる経費は、これまでアイヌ文化を破壊してきた政府や道庁が責任をもって負うべきであろう。

九七年五月、《アイヌ文化法》が公布された。同法の目的は「ウタリの誇りの源泉であるアイヌの伝統やアイヌ文化が置かれている状況にかんがみ、アイヌ文化の伝統などに関する国民に対する知識の普及および啓発をはかるための施策を推進することにより、アイヌの人びとの民族としての誇りが尊重される社会を築く」ことであった。しかし、国家や道庁はアイヌ文化

2004年5月、札幌市内のあるカフェーで、「ナチュラル・ミュージックの夕べ」と銘打った演奏会が開かれていた。ピアノと「アイヌ民族楽器」とのコラボレーション。珍しく面白そうだったので、鑑賞させてもらった。ムックリ演奏や、南アフリカの民族楽器「ブブゼラ」のように、彼が少年時代に遊んでいたであろう「ピットゥク」（和名・花ウド）の笛で音を楽しんだ。新しいアイヌ音楽の時代は胎動している。写真は演奏会前のひととき。

財を護るための有効な措置を講じていない。アイヌ語についても二〇〇九年、ユネスコは「消滅の危機にある言語」として、ニッポンにとって不名誉な最高ランクの「極めて深刻」の区分に指定している。

北海道地図を改めて眺めてみるがいい。

そのなかにはたくさんの河川名も記されている。釧路地方だけに限ってもチライカリベツ川、オンネナイ川、アシベツ川、アレキナイ川、フウレンベツ川……。数え上げればきりがない。「ベツ」も「ナイ」もアイヌ語では河川の意味だから、植民者の和人は〇×△川、川と重複した言い回しをして、征服者にとって都合のいい安易な地名や河川名をつけている。

だが、心あるアイヌたちは嘆いている。民族の言語が現在もぞんざいに扱われている状況のなかで、《アイヌ文化法》が制定されてもなお、民族としての誇りをいたく傷つけられている。

大河・ミシシッピは、先住民・北米インディアンのオジブワ族のことば「大きな川」に由来する河川名である。しかし、かつてはイギリスやフランスの植民地であったアメリカでも、征服者はミシシッピ川と重複した呼び名をつけ、日本とおなじ誤りを犯している。おごる植民国は一様に先住民のことばを軽視し、恥知らずにも「チライカリベツ川」とか「ミシシッピ川」と記入した地図を、現在でも中学・高校生などに平気で教えている。

地名は文化であるから、わたしも以前から北海道内にあるアイヌ語地名などについて、道内のいくつかの自治体にたいし、その誤りを指摘してきたものの、行政側では「議会が地名を決めたことなので…」との一点張りで、アイヌ語に即した地名の是正に応じる気配をみせなかった。

道内にある一三の一級河川水系の名称については国土交通省北海道開発局が、また二級河川水系については北海道庁が命名権を有している。道内の一級河川のうち「シリベツ川」「トシベツ川」などアイヌ語の意味をとり違えたまま明治期から現在まで誤用しつづけていることについて、北海道開発局建設部当局に質問したこともある。だが、お役人の答弁はいつもこうである。

「河川名の法的手続きにのっとり地元の合意を得れば、河川名が変わるということもあるかも知れない。ただ、《アイヌ文化法》が制定されたからといっても、国民の声も熟していないなかで国交省が独断で河川名を替えるというようなことは、前例がないので難しい」

アイヌ協会の会員数が二、三〇年前にくらべて増えておらず、むしろ減少傾向をたどっている。「ウタリ協会」の名称は二〇〇九年四月から「アイヌ協会」に改められた。「アイヌ」という言葉でさんざん苛められた同胞のなかには、「アイヌ」を冠した組織に抵抗があって、新会員になることを躊躇しているのではないかと勘ぐる向きもあれば、アイヌたちが急激に同化していることの証左だと力説する人もいる。

また、つつましく暮らす賢いアイヌたちは、「ウタリ福祉対策」の制度を使って家を新築し、子どもが高校に進学すれば修学資金制度を利用し、子どもが社会人になって「ウタリ福祉対策」を利用する機会がなくなれば、その時点で協会を離脱する人びとも少なくないという。一九八五年に五九（会員数三七三八人）あった支部は、二〇一二年四月現在四九支部（同二八〇二人）に縮小した。また、四九支部のなかには支部総会も開かれないまま、活動休止状態の支部も含まれているから、アイヌ同胞の相当数が同協会を離れつつある。

これは征服者にとって実に喜ばしいことであり、帝国主義者の和人たちはもろ手を挙げて歓迎していることだろう。なぜなら、アイヌ民族がみずからの判断で和風の家屋に住むことを選択し、和人教育をすんなり受け入れ、母語はアイヌ語ではなく日本語だとこだわりなく応答し、自然崇拝の伝統的な宗教観を捨てさせられて仏教徒などに改宗し、和風の墓石をつくり、和人と結婚してアイヌ民族への帰属意識も薄れてゆくのだとすれば、アイヌの和人化を目的とした政府の同化政策は上首尾におわるからだ。

日本政府や道庁がウタリを直接支配せず、アイヌ同胞の和人化をねがうアイヌの組織「アイヌ（ウタリ）協会」を陰でささえ、同協会をパイプ役としてそこにアイヌたちの部分的な声を反映させ、ある意味で〝ガス抜き〟をおこないながら、政府・道庁は間接統治をつづけてきたわけである。古今東西、植民国が世界各地の被植民国に傀儡政権をつくらせ、間接統治をつづけてきたのと同様のやり口である。

ついには、自民族にとって最優先しなければならない和人支配者の指図をうけず、アイヌ民族のことはアイヌたちで決める〝民族自決権〟の課題にとうとう踏み込まないまま、「社団法人・北海道アイヌ協会」はその歴史的役割を終えようとしているかのようだ。

かつては北海道ウタリ協会につよい関心をしめし、民族の展望を語り合うため、じかに同協会本部を訪問したこともあるアイヌ民族の子孫・中本俊二（一九二一年二月生まれ）は現在、ふるさとの千歳市にある老朽化した公営住宅で、やもめ暮らしをつづけていた。

「ぼくの頭の形は長頭型だから、アイヌ民族の血筋を引いていることがわかるでしょう？　骨相学的にいえば大和民族の場合は、頭が断崖絶壁のような短頭型で、アイヌにくらべて眼窩がちいさいのね。ぼくはアイヌの父親と〝朝鮮人〟の母親との混血だから、典型的なアイヌ顔はしていないが、小学校時代は『ア、イヌ来た』と和人の児童からバカにされ、先生からも侮辱をうけてそれ以後、和人を恨むようになったのですよ……」

かれが和人の母親を〝朝鮮人〟と呼んではばからないのは、大むかし朝鮮半島からアイヌの島であった現在はニッポンと呼ばれる土地に侵入してきた朝鮮民族の子孫が、実母であると信じて疑わないからである。九一歳とは思えぬほど精力がみなぎり、細身の体から知性的な批判精神をもって権力者を斬りまくり、天真爛漫に笑っている。いつも背筋をしゃんとした実に、かくしゃくとしたエカシである。

かれは、千歳市内の高等小学校を優等で卒業したものの、貧しい実家の暮らしを支えるため、やむなく三年間ほど土木作業に従事せざるをえなかった。自宅で飼っていたアイヌ犬を取材に来ていた『北海タイムス』の一記者から、「君のその才能を生かして技能を磨き、親孝行しなさい」と励まされ、中本は《北海道旧土人保護法》にもとづく教育資金を受けながら、いっときは獣医師めざして岩見沢市の農業学校（畜産科）に学んだ。

だが、中本が学校を卒業する直前に獣医師免許を取得する条件がきびしくなり、さらに上の学校に進学しなければ獣医の試験も受けられなくなった。すでに二〇歳に達していた中本は義務化されていた徴兵検査をうけて合格。太平洋戦争真っただ中の一九四二年、南樺太のシスカに駐屯していた皇軍の連隊砲中隊へ入隊した。戦局が日本には決定的に不利になると、とつぜん千島列島（松輪島）の部隊への転属を命じられる。いったん札幌にもどり、小樽港から松輪島へ用船が出航するその日の朝、米軍機の集中弾をあびて港内の他の船舶もろとも用船は航行不能となった。そして三日後には終戦の日をむかえる。

戦後は文通がきっかけで山口県出身の女性と結婚。長女が生まれてからは、限られた就職口しかない故郷を捨て、妻子を連れて上京した。朝鮮戦争が起こり、東京では軍需景気も手伝ってクズ屋を始めたものの、五三年に戦争が終わるとたちまちのうちにクズ屋の仕事もだめになり、不況で職探しもままならなかった。ところが、ある日の新聞広告欄に代議士秘書の求人をみて、即座に応募した。その代議士というのは新潟四区選出の田中彰次（自民党）。〝体制内野党〟といわれる変わり種で、なかんずく彼が決算委員長時代には、かの有名な「造船疑獄事件」など国家的な大汚職事件をつぎつぎと摘発した人物であった。

中本はいくつかの難関を通りぬけ、みごと代議士秘書に採用された五人のうちの一人となった。しかし、政界の薄汚い政治献金の裏側をみてしまったかれの良心と正義感は、善意の人民の期待を裏切るような卑怯な政治活動の一端を担うことを許さなかった。結局、政治秘書をやめざるを得なかったのである。

その後、中古のトラックを買ってもぐりの引っ越し専門の運送屋となり、愛妻の急逝という悲しい試練に耐えながらも商売にいそしんだ。そのうち、商売がらみである男性と知り合いになったものの、結局はその男にうまく利用され、世田谷区にあった彼の土地・家屋など全財産を失うはめになる。生き馬の目をぬく都会の暮らしに心身ともに疲れ果てた彼は、ふと、故郷が恋しくなり千歳市に舞いもどって後半生をスタートさせる……。

わたしは五年前のある暑い夏の日の夕方、千歳市にぶらりと中本を訪ね、組織の内部からではなく外側からみえるウタリ協会の体質を歯に衣きせずに酷評するかれの心の叫びに、いつまでも興味ぶかく聞き入っていたものである。

――ぼくは戦後間もなくから東京で生活していたこともあり、「北海道ウタリ協会」の中身についてては疎かった。東大教授、アイヌのユーカラ研究で有名な金田一京助が一九五四年に文化勲章を受賞した翌年、ぼくはクズ屋の仕事の合間をみながら、予約もせず行き当たりばったりで練馬区在住の金田一邸を訪問しました。ぼくの父親がときどき金田一の話をしていたこともあり、ぼく自身も金田一の本をかじっていて畏敬の念をもっていたから、どうしても一度は会ってみたかった人物でした。ぼくが北海道出身のアイヌであることを話すと、金田一は快くかれの書斎にとおしてくれた。『アイヌ神謡集』で世に知られる知里幸恵の叔母にあたる登別市出身の金成マツ（一八七五―一九六二）が、約一六〇冊の帳面にラテン文字でつづったユーカラ（英雄叙事詩）の記録『金成マツノート』の一部を見せてもらったし、マツから採録したユーカラの録音テープも聴かせてもらった。

――夕食をごちそうになりぼくが暇を告げると、金田一はじぶんの名刺をとりだし、その裏側に「中本君を紹介します。こんな才能のあるアイヌ人もいるのですよ」というメッセージを万年筆で書き込み、知里幸恵の弟である北大文学部の専任講師でアイヌ語研究者の知里眞志保にぼくを引き合わせる手はずを整えてくれた。しかし、当時のぼくは生活が苦しかったから終日クズ屋の仕事に忙しく、残念ながらついに知里眞志保と出会うことはなかった。東京でひどい目に遭ったぼくは八六年春、大都会の東京をはなれて三六年ぶりに傷心の帰郷をはたしました。六五歳のときです。

――千歳市は本格的な空港がつくられて以来、人口が急増し街並みもすっかり変わりました。あばら屋だったぼくの生家はすでに跡形もなくなり、その跡地には千歳市水道局のりっぱな建物がたっていた。北海道に帰ってから地元紙を見ていると、「ウタリ協会」に関する記事がたびたび掲載されているのに気づきました。その内容を読んでみると、この団体がアイヌ民族に関わりをもつ組織であることがわかります。ぼくもアイヌの一人だから、その団体の動向に興味をもちました。だが、なにを目的として活動している団体なのか、新聞をよみテレビのニュースを観ているだけでは、いま一つ理解できません。ぼくは好奇心が人一倍つよいものだから、ウタリ協会を自分の眼で確かめてみることにした。故郷に帰ってきて五年ほどたった頃、同じアイヌのよしみであいさつがてらに、札幌市の北海道ウタリ協会本部を訪問したのです。

——当時の本部は北海道庁のふるめかしいレンガ色の別館にあり、本部事務局の部屋代は道庁から無料で借り受けていた。本部事務局には野村理事長も椅子に座っておりましたが、ぼくに応対したのは和人の事務局次長でした。また、事務局長という人は道庁から出向してきた職員なのです。ぼくの関心事は、ウタリ協会の設立の目的とウタリ協会が考えるアイヌ民族の将来像でしたが、和人の事務局次長は貧しいアイヌたちの福祉対策ばかり説明していました。野村理事長はぼくの傍らにいたし、ぼくは耳が遠いせいもあって大きな声でしゃべる癖があるから、ぼくの想いは理事長にもはっきり伝わっていたはずですが、彼は一言もことばを差し挟むこともなく無言でした。和人の事務局次長がウタリ協会本部の窓口となり、事務局長とタッグをくんでウタリ協会本部を牛耳っていたようです。従って、ぼくの心境をわかってくれる者は誰一人おりませんでした。

——この団体には、何かアイヌ民族の夢を追いかけているという気迫がぜんぜん感じられず、ウタリ協会にたいするぼくの第一印象は、残念ながら和人の資本主義社会の時流にのっかり、権力者から〝アメ玉〟をもらいながらうまく人生を泳いでいけばいいのだ、という敗北主義の集団としか見えなかったのです。何だかんだ言っても、支配者はアイヌ民族が当然の権利を主張することを最も恐れている。だが、それを言えば支配者の逆鱗にふれてアイヌたちはこれからひどい目に遭うかもしれません。だから、ウタリ協会は口が腐ってもそれを言わない。たとえ、ウタリ協会の側にアイヌ精神が残っていても、それは口先だけで終わる。そんなことでぼくは落胆し、アイヌ民族の展望をもたないこの団体に参加することを諦めました。

――官製ともいうべきこの団体は道庁の受け皿となり、その手先となってアイヌ民族を丸めこむための指導部と化している。やんわり懐柔策の「ウタリ福祉対策」を見せびらかしながら、アイヌたちを「同化」という大きな袋のなかに押し込めて、同胞を身動きできないようにしている。だからウタリ協会は、アイヌ民族としての独自性を発揮できず、それを追求する姿勢に欠ける。シャモ（和人）の一部分として、和人のしっぽに付いてこいと言わんばかりの道庁の指図をうける従順なアイヌ集団が、ウタリ協会です。ぼくの言葉は汚いけれど、この団体の幹部たちの中には、ときの政権ににじり寄りアイヌ同胞を蹴落としてでも自分や自分の家族を優位な立場に置こうとするアイヌ精神を失った堕落した者も少なくない。

――ウタリ協会はアイヌ民族のひとつの団体には違いないが、民族の本当の願いとか希望をことごとく裏切っている。アイヌの希望を失望にかえ、恥知らずにもアイヌ民族の敵である政府や道庁側に寝返って、和人のアイヌモシリ侵略に沈黙している。本来なら当然の要求として、とりあえずウタリの生きる基盤として、たとえ一戸につき一町歩の土地であっても段階的にアイヌモシリを返してほしい。下付ではなく、アイヌの当たりまえの権利として返してくれと政府に訴えることが、アイヌ民族の将来の夢を実現する手掛かりになるとぼくは考える。だが、ウタリ協会は沈黙をつづけている。以前、北海道ウタリ協会の定期総会が開かれたときだったとおもうが、ぼくが挙手をしてアイヌとして何か意見を言おうとしたが、役員たちはぼくの主義主張を知っていて敵意を持っているから、ぼくを無視していた。

――ウタリ協会内部では、「アイヌの権利をまもれ！」と言っているかも知れないが、政府や行政にたいしては「早くアイヌを同化させてください」とお願いしている。まったくの二枚舌だ。ぼくからみて、ウタリ協会の会員たちの大半は、アイヌの独立や自治区を模索する意思もなく、ただ目先のうまそうなエサに飛びつく卑しい根性しか持っていません。ぼくも少年時代に和人の子どもから「ア、イヌ」と侮辱されてきたから、和人にたいし怨念をもっていて、齢を重ねてもその気持ちは膨らむばかりです。が、ウタリ協会の幹部たちは和人に飼われている犬とおなじだよ、まったく。

――ウタリ協会は一九八二年度の定期総会で、千島列島における先住民族としてのアイヌの権利を「留保」すると決議している。それを留保するということは、アイヌモシリの一つである土地の返還をもとめない代りに、「ウタリ福祉対策」などでアイヌにもっと甘い汁を吸わせろ、と言いたかったのだろうか。そこで、ぼくは釧路市ハルトリ出身の山本一昭が会長をつとめていた「アイヌモシリの自治区を取り戻す会」に入会しました。この団体が立派だと思ったのは、千島列島の問題に力を入れ、国民運動としてキャンペーンを張ったことです。同会が中心となって一九九五年二月五日、札幌市で「北方領土の日」反対の集会が開かれ、ぼくも出席しました。その集会の全体討論の場でぼくはこう発言したのです。

……私のせまい知識から申し上げますと、千島列島から沖縄までのこの「日本列島」は、いまから一万二〇〇〇年前からアイヌモシリであり、その証拠も歴然とあります。権力者のことばで「縄文人」ということばがあるが、縄文人というのははっきり言ってアイヌ民族そのものなのです。縄文時代、つまりアイヌの時代が九〇〇〇年ほどつづきましたけれど、卑弥呼《ひみこ》一族で有名な弥生人、主として朝鮮半島から渡来した集団がいまから約二二〇〇年前にアイヌモシリを攻略、われわれアイヌ民族をうち滅ぼしてこの地に生きている。この侵略者のために、まだ続くはずだった縄文時代はおわりを告げた。そういうわけで、全国にある博物館には縄文人、すなわちわれわれアイヌ民族の骨が五三〇〇柱ほど掘りだされ、保管されています。そのなかにはアイヌ民族以外の骨はただのひとつもありません。アイヌだけが日本列島に暮らしていたことの歴然たる証拠、先住民族であることの確実な証拠です。そういう意味で、千島列島から沖縄に至る日本列島の先住民族はわれわれアイヌ民族であることをしっかりと理解してこそ、アイヌ文化のすばらしさを確かめ、そこで初めてアイヌ民族としての誇りというものが獲得できるのだと思います。

――ただ残念だったのは、「アイヌモシリの自治区を取り戻す会」も現在、ロシアが実効支配している千島列島をどこへ返せとは明確に主張していなかった。日本政府が主張する「北方領土（狭義ではクリル諸島南部のクナシリ、エトロフ両島と北海道の属島であるシコタン島とハボマイ諸島をいうが、広義では南樺太およびクリル諸島をいう）」のみをアイヌに返せというなら、その他の千島列島の帰属はどこの国家に帰属し、どこの民族の領地なのか。千島列島に先住していたのはアイヌ民族であり、千島列島はれっきとしたアイヌモシリだと思います。その点の認識が不足しているのです。千島列島全部をアイヌ民族に返せと歯切れよく訴える運動ならば、ぼくも及ばずながら身を投じて闘いますが二、三年ほどこの会に所属しているうちに、この団体からはぼくに何の連絡も案内もなくなりました。いまでは、この団体自体も自然消滅しているのではなかろうか……。

日本政府は一九八一年、主人公のアイヌ民族ぬきで二月一一日を「北方領土の日」と一方的にきめ、毎年その日は全国各地で「北方領土返還要求」の集会を開いたり、署名活動に力をいれたりして、この運動の盛り上げに躍起となっている。戦前はクリル諸島をニッポン人がうばい、戦後はロシア人がそれをうばい返し、現在にいたる。つまり、アイヌ民族が先住していたクリル諸島をめぐり、日露両国による帝国主義的な争奪戦が、今日もえんえんと繰り広げられているということだ。

外務大臣認可の「公益法人・北方領土復帰期成同盟」は、北海道市長会・農漁業・商工業の

各種団体のほか、学識経験者・マスコミなどの支援をえながら北方領土返還運動を繰り広げている。地元の高校生を対象とした「北方領土をかんがえる弁論大会」や、「旧島民」家族が「北方領土」を追放されたときの有様などを「旧島民」やその二世らが語り部となって報告する行事などを全国各地で催している。さらには、あまりに無思慮なことだが、「北方領土」問題についてまだ自分の主張を持ちえぬ、がんぜない子どもたちにも北方領土返還要求の署名活動に参加を呼びかけている。そして、少なくない善良なる国民はこれらの行事をとおして、知らぬ間にりっぱな帝国主義者となるための〝養成講座〟を受講しているというわけである。

そもそも「北方領土返還運動」は敗戦直後の一九四五年一二月一日、当時の根室町長・安藤石典《いしすけ》がGHQ（連合国総司令部）のマッカーサー元帥にたいし、南千島返還（現「北方領土」）の陳情書を提出したことに始まる。GHQは太平洋戦争に関わった日本の軍国主義者や国家主義者を公職から追放することを指令し、国鉄根室駅に停車していた占領軍専用列車に石典を出頭させ、三日間にわたり取り調べをおこなったという。

「夫は三日間もGHQの取り調べをうけて夕方に帰宅すると、妻のわたしに事情を説明することもなく、無言のまま机にへばりつき無我夢中でものを書いておりました。一晩かけて書き上げたそれがマッカーサーにあてた南千島返還の陳情書だったのです」

わたしが「北方領土」問題に関心を寄せていた約三〇年前の一九八〇年秋、石典の位牌が置かれた仏間で聞かされた白髪の老未亡人の話は、あまりに戦慄的で背筋がぞっとしたものだった。

根室の街角ではその年の頃から、従来の「島よかえれ」というひかえめな標語の看板が撤去され、「島をかえせ」という挑発的でヒステリックなものに取り換えられた。そして、政府や「北方領土復帰期成同盟」の公式行事の際には、右翼団体の街宣車が全国から根室に集結し、大音量のラウドスピーカーで「不法占拠しているソ連から、北方領土を奪還せよ！」とがなり立てていた。

日本敗戦当時の世界情勢は東西冷戦のはじまりの時だった。戦時の日本は、数百万人の人民の命がうばわれ一千万人の羅災者をつくった。未曾有の貧困、飢餓、失業が農民・労働者などを襲ったため、アメリカは戦後の日本の共産化をとりわけ懸念していた。老未亡人の話から推測すると妻子をもつ身の石典は、公職追放の対象から逃れるためやむなくアメリカ軍と取引をして、その見返りに米軍の意向を体する〝走狗〟として、反共的な色彩をはなつ北方領土返還運動の先頭に立たざるを得なかったのだろうか、と当時のわたしは考えていた。つまり、北方領土返還運動の歴史をひもとけば、この運動をとおして「ソ連はあくどい国だ」とのキャンペーンが張られ、国民の反共教育にうまく利用された感を強くするゆえである……。

戦後、日本政府が旧ソ連時代を含めロシアと外交交渉を積み重ねたところで、日本に「北方領土」は返らなかった。けれども、これまでクリル諸島の先住民族・アイヌに迷惑をかけてきた罪滅ぼしに、日露双方は植民地主義をたがいに戒めあい、両国がアイヌ民族と話し合いをもって、「クリル諸島」を主人公のアイヌ民族に全面返還する条約を結ぼうとする。あの広大な領土を有するロシアは、クリル諸島を永世中立とする条件付きでならば、その条約案に乗ってくる可能性もないわけではない。

その際、日本側も同様の道筋をつけるのだろうか。クリル諸島が「アイヌ文化圏」となれば、軍隊をもたない永世中立の島となり、「アイヌモシリ」は日露両国の緩衝地帯となって、世界平和に貢献する日もやって来よう。

しかし、日本政府がひとたびアイヌ民族に北方領土を返すと宣言すれば、アイヌたちはその余勢を駆って国連加盟の反植民地主義を是とする国々の力を借り、さらに「北海道」の返還を日本政府に求めてくる可能性もなくはない。そうなることが、日本政府にとって最悪のシナリオなのであり、そのことで日本国はますます窮地に立たされることも考えられる。北方領土をアイヌ民族に返還するのは、日本国にとってもろ刃の剣である。

従って、日本外交はそのような最悪の事態を回避するため、ロシアへの北方領土返還の要求とは裏腹に、むしろ本音では現状維持をつよく望んでいるだろう。日本としては、クリル諸島のウルップ島以北のロシア領有を認め、同諸島のエトロフ島以南の日本領有を主張することで、日露両国にはクリル諸島侵略の共犯関係が成立するから、日露はたがいの植民地主義をののしり合うこともなく、そこに両国の共存共栄の意識さえ芽生えて、奇妙な均衡が保たれることになる。

また、どうして日本側はクリル諸島の主人公であるアイヌ民族を「北方領土返還運動」のメンバーに迎え入れないのか？　それをすればたちまち日本の帝国主義的な陰謀が露わになり、アイヌと和人との考え方に乗り越えられない亀裂を生じ、国内の返還運動が空中分解すれば、その国民運動は政府が思ってもいなかった方向へ急展開しないとも限らない。和人のみで「北方領土返還運動」を繰り広げてきたというのも、決して理由のないことではない。

「物乞い主義」からの脱却

わたしがアイヌ民族の現状を取材しはじめた三〇年前、北海道ウタリ協会のある老いた副理事長にたいし、単刀直入に訊ねたことがあった。

——アイヌ民族にとって、「北海道ウタリ福祉対策」とは何か、と。

かれは間髪入れずにこう語った。

「アイヌモシリをうばわれて、生活手段を失ったアイヌ民族に対する、日本政府からの〝悲哀の埋め合わせ〟でしょう」

温厚で無欲な彼の性格もひびいて、敗北主義をにおわせるかれの弱々しい消極的な口調に、わたしはただ茫然としていた。忍従ばかりで戦う意欲というものが微塵も感じられない。かれ

孫をおもうフチの気持ちは、特別なものがあるだろう。とりわけ、アイヌ民族の人種差別を考えると不安と希望が相半ばしている。フチは愛する孫に「アイヌ文化」をまったく教えなかった。フチ亡き後、一本のイクパスイ（アイヌの神々への祈りの時、アイヌの願いを伝えてくれる箸）が残された。生前フチは毎朝、ストーブのアペフチカムイ（火の神）にイクパスイで酒をささげ、家内安全を願ってお祈りしていたのだという。

の言動からしてウタリ協会の指導者たちは、本当に「ウタリ福祉対策」のみで満足し切っているのだろうか。また、一民族としての権利意識はどうなっているのか……。

――ウタリ協会の幹部たちは、アイヌ民族の自己決定権や自治区を勝ちとろうと考えているのか、もしくは和人に同化することを求めているのでしょうか。

当の副理事長は何のこだわりもなく断言した。

「もちろん、理事のほとんどは『同化』を願っていますよ」

そんなこと当たり前ではないか、と言わんばかりに彼は言ってのけた。アイヌが和人に「同化」するとは、アイヌ民族のゆるやかな絶滅を意味しているのに、である。ウタリ協会が早期の同化を望んでいるのであれば、東北地方に健在するエミシ（アイヌ）と呼ばれる人たちのように、初めから組織をつくらなければよかったのではないかと正直、思ったりもした。

現在まで、アイヌ同胞の一部は経済的理由から官主導のアイヌ（ウタリ）協会に入会し、アイヌ民族の征服者である和人政府・道庁の甘言にいいくるめられ、アイヌ民族の復権とは真逆の「ウタリ福祉対策」を利用している束の間に、中曽根康弘首相をはじめ保守系議員たちからは、アイヌ絶滅（同化）と同義語である「ニッポンは単一民族の国」と公言され、また北海道選出の衆議院議員・鈴木宗男（自民党→新党大地）からは、「アイヌは同化した」と決めつけられた。

いまから半世紀前の一九六一年、アメリカ合州国の先住民族・インディアン九〇グループの代表がシカゴに集まり、会議では政府の偽善の「慈悲と温情主義」（同一化政策）を拒否すること、「民族固有の権利」を主張すること、これまでのインディアンと米国政府との間にむすばれた「諸条約の尊重」を強調した。これに呼応して次代の運動の主力となるインディアンの若者たちは、「全国インディアン青年会議」を結成して、全米各地で進んでいた「条約上の権利」を尊重するたたかいに参加した。

若者たちは、インディアンがインディアンであるためには、みずからの固有の文化と価値観を伝承し、再生させることを誓いあった。そして、若者たちはインディアンの旧指導部の体質を「物乞い主義」と称して、きびしく批判した。六九年一一月には、アメリカ・インディアン運動（ＡＩＭ）が、サンフランシスコ湾のアルカトラズ島を一時占拠する事件（一九六九―七一）を起こし、七二年には首都ワシントンを目的地とする全国行進「破られた条約の旅」を実施した。この行進は連邦政府に土地返還や、ニクソン大統領がインディアンと一度とり交わしていた「終結なき自決政策」の約束を反故にしたことに対する抗議の意味も含まれていた。

そこでは二〇項目の要求を連邦政府に突きつけたものの、政府の対応が不十分だったため七三年二月、ＡＩＭはスー族のパイン・リッジ保留地（サウス・ダコタ州）の生活改善運動を支援し、かつてインディアン虐殺事件のあったウンデッド・ニーにある教会と交易所を、スー族を含めた約五〇〇人で占拠。大統領の辞任、インディアン条約の再調査、保留地生活の実態調査などを政府にもとめた。

小銃・ライフル銃で武装した占拠者にたいし、政府は機関銃・軽戦車・戦闘機などを動員して包囲網をかため、占拠者のうち二人を殺した。この事件をきっかけに建物を占拠するインディアンを支援するため黒人やヒスパニック、その他のマイノリティが駆けつけ、内外のメディアがつよい関心をもって連日報道し、市民からホワイト・ハウスに抗議が殺到したために結局、政府は実力排除を断念し双方合意のもとに占拠が解かれた。

ところが七〇年後半からアメリカは財政・貿易赤字などの経済悪化でほころびが露わになり、それを機に共和党のレーガン大統領が誕生するなど保守的風潮がつよくなり、先住民族の自己決定権にたいする国民の否定的意見がおおくなったため、ファースト・ピープルズによる民族の自決権をもとめる直接行動は影をひそめ、それに代わって法廷闘争が自決権運動の主流になってゆく。

七四年には連邦最高裁判所も、インディアンの土地回復訴訟の権利をみとめた。メイン州の二つの先住民は七二年、連邦政府を相手どって裁判を起こし八〇年に勝訴、八一五〇万ドルを手にした。それを契機にインディアンの土地回復裁判が全国でくりひろげられるようになった。

生活文化がアイヌ民族と酷似していて、風習に共通項のおおい狩猟・採集民族のスー族やショショーニ族などの土地返還訴訟は現在でも続けられている。だが人口一〇万のスー族は、深刻な貧困やアルコール依存の問題を抱える。ショショーニ族は人口も一万人たらずで、アイヌ人口にも満たない。アイヌ民族の現状とおなじく、ショショーニ族は同化教育のために母語で会話できる者は皆無にひとしく、子どもたちはアイヌ同様に母語をうしなった。ショショーニの伝統文化といっても、現在ではわずかに山菜採りとシカ狩りをおこなう程度。しかしながら、ショショーニ族は政府権力に忍従せず闘いつづけている。

カナダの狩猟民族イヌイット（人口・三万数千人）は七一年、かれたちの居住する地域の天然資源開発問題やイヌイット文化の継承、先住民族の諸権利について統一見解を表明するため、全国規模の政治団体・イヌイット連盟をつくった。彼（女）たちもアイヌ民族と同様に国家をつくる必要のない文化のもとに暮らしてきた。

同連盟は極北の集落の人びとの健康や住宅、教育問題などに尽力するとともに、カナダ各地の同胞のために土地補償請求の運動にかかわった。七六年にはカナダ東部に暮らす同胞組織・ヌナブトの構想や土地・地下資源についての先住民の権利をふくむ北西準州《テリトリー》の土地補償請求の問題を、カナダ政府に突きつけた。

こうして七五年にケベック州のイヌイット、七九年にグリーンランド（デンマーク領）のイヌイット、八四年に西カナダのイヌビアルイト、そして九三年にはヌナブト準州のイヌイットがそれぞれの政府との交渉により、先住権を原則的に放棄するのとひき換えに、金銭的な補償とともに特定の権利保障協定をとり交わしている。それらの協定では、ある程度の自治権や資源管理権がイヌイットの手に委ねられている。またカナダ連邦政府は、北米準州を九九年よりヌナブト準州（主にイヌイット居住地）とデネー準州（主にデネー・インディアン居住区）に分け、先住民に完全な自治権を与えることを認めた。

これに比べてアイヌ民族の団体のひとつ「北海道アイヌ協会」は、かつての北米のインディアンがたどってきた「物乞い主義」からなかなか脱却できずにいる。一九九七年五月、《アイヌ文化法》(アイヌ文化の振興並びにアイヌの伝統に関する知識の普及および啓発に関する法律)が公布され、同法附則第二条で《北海道旧土人保護法》を廃止、同第三条では北海道旧土人保護法にもとづき北海道知事が管理していた「北海道旧土人共有財産」を共有者に返還する旨が明記された。

この規定により同知事は、同年九月五日付け官報に、同日から九八年九月四日までの一カ年に限り、共有者の求めがあればアイヌ共有財産の返還に応じるとの公告を官報や一般紙に載せた。ところが、その内容は道内一八カ所のびびたるアイヌ共有財産の収益金のみで、存在するはずの厚岸町のアイヌ共有地についての内容は示されていなかった。

厚岸町出身の共有者の子孫・三田一良(一九三六—二〇〇五)は、「厚岸町には今なおアイヌに返還されないままの共有地が存在するから、公告内容には事実誤認がある。その共有地のなかには実測未了の土地もあるので、その土地の実測をおこなったうえで厚岸のアイヌ共有者に返還せよ」と道知事に申し入れた。

しかし、北海道庁は「厚岸の共有地の一部については、北海道釧路国支庁の担当者二人が現地調査をおこない、『波浪により皆無』として一九五三年一月、釧路国支庁に報告しこの報告書にもとづいて同年四月一四日、釧路国支庁長と厚岸の共有者代表との間で双方了解のもと、

『厚岸町旧土人共有財産引渡書』に押印のうえ共有地全体の引き渡しがおこなわれております」とのつれない回答で済まそうとした。

この回答のなかで、釧路国支庁の担当者二人が現地調査をおこなったという部分は、ポンモシリ（小島）の共有地のことである。道庁は法的根拠となる小島の実測を未了としたまま、あえて厚岸のアイヌ共有者の声も聴かず、一方の小島の和人漁民から道庁にとって都合のよい事情を聴いただけで、小島のアイヌ共有地は「波浪により皆無」とでっち上げ、この問題の真実を闇に葬ろうとした。そもそも、実測に換えて島民の事情聴取でことを済ませるなど、行政手続きとしてあり得ないことである。

また、厚岸町は利権に関わる小島の和人漁師などの抵抗もあって、国土調査法にもとづくポンモシリの地籍調査を実施しなかったから、厚岸町内では唯一、小島の土地境界線だけが未だ確定していない。

道庁と交渉をつづけていても埒があかないと考えた三田一良は九八年八月、道知事を相手取って釧路地方裁判所に行政訴訟（厚岸町アイヌ民族共有財産引渡処分無効等請求事件）を起こした。

厚岸町のアイヌ共有地が現存していることの唯一の証拠となる小島の「公図」（釧路地方法務局所蔵）を一見すれば、アイヌの共有地は島のほぼ中央部に位置していて、海没（土地滅失）するはずのない場所にあるにも拘らず、なぜか『波浪により皆無』という根拠のない道庁の言い分がまかり通っていた。言わずもがな、北海道全部がアイヌモシリであるのに、誰の指示によるものかは知らないが厚岸のアイヌたちは、小島のその土地を一九〇六年九月、当時の金額にして九四円三〇銭、現在の貨幣に換算すると十数万円で征服者の和人政府から買い受け、その土地はそのまま道庁長官の管理とされ、道庁はその島に居住する和人漁師との間で格安の賃貸借契約をむすび、その契約は戦後間もなくまで交わされてきた。

事実上、ポンモシリのアイヌ共有地をめぐる裁判の第一審では、じゅうぶんな審理を尽くすことなく三田は、まさしく門前払いの判決をうけた。控訴審でも、札幌高裁は原判決を支持したうえで「(昭和二七年九月一三日付け北海道規則第一七四号)の本件指定廃止の決定は大正一三(一九二四)年、北海道庁令第二一号により共有別・地目・地籍・及び段別によって本件土地を特定したうえでなされた、北海道庁長官において本件土地を管理する旨の指定を廃止するというものであるから、仮に本件土地の位置や地籍が不明確であったとしても、このことにより直ちに本件指定の廃止決定の効力が左右されるものとはいえない」として、本件控訴には理由がないからこれを棄却するというものだった。

抑圧されるアイヌ民族の立場や共有財産の全体像やその歴史的経緯には一切触れず、争点をただ行政処分のみに限定した血も涙もない不当判決――。

二八年間の長きにわたって北海道庁長官が管理してきた厚岸アイヌの土地(二四筆)の管理を戦後ほどなく廃止決定したとはいえ、これまで小島のアイヌ共有地を管理してきた道庁と和

1997年、「アイヌ文化法」が公布され、それに伴いこれまで道知事が管理してきた「北海道旧土人共有財産」をアイヌ共有者の子孫に返還する旨が明記された。ところが、厚岸町ポンモシリ（小島）に現存するはずの共有地はなんの証拠もなく「皆無」とされた。共有者の子孫が入手した公文書にもとづき知事を相手取って裁判を起こしたものの、ニッポンの裁判所もまた、異民族であるアイヌの正当な権利要求を退けた。

人漁師たちとの間でとり交わされた契約内容さえ道庁から知らされることもなく、道庁からは紙切れ一枚の「厚岸町旧土人共有財産引渡書」の目録のみ受けとったアイヌ共有者たちは、じぶんたちの土地の境界線が不明のため、実際にはポンモシリの土地所有者として第三者との間で賃貸借契約を結ぶなどの正当な権利を行使できずにいたのだ。

そのため、三田は小島のアイヌ共有地を管理してきた道庁の責任において、その土地の実測を済ませてからアイヌ共有者に土地を引き渡すべきであること。また、その手続きが未了のままでは小島の他の土地所有者との間で境界線をめぐり社会的混乱を招きかねず、これではアイヌ共有者の権利は守られない、と和人の裁判所に異議を唱えただけである。

悲しいかな、「逆転判決」に一縷の望みをつないで三田は最高裁判所に上告したものの二〇〇〇年三月、最高裁第一小法廷は「本件上告を棄却する」決定を下し、第二審の札幌高裁の判決が確定した。

だが、このポンモシリのアイヌ共有地問題は、本裁判以後もなんら進展をみていない。政府はただ着々と既成事実をつみ重ねながら、このアイヌ共有地を没収することに必死である。三田との裁判に快勝できず、また負けることもなかった政府（北海道庁長官は当初内閣に直属し、内務大臣も《北海道旧土人保護法》の施行に関する細則を作成していた）は二〇〇四年三月、これまでポンモシリのアイヌ共有地とみなされる場所に、家屋や昆布小屋を建てていた五戸の和人漁家にたいし、以下の文書を送付する。

国有財産（土地）の貸し付けについて
あなたの所有されている住宅等は国有地上に建っております。この国有地は現在、釧路財務事務所で管理している財務省所管の国有地となっています。この国有地は別添図面のとおりあなたの所有されている住宅等の敷地として利用されていることから、是非とも貸付を受けていただきたくご案内申し上げます。

ポンモシリの土地所有関係をしめす法的根拠をもった図面は、現在でも「公図」によるほかない。つまり、財務省は政府にとって都合の悪いポンモシリの「公図」をあえて無視したまま、アイヌ共有地とみなされる場所を無断使用してきた和人漁家にたいし、「その場所は国有地であるぞ」と今になって強弁するのである。そして、これまで漁民が使ってきたこの〝国有地〟の既往使用料（一〇年分）の年額貸付料を、五戸の漁家がそれぞれ納めるよう乱暴に請求した。

この文書が送られてきた小島の五戸の漁家は、あれから八年をへた現在も釧路財務事務所にたいし意思や態度を明らかにしていない。また、同財務事務所からもこの五戸の漁家にたいし以後、連絡は途絶えたままである。同地が財務省所有であることの法的根拠を明示できない財務省は、したがって関係する漁家から既往使用料を強制徴収することもできずにいる。

五戸の昆布漁家が団結して国家を相手取って裁判に打って出るのか、はたまた、その間にアイヌ共有者の子孫たちがアイヌ共有地の所有権確認をもとめて国家に異議申し立てをするのならばともかく、現状のままではいずれ「取得時効」（占有者が占有のはじめに善意・無過失のときは一〇年、そうでないときは二〇年）の制度によって、このアイヌ共有地とみなされる土地は名実ともに国家に召し上げられてしまうだろう。

わたしは、関係する五戸の和人漁家のうちの一戸をたずね、国家を相手に裁判などをおこす意思があるのか、率直に問うてみた。

「国と闘うなんて考えられないことですよ。該当する五戸の昆布漁家が国と闘わないということは、皮肉なことですが五戸の昆布漁家は自分たちの家屋の建っている敷地が自分たちのものでないことを知っているからです。小島の公図に記されているとおり、アイヌ共有地のなかに建てたことを知っている。アイヌ共有地を管理していた道庁との間で長期にわたり、共有地の賃貸借契約を結んでいた小島の和人漁家が、その事実関係を知らないはずはない。問題の土地が自分たちの所有地ならば、すでに国家と対決していますよ」

彼はおだやかな口調で語ってくれた。……

三田につづき道内外のアイヌ共有者の相続人たちも九九年七月、道知事を相手どり《アイヌ文化法》にもとづく共有財産返還手続きの無効確認や処分取り消しをもとめる行政訴訟を札幌地裁に起こしていた。

札幌地裁で裁判を起こした原告団長の小川隆吉は、当時の北海道ウタリ協会にたいし「アイヌ民族共有財産問題は、民族全体の問題であるから一緒に、この問題の真相を究明しようではないか」と協力を求めたものの、ウタリ協会の理事会は「北海道ウタリ協会としては《アイヌ文化法》の成立を求めてきた経緯もあり、この法律にもとづく財産処理も認めざるをえない」とあくまで政府寄りの立場をつらぬく姿勢をくずさなかった。いま、まさにアイヌたちの目の前で同胞の権利が奪われようとしているにも拘わらず、である。そして、ウタリ協会の支援も得られないまま小川たちの裁判も結局、敗訴に終わった。

ウタリ協会は《アイヌ文化法》制定の経緯とはべつに、アイヌ共有財産の返還手続きが不適切だと考えているウタリがいるならば、アイヌ民族全体に関わる重要問題として元・同協会理事であり現在もその一会員である小川に寄り添って共有財産問題の真相究明に乗りだすのが理の当然であったろう。が、同協会理事たちはこの問題について他人事のように無視しつづけた。アイヌ同胞の権利のことよりも、政府や道庁から〝アメ玉〟をもらうことしか眼中になかったのだとすれば、政府にたいし民族自決権を求めようとするアイヌたちは、同協会の裏切り、背信行為にがっかりしたことだろう。

もう五月も中旬だというのに、わたしの暮らす釧路地方では、やっと近くの公園の山桜が開花したばかり。たれ込めた灰色の雲間から青空が顔をだし時折、家のなかに陽がさしこむけれど、暖房器具を置いていない朝方の部屋はまだ、冬の終わりの肌寒さだった。突然、自宅の電話が鳴りひびき受話器をとると現在、東京に暮らしている釧路市出身のM子からだった。関東地方に暮らすアイヌたちでつくる「レラの会」の一会員であり、昨年も同会を代表してアイヌ協会本部の定期総会に招かれ、そこでわたしは彼女と数年ぶりに対面を果たしていた。

今年の北海道アイヌ協会本部の定期総会は五月一八日の金曜日、例年どおりライラックの花咲く札幌市で開かれると、彼女は話していた。ところが、わたしは体調をくずして当日の定期総会を傍聴できなかった。しかたなく翌日の新聞朝刊を開いてみたけれど、どこの新聞にも総会のことはニュースにもなっていない。さぞや今年もまた、アイヌ民族の自決権を不問に付したまま、「ウタリ福祉対策」のみにあくせくする低調な定期総会におわったとみえる。

ふと、わたしが傍聴した去年の定期総会の一つひとつの情景が目に浮かぶ……。昨年度のそれは五月二〇日(金曜日)に開かれた。その総会の二日前、札幌近郊にある江別市の清水裕二支部長に一年ぶりに電話をいれた。総会のたびに鋭い質問を投げかけ、執行部役員もたじろぐほどの雄弁家の一人である。清水は一九四一年、日高管内・新冠町の貧しいアイヌ農家の八人兄弟の次男として生まれ、苦学して大学の通信教育課程で教員免許を取得した苦労人である。

一九六四年、初任地である留萌地方の羽幌中央中学校で教鞭をとり、十勝管内の道立中札内高等養護学校の校長などを歴任して、二〇〇一年三月に定年退職。そして三七年間の教員生活をへて、かねてから心残りだったアイヌ同胞の復権をめざし、ウタリ協会に入会した。

総会に向けて清水支部長の思いを聞いてみたかった。受話器の向こうから彼の沈んだ元気のない声音が聞こえる。

「いやぁー、これまでのウタリ協会・アイヌ協会の活動をみてきて、正直がっかりしました。この組織への期待もうせて、いまは絶望感だけです。このたびの定期総会も出席しようかどうか迷っているのですよ……」

民族の復権運動にとりくまないアイヌ協会の消極的な姿勢にかれは落胆していた。それでも、総会当日は会場に姿を現した。しかし、総会を傍聴していたわたしが壇上の執行部の一役員の答弁を聞いていたその瞬間に、すでに彼の姿は会場から消えていた。かれが同協会をみくびるということ、それは彼もまた同協会の歴史的使命にピリオドが打たれつつあることを、鋭く肌で感じとっているのではないか。

総会は例年どおり理事長のあいさつにはじまり、高橋はるみ道知事の祝辞、そして本部事務局から前年度の事業実績報告と収支決算報告が示され、午前中の最後に質疑応答の時間が六〇分ほど予定されていた。また、議案書に記された日程では昼食後、ふたたび本部事務局から今年度事業計画（案）、収支予算（案）が説明された後、従来ならば最後の締めくくりとして六〇分前後の質疑応答の時間が用意されるはずなのに、ここ数年間はその部分がばっさり削られている。

わたしが一九八三年から二年に一度ほど、計一三回にわたりこの総会を傍聴してきて気になっていたのは、事業実績報告、収支決算報告、事業計画、収支予算についての本部事務局からの説明にほとんどの時間が費やされ、あまりに質疑応答の時間が限られているということだった。

それでも、以前の総会だと夕方の四時ごろまで、たくさんの会員がやかましく議論していたのに二〇〇六年度の総会以降、それでなくとも時間的に制約されていた質疑応答の時間はさらに縮められ、その貴重な時間をわざわざ北大の「アイヌ・先住民研究センター」の役割についての説明会、ウタリ生活実態調査の報告会、私立大学の入学説明会やアイヌ民族音楽祭などの行事に充てられている。意図的といわれても仕方あるまい。

いうまでもなく、この定期総会は「社団法人・北海道アイヌ協会」にとって最高の意思決定機関であり、日本国民にすれば国会に相当する。その国会のたいせつな審議時間をばっさり削って、映画鑑賞会や音楽会などに充てているようなものだから、執行部とチャランケしようと考えていた会員からすると、肩透かしを食わされたも同然で、代議員の彼（女）たちが立腹するのもやむを得ないことである。

この日のために会社を休んで遠方の稚内や根室から札幌の会場にたどり着くまで、車でも長時間を要する。釧路からだと七時間かかった。せっかく遠いマチから長時間かけて札幌の会場にたどり着いても、限られた時間内の質疑応答では、一支部一つの質問を投げかけるのでさえ不可能である。肝心の質疑応答の時間が絶対的にたりない。そういった不都合を以前から抱えていながら、執行部は何の手も打ってこなかった。

質疑応答の時間をじゅうぶん取るために、あらかじめ総会前に総会議案書を各支部に送付しておき、総会当日は執行部からの議案書の説明は会員に求められた部分のみにとどめて、残った時間のすべてを各支部からの質疑応答に充てるという臨機応変なやり方もあるだろうに、それもやろうとしない。まるで、どこかの会社の株主総会のようであり、会社の不手際や経営手法の誤りを株主に指摘されるのをきらう経営陣のごとくである。

しかも、昭和後期までは日曜日しか定休日がなく有給休暇もない日雇労働の会員に配慮して、日曜日に総会を開くのが慣例だったのに、平成になるとこのしきたりも理由なく突然改められ、平日開催となった。これでは、会場近くに暮らす日雇労働の会員でさえ簡単には出席できない。そうなると結局、総会に出席できるのは、仕事を休んでも生活に支障のでない代議員たちにほぼ独占されてしまう。残念ながら、この総会は非民主的で会員全体にとって開かれたものとなっていない。

日雇労働に従事しているという平取町の一代議員は、万難を排して総会に出席したようである。かれは、質疑応答の場面で執行部に注文をつけた。

「会員のなかで日雇労働者はおおいと思います。彼たちは日曜日しか公休がとれないのですよ。執行部の役員たちは、報われない底辺の会員の声を聴きたくない政府や道庁に配慮し、お役人の顔色をうかがいながら総会の日程を組んでいるのではないか?」

これまで彼が抱いてきた疑問を、率直に執行部に投げかけていた。

アイヌ民族にとって、ひとつの集落をまとめる伝統的手法として、何よりウコチャランケ（皆で話し合いをする）ほど大切なものはなく、いまは亡きハルトリ出身の山本多助は生前、ウコチャランケの意義をこのように語っていた。

「むかしのアイヌの話し合いは言葉の限りをつくして、二日でも三日でも時間をかけて問題を論議し、円満解決をめざす。ところが最近のアイヌときたら、言葉の限りを尽くさないし知識の限りを尽くさないから、個人間では喧嘩となり、二人の関係も疎遠になる。そんなつまらないことはない。そして、国家間では言葉の限りを尽くさないから、戦争という野蛮行為が絶えない。アイヌは言葉の限りを尽くすからこそ、平和主義者なのですよ」

いにしえのアイヌたちの話し合いは理論や道理だけで決着するものではない。当人が議論に負けそうなときでも当人に胆力があり屈服しない場合、決着がつくまで話し合いはつづく。どちらかが精根尽きたときに勝敗は決し、さきに空腹などで音をあげた者も敗者となるが、長時間ひざづめで議論するなかで、互いがたがいの言葉のなかに込められた誠意や才覚や友愛に心打たれて、双方が理解や絆を深めあい、最終的に問題は円満に処理される。マイノリティならではの英知であろう。

だが、このたびもまた執行部役員は意図的に質疑応答の時間をきらい、その時間をそぐためとしか思えない行動にでた。年一度のアイヌ協会本部の総会において最もたいせつな質疑応答の時間をはしょり、その空いた時間を政府主催の「アイヌ政策推進会議」のメンバーである二人の学者を招きいれ、彼らから同会議で話し合われてきた内容の要点について、説明を受けようというのだ。しかし、この二人の学者はどちらかといえば政府の立場を代弁する側であり、政府にたいしアイヌ同胞の権利を訴える同協会の立場とは、水と油のごとく決して融合できない利害の対立する者同士なのである。

「アイヌ政策推進会議」とは、アイヌの人びとの意見を踏まえつつ、総合的なアイヌ政策を推進することを目的として〇九年一二月、政府が国内の〝有識者〟を集めてつくった懇談会組織である。総理官邸などを会場に学者などの有識者のなかに、少数のアイヌ協会関係者を交えて懇談がおこなわれたけれども、アイヌ民族の自決権については初めから同推進会議の議題ともならず、だらだらと一年四カ月にわたった懇談のすえに、二〇一一年六月までに報告書がつくられている。報告書の中身については後述する。

従来の「北海道ウタリ福祉対策」は、その事業内容の大部分がいわゆる道内の地域対策＝公共事業であることがアイヌ同胞にも知れわたり、その正体が暴露された政府・道庁は、その「アイヌ絶滅化政策」の表紙だけでも変えようと、二〇〇二年度からその名称を改め「アイヌの人たちの生活向上に関する推進方策」と呼ぶことにした。しかし、ウタリ福祉対策の名称を改めたところでその事業の中身は大同小異であるから、首を長くして民族の自決権を待望してきたアイヌ同胞は、アイヌ協会への期待を裏切られて絶望感に駆られている。

官主導のウタリ協会・アイヌ協会を離脱したアイヌ同胞によって、あらたな民族運動が広がることを警戒する政府は、これらアイヌたちの民族解放運動の機先を制するかたちで、「有識者懇談会」なる第三者機関を次からつぎへと誕生させ、多用する。そのことによって、アイヌ同胞は政府のすばやい対応や動きに目眩ましをかけられ、民族解放運動のエネルギーを攪乱され、じゃまされてきた。

わたしは言葉もなく傍聴席の片隅で唖然としていた。アイヌ協会本部の定期総会の場に、もっとも似つかわしくない権力者側の学者をわざわざ招かなくとも、「アイヌ政策推進会議」の構成員としてこれまで懇談会に出席し、意見を述べてきた当のアイヌ協会幹部が同会議の懇談内容を報告するだけで、事足りる話である。もはや、ウコチャランケというアイヌ民族のよき伝統は、とうに消滅しているかのようではないか。

「そのとおりですよ。理事会だって、従来は慣例として二カ月に一度位は開かれていたものなのに、いまの加藤忠理事長になってからというもの、四カ月に一度位のペースでしか理事会が開かれなくなりましたからね。理事たちの人的交流も疎遠になっています」

このように、理事（二四人）のある一人は、アイヌ協会理事会の運営方法について、あからさまに不満を漏らしていた（加藤理事長は同協会の活動資金が底をつき、現在では理事会に出席する理事たちへの旅費が支給できなくなったばかりでなく、ために国会や政府への要請活動が難しくなっていることを、〇八年九月の内閣官房長官の諮問機関「アイヌ政策のあり方に関する有識者懇談会」の席で話している）。殊にここ数年の定期総会は以前に比べて会員の出席率も減っている。

北海道アイヌ協会の 2011 年度定期総会。以前から同協会は官製だと陰口されてきた。アイヌ民族の自決権要求を最も警戒している政府・道庁は、窮乏するアイヌたちを和人化させるため、同協会を介して「北海道ウタリ福祉対策」を長年にわたり講じてきた。同協会の総会はどこかの株主総会同様、執行部役員はアイヌ民族の伝統であるウコチャランケを嫌う。だが、覚醒したアイヌたちは同協会の正体をすっかり見抜いている。

会場である「かでる2・7」ビルの大ホール（収容人員五二〇人）のステージの執行部役員席に向かい合って、最前列に支部長席が用意されていたけれど、出席するはずの五〇人の支部長のうち、出席していたのは三〇人ほどであったろうか。

その後方に控える代議員の出席率も低いらしく空席が目立つ。いまでは勢いよく放流されるダムの水のようにまくし立てるエネルギッシュな会員は稀となり、従ってけんけんごうごうのやり取りもあまりみられず、やかましい議論をしかけるのは一握りの支部長や代議員のみ。たとえ思惟に富むするどい質問がだされても、執行部はその大切な声に誠実に耳を傾けることもなく、その場かぎりの曖昧な返答でお茶を濁している。

せっかくのウコチャランケの場だというのに、執行部はことばの限りを尽くさず知識の限りを尽くさないばかりか、むしろ議論を封じ込めることに全エネルギーを注いでいるかのようだ。また、会場の代議員といえば、一人の代議員がしゃかりきになって言葉の限りをつくし知識の限りをつくして発言しているのにも拘わらず、ヤジの大合唱でせっかくの建設的な声もふいになる。ために、総会は会員の鬱積した不満が噴出するばかりだった……。

それでも、平取支部の老代議員はおもむろに立ちあがり、マイクを手にしゃべり始める。

——二〇〇七年九月の国連総会において民族の自己決定権などを謳った四六カ条におよぶ《先住民族の権利に関する国連宣言》が決議された。それから四年たった今、〝宣言〟といえば格好はいいが極論を言わせていただければ、先住民族の権利宣言が謳われただけで、日本の現状は何も変わっていない。もう一点、われわれウタリは徳川幕府にわれわれの土地を売ったことはありません。和人に土地を奪われた結果としてアイヌの生活は労苦ばかりで、ウタリの少なくない人たちが生活保護をうけている。また、われわれが細々ながら国に納めてきた国民年金の受給額も月額五、六万円で、憲法第二五条の「生存権・国の社会的使命」の精神に沿ったものなのか、はなはだ疑問に思う。生活保護の給付額が国民の生活の最低限の水準である以上、国の責任でそれに見合った年金額を設定していただきたい。本来、北海道はアイヌモシリであり、それを根拠として『ウタリ福祉対策』ではなく、アイヌ民族のごく当たりまえの権利として、われわれの生存権を守っていかなければならない。是非、わたしが生きているうちにアイヌの年金問題を解決してほしい。

この発言ついて、加藤忠理事長はこう述べた。

「いまの発言に同感だ。中国残留の日本人が母国に帰ってくると、月額一四万円のカネが支給されると聞いている。政府もアイヌ施策はたいせつだと明言している。しかし、三月一一日の東日本大震災の影響で、アイヌの年金問題もかすんでしまった。だが、時期を見計らって総理大臣に会いたいと思っている。会員のなかには無年金の人もいるし、たとえ老齢年金を受けている人でも月額三、四万円という人もいる。それでは、生活保護受給者より生活がきびしく、これではウタリの生活は守れない。『民族年金』という名になるか、どんな年金の形になるか分からないが、政府に申し述べたいと思っている。アイヌ民族には徳川幕府以降の悲哀の歴史がある。哀しいウタリの存在は、政府として早急なアイヌ政策が求められていることを意味している」

かれが〝民族年金〟の件で総理大臣に面会したとは、その後一度も聴いたことはない。かれ特有のその場限りの思いつきで発した無責任な答弁だったのであろう。かつては大和朝廷や律令国家による東国経営が武力を伴って進められるなか、アイヌ（「蝦夷」「エミシ」ともいう）は敵対する大和民族から、「服《まつろ》へぬ人たち」と恐れられてきた。

だが、蝦夷地での「コシャマインの戦い」や「シャクシャインの戦い」以後、和人勢力への長すぎる隷従の歴史が災いして、アイヌ民族の末裔のひとりである加藤理事長もまた、ひたすら権力者のヒューマニズムと慈悲にすがるばかり。アイヌ民族の復権運動よりも和人政府の「アイヌ絶滅化政策」をありがたがる同協会の執行部役員たちの態度にこそ、「物乞い主義」が巣喰っている。


むろん、会員たちの中にはアイヌたちの「物乞い主義」、あるいは「従属主義」を戒める論調があるのも確かである。札幌市在住の田沢守もその一人であった。これまでも代議員の質問にたいし、いい加減な返答でお茶をにごそうとする執行部役員に向かい、容赦なく再答弁を求めてきた。

このたびの田沢代議員の質問は、〇九年から北海道議会で追及されてきた、アイヌ（ウタリ）

協会内部の文化事業などをめぐる一連の不正会計処理問題についてであった。

これは、同協会が《アイヌ文化法》にもとづく指定法人の「財団法人アイヌ文化振興・研究推進機構」などからの助成金をつかって、諸々の事業を展開するなかでアイヌ（ウタリ）協会の各支部がずさんと言われても仕方ないような会計処理をおこなってきた。また、同協会支部の一部では道庁の委託事業（アイヌ語講座や伝統芸能伝承講座など）を受託したものの、実際にはこれら講座を開かないまま、その助成金を過去の助成事業返還金の穴埋めに流用する作為的な支出をおこなっていた。結局、アイヌ協会本部と関係支部はこれまでに道議会などで判明した不適切な会計事務の責任をとり、国や道庁、「アイヌ文化振興・研究推進機構」から受けていた助成金など約一八〇〇万円をこのたび返還したという経過をたどっている。

「一連の不祥事について、不思議なことに政府も道庁もアイヌ文化振興・研究推進機構もアイヌ協会本部にたいし、助成金の返還請求の処分をおこなっていない。それなのに、アイヌ協会本部はいかなる思惑で会員たちの会費から集めた約一八〇〇万円ものカネを国などに返したのか。不祥事の責任は確かにその事業をおこなった支部のほか、執行部役員にもあり、政府や道庁や財団法人の指導責任もある。この問題が表面化していた当時のウタリ協会本部の事務局長は道庁からの出向で、道庁の指導のもとに北海道ウタリ協会があったのだから、財団法人や道庁や国の責任が問われないのはおかしなことではないか」

田沢代議員は、その責任の所在を明確にせよ、と執行部を問い詰める。

事務局長がそれを受けて、答えた。

「ウタリの職業訓練などについては、従来から事業費の残金は返済しなくともよいという不文律のようなものが道庁とウタリ協会との間にあり、それが慣行となっていた。だが、よく考えてみればウタリ協会側にも綱紀についての意識が欠落していたのではないか。アイヌ協会本部がこのたび一八〇〇万円を国などに返したのは、アイヌ協会みずから襟を正しましょうという意味であり、この件では道庁の担当職員も処分されている」

じつに曖昧模糊とした答弁であり、田沢代議員の質問の主旨から相当にそれている。

はっきり言えば、国や道庁はウタリ協会にたいし、長年にわたり不適切な指導を行なってきたということである。その事業費の残金をポケットしても構わないというのなら、それは公金横領の疑いもあり、ことは事務局長のいう〝綱紀粛清〟の次元をはるかに超えている。法を順守すべき立場にある公務員が、ウタリ協会支部の会員をつかまえて、犯罪実行をそそのかしたのだとすれば、教唆犯ではないか。じつに暗黒社会のような不正が、「ウタリ福祉対策」事業の現場で日常的にくり返されてきたなど、まともに信じることはできない。

政府や道庁などの不適切な指導の結果、むしろ迷惑をこうむったのはマスコミ報道をとおして国民からの信頼を失墜してつまずいたアイヌ協会の側であり、無防備だった同協会支部はやすやすと政府や道庁の謀略、罠にはめられたと言えるのではないか……。道議会でウタリ協会支部の不正会計疑惑問題を俎上に載せた二〇〇九年というのは、クリル諸島の先住権を奪回する目的で、道東地方にある複数のアイヌ協会支部の会員有志が「千島・道東アイヌ協会」を組織した時期と、みごとに重なってくる。

これは偶然ではない。もし、ウタリが政府や道庁の「アイヌ同一化政策」に刃向えば、いつだって権力者は黙っていないぞ、と新組織を結成したアイヌ協会の指導的立場にある人たちを恫喝、威嚇する政府や道庁の卑劣なやり口だったのではないか。あらかじめ、ウタリ協会の指導的立場にある者の周辺に罠を仕掛けておいて、ある日、アイヌ指導者が権力者に反旗をひるがえしたとみるや、アイヌ指導者を「落とし穴」へ突き落とそうとする。ウタリ協会のお役所言いなりの姿勢や、緊張感のない軽はずみな行動を注意ぶかく見てきて、わたしはずっと以前からこのような悪夢の光景を予感していた。

同年九月一三日、釧路市内の寿生活館において、釧路をはじめ、網走・白糠・阿寒・厚岸・標茶・美幌などのクリル諸島に縁のあるアイヌ有志一五名は、「千島・道東アイヌ協会」の設立総会を開いた。新組織の設立発起人代表であり、「千島・道東アイヌ協会」のリーダーと目されるウタリ協会釧路支部の秋辺（旧姓・成田）得平支部長はその席でこう述べ、その意義を語った。

「二〇一〇年三月末にアイヌ協会釧路支部を解散し、釧路支部のすべては新年度から新組織への移行をめざします。新組織は釧路・根室・網走地方のアイヌを対象とし、当初は一二三人のアイヌ協会の会員でスタートする。千島にゆかりのある有志が参集し新組織をつくることで、かつてアイヌ民族の生活圏だった千島列島の権利をどうどうと主張することができる。アイヌ

札幌市内の病院に入院中のＫフチは述懐する。「私は 1930 年、平取町に生まれました。私が小学校に通学していたころ、学校の裏山あたりでは夜になると村の守り神であるシマフクロウがボーッ、ボーッと哀しそうに鳴いていたものです。ところが、ある時からその鳴き声が聴こえなくなりました。木材会社による町有林の伐採で、ふるさとの山々が荒らされた結果です」政府は先住民族を滅亡の淵まで追いやるばかりでなく、自然をも破壊してきた。

協会との二重加盟も認められることから、新組織はアイヌ協会と対立するものではなく、しかもアイヌ協会未加入者も新組織の会員になることで、アイヌ民族の組織化にも貢献できる」と。《先住民族の権利に関する国際連合宣言》以後のニッポン社会に新風を送るべく、アイヌ民族が先住していたクリル諸島でのアイヌ民族の権利回復や、道東地方のウタリの生活向上を政府や国際機関に訴えることを目指していた。

寿生活館の会場でこの壮大な計画に耳をかたむけていた一人、眉毛が太くてひげ面の同釧路支部副支部長・小野幸儀（一九三三年生まれ、現アイヌ協会釧路支部長）。洋服の仕立屋をいとなむ小野は、ミシンかけの手を休めて苦渋のおもいをこう漏らした。

「秋辺得平支部長は、つねづね既存のアイヌ復権運動にゆきづまりを感じていたと思います。そこで秋辺支部長はまず、自分の先祖がウルップ島でラッコ狩りを生業としていた関係もあり、千島列島のアイヌ民族の領地をアイヌに返してもらおうと起ちあがったわけです。目先のカネよりアイヌの権利だ。アイヌの農林水産事業や千島の領土問題を、従来のように行政に陳情して与えてもらうという消極姿勢ではなく、逆に先住民族の当たりまえの権利としてウタリの側から国に提示する。私たち有志もその考えに共感し、新組織発足に関わった。アイヌの島の自然の恵みを神々からいただいて暮らしてゆくという、アイヌ本来の生活と文化を再生しようと考えたわけです。奪われたアイヌの権利を返還してもらえなければ、政府に賠償請求するという『千島・道東アイヌ協会』の運動方針を立てました。もちろん規約も作りましたが、準備不足がたたって新組織はつぶされ、規約も運動方針も幻に終わりました……」

これら「千島・道東アイヌ協会」に加わった有志は、少なくとも和人によるアイヌ民族への懐柔策、アイヌ同一化政策ともいうべき「ウタリ福祉対策」よりも、アイヌ民族本来の権利を上位に位置づけるという北海道ウタリ協会、アイヌ協会がつくられて以来、初めて「物乞い主義」からの脱却を試みた誇りある人びとであり、アイヌ史に画期的な希望の一ページを開こうとした勇士たちであった。

国や道庁のつよい後ろ盾があってこその北海道アイヌ協会である。しかし、この団体の幹部たちにたいし、国や道庁の権力者が影響力を行使したか否かはともかく、新組織を発足させた道東地方の有志たちに対するアイヌ協会本部の反応は素早かった。ある理事のひとりが語ったように、ここ数年来、理事会が開かれるのは四ヵ月に一度位のペースだったとすれば、たしかに驚くべき迅速な対応だった。

秋辺得平支部長たちが新組織をつくってから二週間後、札幌市では北海道アイヌ協会の理事会が緊急にひらかれた。理事長や理事たちが理事会を招集するためには、会議の日時・場所・目的および審議事項を明記した書面をもって、開催一〇日前までにぜんぶの理事に通知しなければならない内規があるから、この間のアイヌ協会本部のすばやい行動は異様にさえ映る。

この席上で北海道アイヌ協会の副理事長の要職にあった秋辺支部長は、「千島・道東アイヌ協会」を設立した経過説明を求められたばかりでなく、理事たちから「新組織を主導した秋辺支部長は、北海道アイヌ協会の分断化をはかった」「北海道アイヌ協会の足を引っ張っている」などの相次ぐ批判にたいし、まともに弁明することもなく、不可思議にもなぜか混乱を招いた責任を一手に引きうけ、副理事長をとつぜん辞めた。

こうして、アイヌ民族の新しい復権運動の芽は、「物乞い主義」とか「従属主義」ともいうべき古い体質をもったウタリによってもろくも摘まれてしまった。その後、「千島・道東アイヌ協会」の活動はうそのようにパタリと止まり、秋辺支部長もなぜか釧路のマチを離れていった。……

田沢守代議員の舌鋒するどい質問がふたたび、執行部に投げかけられる。

内閣官房長官の私的諮問機関「アイヌ政策のあり方に関する有識者懇談会」の報告をうけて、二〇〇九年一二月に新設された政府の「アイヌ政策推進会議」の構成員として、加藤理事長など複数のアイヌ協会関係者が選ばれたことについてである。

「アイヌ協会の最高意思決定機関の定期総会では、加藤理事長らを『アイヌ政策推進会議』の構成員として委任した憶えはない。誰がそれを決めたのか、理事長の判断か、もしくは理事会で決めたことなのか。その経過については末端の会員まで届いていない」

すると、会場が騒がしくなり罵詈雑言が田沢代議員に浴びせかけられるなか、かれは二度にわたって同じ質問を繰り返した。「お前だけの総会ではないぞ！」「質問したい人はまだたくさんいるのだから、発言はそれぐらいでやめろ！」などのヤジが会場のあちこちから飛び出しは

じめた。質疑応答の時間が限られているため、つぎに質問する予定の代議員たちも苛立ってい
た。
加藤理事長の出身地である白老《シラオイ》町支部の会員数（二八四人）は全道一で、白老町のある胆振《イブリ》
地方の会員だけでアイヌ協会の全会員数の三分の一ちかくを占める。会員数に応じて代議員の
数が割り振られるから、この地方の代議員たちは相当な勢力であり、総会の主導権をにぎって
いるとも言える。おのずと胆振地方の代議員たちは、地元のよしみもあって加藤理事長の擁護
派は多く、現執行部を批判する代議員にたいしては質問のいかんを問わず、容赦なくことばの
暴力で打ちのめすのだ。これが、あれほど言葉をたいせつにしてきたアイヌ民族の成れの果て
か。
田沢代議員の質問にたいし執行部の答弁は漏れていた。議長もその質問について執行部に答
弁を促さなかったし、執行部役員もみずから答えようとはしなかった。会場からも執行部の答
弁もれに気づいた者はいなかった。当の質問者でさえ会場の嵐のようなヤジのために、口を開
く気力さえ失っていた。
ウコチャランケを疎かにしている執行部や代議員たちの姿勢がめだち、総会の議事進行をつ
かさどる議長のまずい指揮のために、とうとう議事を妨害する不規則発言を制止することもで
きなかった。大部分の代議員はたいせつな質疑応答の中身そのものより、質疑応答の時間のみ
を気にしていた。そのような議事の進め方も和人のまずいやりかたを踏襲しているばかりで、

アイヌ民族本来の平和的で民主的な伝統を継承しようとするウタリの眼差しではなかった。

いや、総会の議事進行は前もって本部事務局において台本が用意され、議長に選任された会員は議長席の卓上に置かれた台本を、一字一句まちがわずに読み上げなければならない。ときに議長が気を利かせて、自分のことばで代議員たちに分かりやすく説明しようものなら、ただちに執行部役員から「余計なことは言わなくてもいい。原稿をそのまま読みなさい！」と注意をうけるのだ。これは、以前に三度ほどこの定期総会の議長に選任された経験をもつ一会員から聞いた話である。

現在の和人社会では、国会から市町村議会に至るまで、話し合いの中身のことよりも単なる「手続き」に重きをおく傾向があり、これでは最初から中身の濃い民主的な質疑応答は期待できない。また本部事務局では総会に先立って、あらかじめ執行部にたいし各支部からの質問状が寄せられていて、すでにそれの答弁内容もほぼ固まっている。しかし、そのような筋書きのきまった議事では、そもそも総会をひらく意味も理由もないと言わざるを得ない。

さて、田沢代議員の質問に対するさきほどの執行部役員の答弁漏れについて補足説明をすれば、「アイヌ政策推進会議」の構成員は、内閣官房長官を座長に、座長が指名する政府に都合のよい一二人で構成されている。うち五人がアイヌ協会の関係者などで固められた。

総会の質疑応答はまだまだ続けられていたけれども、ここでは、わたしが昨年の定期総会を傍聴してもっとも印象に残ったシーンや質疑応答のみを記すにとどめたい……。

ところで、そのような「アイヌ政策推進会議」は如何にして組織されることになったのか、まずはその設立の経緯を見なければなるまい。

それは一九八四年五月、北海道ウタリ協会本部の定期総会において、《アイヌ民族に関する法律（案）》が可決したことに始まる。明治期に制定された《北海道旧土人保護法》は、戦後間もなくからの度重なる法改正で窮乏するウタリの「保護」にかかわる大部分が削除され空文化したまま放置され、アイヌ民族を侮蔑した「旧土人」という名を冠した有名無実の同法だけが残されていた。

七四年に第一次七カ年ウタリ福祉対策、八一年に第二次七カ年ウタリ福祉対策が実施されたものの、経済的にも和人との生活格差がむしろ広がるばかりで、アイヌ子弟の進学率は和人子弟と比べても明らかにその差が縮まらなかった。ウタリ協会本部の役員が政府や道庁にその格差是正の対策を求めても、鼻であしらわれるだけだった。

そこで同協会は、アイヌの祖先がこの北海道、クリル諸島、南樺太の広大な地域に先住してきた権利を行使すべく、《アイヌ民族に関する法律（案）》（全文は『参考資料』参照）を独自にまとめ、北海道と北海道議会にたいし新法制定の促進をもとめた。むろん、この法律案には北海道やクリル諸島の領土返還とか、アイヌ民族の独立や自治区をただちに求める内容ではなかったものの▽アイヌ民族の人権擁護▽参政権として国会・地方議会にアイヌ民族代表としての特別枠を設置する▽「北海道ウタリ福祉対策」のような保護的政策を廃止し、「民族自立化基金」を国家の責任において創設する――などの新しい法律概念が加わり、その根底にはもうひとつのニッポンの姿が僅かながら示されている。つまり、「アイヌ民族の権利保障」が明記されたのだ。

このウタリの声を踏まえ道庁は、新法にたいする考え方を検討する場として、知事の私的諮問機関「ウタリ問題懇話会」（委員一五人、うち五人がアイヌ委員）を設置した。その結果、ウタリ問題懇話会は八八年三月、『アイヌ民族に関する新法問題について』と題する報告書を横路孝弘知事（現・衆院議長）に提出した。この答申のなかで、わたしが最重要とおもわれる「先住権とアイヌ新法（仮称）」の部分のみを書きとめておく。

「先住権」は、一般に先住民族の居住する、ないし居住していた土地及びそこにある資源にたいする権利、伝統文化を維持し発展させる権利、さらに一部には政治的自決権を包含する内容の権利として、諸外国並びに国際的な場でも主張され論議されている。当懇話会においても、「先住権」を根拠としてアイヌが先住していた土地及びそこにある資源に対する補償としての「自立化基金の創設」、伝統文化を維持し発展させるための「教育・文化の振興」、さらには政治的自決を表現するための「議会における特別議席の確保」などを内容とする「アイヌ新法（仮称）」を制定すべきとの主張があった。

「先住権」の概念は、いまだ法的に明確に確立されておらず、またその内容についても検討すべきことが残されている。だが、アイヌ民族が北海道（北方領土の島々を含む）などに先住していた事実は明らかであり、また明治三十二（一八九九）年に日本政府がアイヌを国民に同化させることを目的に「北海道旧土人保護法」を制定したことは、北海道に土着する民族としてのアイヌが存在することを認めていたことを意味するものである。

このようなことから、「先住権」がわが国におけるアイヌ民族の地位を確立するための「アイヌ新法（仮称）」を制定する一つの有力な根拠になり得るという点については、当懇話会において意見の一致をみた。以上のような検討の結果、アイヌの人たちと一般国民との格差と現存する差別を是正・解消し、アイヌ民族の言語・文化を継承・保存するためには、もとよりアイヌの高い自覚と積極的な努力が不可欠であるが、同時に国においても、新たな施策の展開を図ることが必要であると考える。

同年五月に開かれたウタリ協会本部の定期総会では、代議員のひとりから同懇話会報告のうち、「先住権を根拠としてアイヌが先住していた土地およびそこにある資源にたいする補償としての自立化基金の創設」の文言をめぐり、「自立化基金創設のために、先住権を放棄させられるのでは堪ったものではない」など、議論が白熱。野村理事長は「アイヌ新法案の柱を変更するような重大な事態となったときには臨時総会を開いて対応する」との妥協案を示すことで、

「懇話会報告の趣旨にそって新法案を推進する」ことを決め、道知事と道議会議長に再陳情した。

こうして同年八月、道知事・道議会・北海道ウタリ協会の三者が政府に新法案の推進をもとめた。

それに対し政府は九五年三月、内閣官房長官の私的諮問機関「ウタリ対策のあり方に関する有識者懇談会」を新設した。メンバーは座長に元最高裁判事で東大教授の伊藤正己、座長代行に北大教授の中村睦男、国立民族学博物館館長・佐々木高明、作家・司馬遼太郎、お茶の水女子大教授・原ひろ子、東大教授・山内昌之、北海道知事・横路孝弘の計七名。このなかに良識派の委員がいたにせよ、おおむね保守派の委員で占められていたから、とくに「民族自決権」に関して前向きな提言はとても期待できなかった。一年間の協議をへて翌年四月、報告書が梶山静六内閣官房長官に提出された。

〔上略〕現在、国連の人権委員会は、その下に設置された作業部会において「先住民族の権利に関する国連宣言案」を検討しているが、議論は緒についたばかりであり、その動向を見通せる段階にはなっていない。特に、これまで各国政府間の意見交換の中で先住民の定義問題、同宣言案に規定されている集団的権利と個人の人権との整合性、自決権の取り扱い等は厳しい対立をはらんだ議論となっている。今後もこの議論を見守っていく必要はあると考えられるが、我が国におけるアイヌの人びとに係る新たな施策の展開については、我が国の実情にあった判断をしていく必要がある。

その場合、我が国からの分離・独立等政治的地位の決定にかかわる自決権や、北海道の土地、資源等の返還、補償等にかかわる自決という問題を、我が国におけるアイヌの人々に係る新たな施策の展開の基礎に置くことはできないものと考える。（下略）

一九八八年八月、北海道ウタリ協会がその実現を願って政府に提出した《アイヌ民族に関する法律（案）》はまともに検証もされず案の定、同懇談会はアイヌ民族の「自己決定権」についてきっぱりと拒絶した。その代替の法律として九七年五月、ながい空白期間をへてつくられたのが《アイヌ文化の振興並びにアイヌの伝統等に関する知識の普及及び啓発に関する法律》（アイヌ文化法）であり、《アイヌ民族に関する法律（案）》の内容とはまったく別物だった。

それは、「アイヌ文化」を標榜しているものの、その範囲を「アイヌ語、並びにアイヌにおいて継承されてきた音楽、舞踊、工芸、その他の文化的所産及びこれから発展した文化的所産をいう」と法の定義をせばめ和人政府に不都合のないよう、ほぼ「副次的文化」に限定し、肝心のアイヌ民族の正統的文化である漁猟・採集の生活文化、いわゆる経済的・社会的・文化的発展を自由に追求する民族の権利（民族自決権）はみごとに退けられた。……

なぜアイヌ民族の「自己決定権」が、このニッポンではあだやおろそかにされるのだろう。

〇七年九月、国連総会で採択された《先住民族の権利に関する国際連合宣言》では、「先住民族は集団または個人として、国際連合憲章、世界人権宣言、および国際人権法に認められたすべての人権と基本的自由のじゅうぶんな享受にたいする権利を有する」（第一条）と高らかに謳われていて、「先住民族および個人は自由であり、かつ他のすべての民族および個人と平等であり、さらに、みずからの権利の行使において、いかなる種類の差別からも、とくにその先住民族としての出自あるいは帰属意識にもとづく差別からも自由である権利を有する」（第二条）ことからして、和人はアイヌ民族と対等平等の関係であらねばならない。

さらに、「先住民族は、自己決定の権利を有する。この権利にもとづき先住民族は、みずからの政治的地位を自由に決定し、並びにその経済的・社会的および文化的発展を自由に追求する」（第三条）権利（民族自決権のこと）を行使できるなどと明記している。

ただ、国家を主体とする国際法の制約のなかで、民族の権利である自決権をいかに実現してゆくのかという問題は、以前から指摘されてきた難題でもあった。

しかも、国連総会で採択された《世界人権宣言》や《植民地独立付与宣言》とおなじく、《先住民族の権利に関する国際連合宣言》もまた、文字どおり「宣言」であり条約ではないため、ただちに法的に各国を拘束するものではない。

けれども、民族問題の中長期的な展望という切り口でそれを見つめたとき、国際社会のめざすべき方向性がさらに明確化したことの意義はおおきい。つまり、いま国際社会をつらぬく基本原則は国連憲章が第一条にかかげる「民族の同権と自決」の原則であり、このたびの《先住民族の権利に関する国際連合宣言》の採択もまた、「民族の同権と自決」の原則を確固たるものにしているわけである。

法的に各国を拘束しない「国連宣言」だからといって、それをいいことに我が国をふくめ世界の植民国と呼ばれている国々のおおくは、あたかも今の時代が未来永劫つづくとでも思っているかのように、現状にあぐらをかいている。それは「ただちに」ではないにせよ、「遅滞なく」もしくは「速やかに」という一定の時間幅を設けて「宣言」を発したはずである。時代はいつか終わりを迎える。いずれ、被植民国やいまだ民族自決権を獲得していない先住民族がいっせいに起ちあがったとき、「現状」はすでに過去のものとなり時代遅れとなってしまうのだ。

寛容な「国連宣言」のシグナルを見誤り、被植民国やいまだ鉄鎖から解放されていない先住民族が自決権を手にする段になり、ニッポンが国益をそこなう状況になってからやっと重い腰をあげても、遅きに失する。世界はつねに動いており、もはや「国連宣言」の遅滞はゆるされない状況となっている。

そうだとすれば、アイヌ民族の自己決定権に関わる問題は、従来のようにアイヌ民族の口をふさぎ和人社会の都合だけで一方的に決めるやり方を改め、アイヌ民族と和人政府が対等平等の関係でウコチャランケすることなしに、アイヌ民族はもちろん現在の国際社会を納得させることはできない。

《先住民族の権利に関する国際連合宣言》が国連総会で採択され、そして右宣言の「趣旨を体して具体的な行動をとることが、国連人権条約監視機関から我が国に求められている」などとして、衆参両院の「アイヌ民族を先住民族として求める決議」をそれぞれ全会一致で可決したのが二〇〇八年六月。アイヌ民族が先住民族であることは、明治政府の《北海道旧土人保護法》の存在からして、すでにアイヌたちは法的にも〝先住民族〟であることは公知の事実である。したがって、この決議のなかに前向きなものが加味されているわけではないが、とりあえずその決議の内容を列記する。

平成二〇年九月、国連において「先住民族に関する国際連合宣言」が、我が国も賛成する中で採択された。これはアイヌ民族の長年の悲願を映したものであり、同時に、その趣旨を体して具体的な行動をとることが、国連人権条約監視機関から我が国に求められている。

我が国が近代化する過程において、多数のアイヌの人々が、法的には等しく国民でありながらも差別され、貧窮を余儀なくされたという歴史的事実を、私たちは厳粛に受け止めなければならない。

すべての先住民族が、名誉と尊厳を保持し、その文化と誇りを次世代に継承していくことは、我が国が二十一世紀の国際社会をリードしていくためにも不可欠である。

特に本年七月に環境サミットとも言われるG8サミットが、自然との共生を根幹とするアイヌ民族先住の地、北海道で開催されることは、まことに意義深い。
政府は、これを機に次の施策を早急に講じるべきである。
1 政府は、「先住民族の権利に関する国際連合宣言」を踏まえ、アイヌの人々を日本列島北部周辺、とりわけ北海道に先住し、独自の言語、宗教や文化の独自性を有する先住民族として認めること。
2 政府は、「先住民族の権利に関する国連宣言」が採択されたことを機に、同宣言における関連条項を参照しつつ、高いレベルで有識者の意見を聞きながら、これまでのアイヌ政策を更に推進し、総合的な施策の確立に取り組むこと。
右決議する。

この決議にしたがい、〇八年七月、内閣官房長官の私的諮問機関として大学教授など八人(うちアイヌ委員は北海道ウタリ協会理事長一人)をメンバーとする「アイヌ政策のあり方に関する有識者懇談会」(座長・佐藤幸治京大名誉教授)が組織された。

万一、北海道洞爺《トウヤ》湖畔を会場としたG8サミット〈主要国首脳会議〉開催中に、アイヌ民族による復権のデモ行進や、アイヌモシリを奪った和人政府への抗議活動などが大々的に決行された場合、海外メディアを介して国際社会から先住民族・アイヌの自決権を認めようとしない専制的な日本政府への批判が噴出する。外圧が強まることを日本政府は、もっとも警戒してい

かくしゃくとした老人は、アイヌ民族の自己決定権問題がまったく進展しない現状を憂いていた。07 年、「民族の自決権」をうたった《先住民族に関する国連宣言》が採択され、そして「右宣言の趣旨を体して具体的な行動をとることが、国連人権条約監視機関から我が国に求められている」という事情もあって、08 年、国会は「アイヌ民族は先住民族だ」と決議したものの、肝心の「自決権」については棚上げしたまま現在に至っている。

たはずだ。そのような事態を回避するため、あたかもアイヌ民族の権利にたいし強い関心を払っているかのようなポーズを取りつくろって、「国会決議」は出されたのであろう。

政府民主党の意を体した同有識者懇談会は、約一年間にわたって審議がつづけられたものの、アイヌ民族の自己決定権についてはまったく議論されないまま〇九年七月、同有識者懇談会は内閣官房長官に答申した。

そこでは、「今後のアイヌ政策は、国の政策として近代化を進めた結果、アイヌの文化に深刻な打撃を与えたという歴史的経緯を踏まえ、国には先住民族であるアイヌの文化の復興に配慮すべき強い責任がある」としながらも、「ただし、アイヌ文化の復興といっても単に過去の原状回復という意味ではない」と、民族自決権をもとめるアイヌ同胞に対し、ぬかりなく釘をさしている。

アイヌ民族の自己決定権を退けた「アイヌ政策のあり方に関する有識者懇談会」の答申をうけて〇九年一二月、政府はまたぞろ内閣官房長官を座長とする「アイヌ政策推進会議」なるものをつくった。

アイヌモシリを侵略されて生活の糧をうばわれたアイヌ民族と、アイヌモシリをかすめ取った大和民族とでは、利害が百八十度も対立していて双方の深い溝は埋まらない。このような状況下でサロン的な雰囲気の同推進会議の懇談の席に、おめおめ顔出しするアイヌがいるなど、まったく信じがたい。アイヌ民族の自決権をタブー視する和人政府の懇談会の席上で、果たし

釧路市の隣町・シラヌカでは、地元に残るシシャモ（柳葉魚）伝説にちなんで毎年秋、チャロ川河畔において厳粛なカムイノミが執り行われる。柳のことをアイヌ語でススといい、葉をハムという。「ススハム・チェプ（魚）」がなまってシシャモと呼ばれるようになった。儀式の最後、祭司たちは河口に立ち祭壇に祀られた水の神・河口を守る神などのイナウをチャロ川に捧げ、今年もたくさんのシシャモが川に上るよう祈願する。

てアイヌ関係者は何を語ったのか。

アイヌの民族自決権をはねつけ、政府に都合よく作成された「アイヌ政策のあり方に関する有識者懇談会」で提言された内容をたたき台として同推進会議の懇談会が開かれたけれど、そんな筋書きのきまった同推進会議にアイヌ関係者が出席したところで何の意味があるのか。こんな猿芝居の同推進会議のメンバー入りを辞退する選択肢はなかったものか。だが、アイヌ協会はこれらの観点を含め一度として総会や理事会で民族のあるべき姿を協議したことすらない。

従って、和人が過半数を占める同推進会議のなかに、アイヌ協会理事長とその関係者がいとも簡単に構成員として加わり、アイヌ協会の総意ではない見解を述べたのだとすれば、あまりに無責任で軽率な行動だったと言わねばならない。アイヌ協会理事長の立場で出席することはもちろんのこと、たとえ理事長らが個人的見解を述べたのだとしても、アイヌ協会内部や同協会に未加入のウタリに与える影響は、決して小さくないからである。

しかも、同推進会議は新しい将来へ向けてのアイヌ民族の先住権や自己決定権を真剣に討議する場ではない。むしろ、明治期以来の既定路線であるアイヌのゆるやかな絶滅化政策を柱として、現代にふさわしくしゃれたそれの新装改訂版を作成する場でしかない。表向きアイヌたちの人権や権利に熱心に関わる政治的パフォーマンスを装いながら、政府はいずれアイヌ自身に迫りくる「同化完了」の時刻まで時間稼ぎをしているだけなのに……。

カムイノミの儀式の後、民族衣装に身を包んだ「白糠アイヌ文化保存会」の女性たちを中心として、アイヌの神々に伝統の歌舞が捧げられる。なかにはアイヌの子どもたちも交じって日頃の練習の成果を披露する。子どもたちはいつまでアイヌの歌舞をつづけられるのか。人種差別もあって子どもの大半は年頃になるとアイヌの儀式に関わらなくなる。民族差別がなくならない社会環境にあっては、真に誇りあるアイヌ民族は出現しない。

年一度のアイヌ協会の定期総会においても、加藤ら同協会幹部は代議員たちとのウコチャランケを避けていながら、何はさておいてもアイヌ民族の同化政策を考える政府主催の会議となると喜んで列席した。かれたちはアイヌ同胞ではなく、残念ながら権力者のほうを向いて行動している。

ふと、わたしは「シャクシャインの戦い」以降のアイヌの指導者たちの役割を想起していた。アイヌ協会の前身であるウタリ協会の誕生の経緯からしても、官主導のアイヌ協会本部の執行部役員や事務局幹部は、かつての乙名や脇乙名や小使の役割を果たしており、「役土人」そのものである。かれたちは帰順アイヌそのものであり、同協会はかんぜんに政府の支配機構に組み込まれているから、同協会幹部と一般会員との間に、越えがたい深淵が横たわっている。従って、同協会幹部はアイヌ民族の総意を代弁しているはずもない。

一年四カ月の時間を費やして、〝有識者〟たちの意見を集約したアイヌ政策推進会議の報告書が二〇一一年六月に作成された。何のことはない、いにしえのアイヌ民族文化を伝えるイオル（アイヌの伝統的な漁猟生活の場）再生の舞台を、道央圏の太平洋に面するアイヌ協会現理事長の出身地である白老町（人口約二万人）に建設するという内容だった。平たく言えば、アイヌモシリを奪った代償として、あらたに〝箱庭の蝦夷地〟をつくってやるから、それでアイヌ同胞が手打ちしてくれればと、政府は手前勝手な空想を巡らせている。

いわゆる、イオル再生構想については二九年前の一九八三年、平取町が独自に作成した「アイヌ文化の里・二風谷」の基本構想報告書のなかに既にみられる。従って、同推進会議の構想はまったく新味がなく陳腐なアイデアであり、アイヌ民族は政府に相当こけにされていると痛感する。「蝦夷地」のミニチュア版を活用すれば、たしかに観光地の新しい目玉として一時的にでも地元の観光産業の振興や雇用促進などに役立てられるかも知れない。さりとて、そんな「アイヌ時代村」をこしらえたところで、物好きな観光客が一回こっきり来村するだけで、白老町は伸び悩む来客や膨らむ施設維持費のために、じき首が回らなくなるであろう。

……新しい時代に順応できず、人心を惹きつけない「アイヌ協会」は自壊しつつある。同化政策というシロアリがアイヌ協会内部に侵入し、協会の土台を食い尽くそうとしている。危ない！　協会内部に身を寄せてきたアイヌ同胞は、協会が崩壊するのを予兆して協会の外に避難をはじめた。旧態依然たる「物乞い主義」や「従属主義」の体質とか、アイヌ民族の未来に関心をよせない同協会に嫌気がさしたアイヌ有志が結集して二〇一二年一月、政治団体「アイヌ民族党」を結成した。この動きも民族自決権をもとめるアイヌ同胞の、あたらしい民族運動の芽生えである。この政治団体の旗揚げに当初から関わった江別市在住の元教員・清水裕二は、思いつめた様子でこう語る。

「アイヌ協会は名ばかりで存在感も薄れてきています。一方で、肝心のアイヌたちの権利回復はまったく前進していない。もし、道庁肝いりで結成されたアイヌ（ウタリ）協会が、政府・

道庁の思惑によって近い将来に解散すれば、アイヌ民族の存在も忘れ去られてしまうのではないか。私たちは真の意味でアイヌ同胞の声を代弁するその受け皿となりたい。国のアイヌ関連予算は地方自治体にとって大きな魅力ですから、道庁はアイヌ協会を大切にしています。しかし、アイヌ協会を金づるとして利用している道庁の意図を見抜けないアイヌ協会では、民族の人権を語る資格さえないと思います」

何がかれをして新党結成に向かわせたのか――。

「私が七〇歳をすぎて、じぶんの頭を石で割られるような衝撃的な出来事に遭遇しました。二〇一一年八月、南米ペルーのクスコで開催された第九回『教育に関する世界先住民族会議』にアイヌ代表（二名）として参加したときのことです。私たちの通訳を介してですが、ペルーの先住民と交流するなかで、『日本に先住民族がいたのか？』と質問され、アイヌ民族の存在が世界に知られていないことにショックを受けました。そして、さらに彼らから『おまえたちアイヌは権利回復のためにどのような活動、運動を起こしているのか？』と問われて、絶句してしまった。正直、『アイヌ民族に関する法律（案）』を政府に提出して以降、われわれアイヌは日本政府にたいし、復権のための具体的な行動を起こしていませんでしたからね…」

清水は以前から「アイヌ民族の原点に立ち返って、一から民族運動をすすめるべきだ」とウタリ協会の仲間に呼びかけてきた。目をきらきら輝かせながら政治的アクションを起こしている南米の先住民からつよい刺激と影響をうけ、アイヌ民族も積極的に行動を起こさねばと痛感した。しかも、三年ごとに開かれてきた同会議は次の開催地をアメリカのハワイ州で開くことを決定し、次々回（二〇一七年）はアイヌ民族の暮らす北海道開催が有力視されている。

第一一回の記念すべき「教育に関する世界先住民族会議」を日本で開催するためには、事前に政府の了解を得なければならず、アイヌ民族としての発言力をもつためには政治団体をつくることも一案と考え、「アイヌ民族党」を発足させた。それは、北海道のアイヌ代表がペルーの「教育に関する世界先住民族会議」に参加した数日間、五〇〇〇《メートル》級のアンデスの山々を横目にしながら車を走らせている間の話し合いだったから、清水たちはそれを「アンデス会議」と呼んだ。

「わたしは長く心臓病を患ってきたが、これが人生最後の仕事と決めて政治団体を結成しました。アイヌ民族党は、同胞であるアイヌ協会を無視も排除もせず、たがいに協力しあって北海道での世界先住民族会議を成功裏に終わらせたい。そして、それをきっかけとしてアイヌ民族の復権にむかって進むのです」

政治団体「アイヌ民族党」は、アイヌ民族の権利回復と多文化・多民族共生社会の実現のため、登頂困難な険しいアンデス山脈の最高峰アコンカグアをよじ登る山男のごとく、次期（二〇一三年）参議院選挙に一〇人の公認の立候補者を擁立する予定だ、という。

なるまい。

共同浴場からみえる曙光

「物乞い主義」、あるいは「従属主義」から脱し切れずにいる官主導の北海道アイヌ協会の現執行部の態度・姿勢はともあれ、支部レベルにおける民族の復権運動は、ウタリ協会発足時からきわめて健全であったように思われる。たとえば、ウタリの生活向上のため和人に奪われた漁業権をとりもどす運動が、つとに活発に繰り広げられてきたことを銘記しておかなければなるまい。

時代をさかのぼって北海道ウタリ協会の会報「先駆者の集い」第六号（一九七四年九月発行）をみると、とうじ北海道ウタリ協会本部には生活部会なるものが組織されていて、そこでは道内各地に理事長などの幹部が赴き、上も下もなくざっくばらんに現地懇談会を開いていた。

▽採石の権利、シャクナゲ等の払い下げをウタリに優先的に与えてほしい（浦河・平取支部）

▽国有地、道有地の払い下げをウタリに優先して与えてほしい（各地区支部共通）

▽サケ・マスふ化事業等の施設を充実させるために、特別の助成措置を講ぜられたい（標茶支部）

これらの要望に交じって、道東の標津《シベツ》支部からは「漁業権をウタリに優先して与えてほしい」旨のつよい要望も出されていた。釧路支部においても、かねてより北海道釧路支庁にたいしサケの漁業権返還を要望してきたし、一九八三年一月には武利誠支部長を先頭に釧路の浜で漁業をいとなむ会員一四人が、同趣旨の要求を釧路市役所に突きつけた。

漁業権が欲しい――。若いころから磯舟にのり込み、苦労のわりには報われない昆布採りや雑魚などを獲って暮らしてきた武利支部長の苦難の半生をふり返れば、自立した漁業を営むためにもアイヌ民族の先住権の一部であるサケ・マスの漁業権をとり戻したいという彼のなみなみならぬ思いは、わたしの胸にじんじん伝わってくる。なにせサケ漁がうまくいけば、アイヌ漁家の質素ではあるけれど安定した暮らしが約束されたようなものだからである。

いま、わたしの手元には同年一一月二七日、ウタリ協会釧路支部が釧路市当局と漁業権にかかわる交渉を記録した貴重な一本の録音テープが残されている。

武利支部長がいつものように小声で話の口火をきる。

――明治五年には釧路川河口に面した米町に和人は五戸だけで、アイヌが三、四〇戸暮らしていたらしい。私の母方の先祖も弁天ヶ浜で漁業を営みながら暮らしてきた。だが、押しよせる和人の入植のために、明治政府は《北海道旧土人保護法》をつくり、私の先祖たちをハルトリの谷間に追いやり、急勾配の一町歩にも満たない営農不適の土地で畑をやれと強制した。現在その山腹はブルドーザーで整地され住宅街に変貌したが、外祖父はその場所から弁天ヶ浜に通って漁をつづけていた。その後、外祖父が亡くなり浜の漁業権さえ失った。八一年春のウタリ協会釧路支部の総会で、釧路沖でのサケ定置網の漁業権をとり戻すとの緊急動議が決議された。以後、恒例のように北海道釧路支庁へ御百度を踏んだ。「サケ定置網の権利を与えてください」とお願いしてきたわけさ。今年の三月、釧路支庁長に漁業権の陳情をおこなったとき、「武利さん、これはなかなか困難だ。へたをすれば血をみるぞ」と支庁長に脅されるばかりだ。サケ定置網の漁業権は釧路沖東部に二カ統の漁業権が空いている。しかし、支庁長はその二カ統はサケの資源保護のため、誰にも権利を渡さないという。われわれウタリにそのひとつの漁業権だけでも返してくれれば、政府・道庁や市役所からの「ウタリ福祉対策」がなくとも、釧路アイヌたちは助け合い自立して暮らしてゆく、と言ってきた。

——このたびの市への陳情書にも記載しているが、ハルトリに面した千代ノ浦海岸に新しく漁港が完成することになっており、そうなればその地でしがない昆布採りをしているウタリも廃業に追い込まれるほかないので、どうしてもサケの漁業権がほしい。漁業権の許認可は北海道にあるから、釧路市として何もできないと消極的なことばかり言わないで、釧路アイヌのために道庁に掛け合うくらいのことはしていただきたい。私も北海道ウタリ協会の理事を務めさせてもらっているけれども、アイヌの漁業権に関わる地元の窓口が動いてくれない事には、なにも進展しない。昆布漁家は、磯舟を建造したために漁業組合から大きな借金をこしらえ、首が回らなくなっている。ちゃんとした漁業権をもっていないものだから、その日暮らしを続けるしかない。そのあたり市はどのように考えているのか…。

そのように話をふり向けられた市当局は、武利支部長からの質問をかわそうと必死だった。

「サケの定置網のお話がありましたが、釧路支部が以前から釧路支庁長と交渉されていることは、私どもも承知いたしております。しかし、この問題は非常に難しいとおもいます。定置漁業の権利に関してはウタリの方々ばかりでなく、漁民全体の問題としていろいろ複雑な問題を抱えておりまして、武利支部長も釧路支庁長から『へたをすれば血をみるぞ』と言われたそうですが、確かにそういう深刻な要素をはらんでいます。漁業の仕組みというのは、そのように道庁から漁業権をもらうことが前提となっておりますから、既存の権利をもっている漁民との調整が大きな壁になっています。市としては今後とも釧路支庁長との話し合いの場を設けて、ウタリの立場を訴えたいと思っています」

その返答を引きとった武利支部長は、アイヌ漁民のきびしい事情を説明する。

「緊急に処置してもらいたいアイヌ漁民がいる。彼たちが所属する漁業組合ではウタリに資金は貸すが、そのためには頭金数百万円を用意してくれと言っている。『ウタリ福祉対策』の項目のなかに、漁船や漁具などを購入するときの融資制度はある。だが、千代ノ浦海岸に市が計画している新しい漁港が造成されれば、その地の昆布漁師は新しく昆布干場の代替地を確保しなければならなくなるが現在、その代替地を購入するための融資制度はつくられていない。われわれの支部には一〇戸が昆布漁家で、さしあたり新しく昆布干場を造成したいウタリが二戸ある。市がその資金を融資してくだされればウタリも助かるのだが……」

それを受けて市当局は返答する。

「できるだけウタリがまとまって『共同事業』というかたちで経営するのであれば、行政の助成制度もあります。市でもそのための予算要求をおこなっていますが、ウタリの要望が実現できるかどうか、いまの時点では明言できません」

市側の無責任な答弁が返ってくるやいなや、釧路支部の漁師たちは神経を逆なでされ、武利支部長も漁民になり代わり語気をつよめて反論する。

「何を言っているのですか！　千代ノ浦に漁港をつくれと市に要望したのは、アイヌではなく和人の漁民たちですよ。和人漁民の声を聴いて、その計画を実現しようとしているのは市役所ですよ。そうであるならば、市がアイヌたちの昆布干場の代替地をさがすのが本筋ではないですか。以前、私たちは昭和初期から春採湖畔に炭鉱のズリを埋め立ててつくった市有地を、昆布干場として借り受けたいと市当局に陳情したところ、市では一坪あたり二〇〇〇円で賃貸するという。一〇〇〇坪借りたとすれば、昆布を採ってえた収入の大部分が、干場の賃借料に消えるというバカな話になってしまう。あのような利用価値のない空地ならば、無料で貸し付けてもいいではないか。われわれは、もともと北海道に先住していたアイヌ民族の子孫ですよ。市有地をただで貸しだす条例がないというなら、和人に土地を奪われたウタリのために特例として、ただで市有地を貸し出す条例をつくればいい」

市側は返答にこまり、沈黙している。

武利支部長は高ぶった感情を抑えながら、追及する。

「なにもアメリカ、カナダの先住民のように土地返還とか自治権を求めているわけではない。このようなウタリの生活の悩みを聴いてもらい、わずかな権利をアイヌに返してもらいたいということだ。困難な問題であることは百も承知で私たちは陳情している。海藻や魚介類を北海道で初めて獲ったのは、和人ではなくわれわれアイヌ民族なのですよ。明治期、和人たちに奪われたすべての海藻や魚介類の権利をただちにアイヌに返せと言っているのではなく、サケの漁業権のごく一部を返してくださいと紳士的にお願いしているだけだ。その権利は武利個人のものではなく、ウタリ協会釧路支部の共有財産となる。行政が今までどおり、アイヌを小バカにした態度をとり続けるならば、私たちも従来のおとなしい態度を改め、直接行動で権利を勝ちとる以外に方法はありません。そうしなければ、われわれの要求は何ひとつ実現しない…」

なるほど八五年夏、武利支部長は当時、政権を担っていた自民党の地元選出の中川昭一（後に農水大臣、経済産業大臣などを歴任）と鈴木宗男（後に北海道開発庁長官、沖縄開発庁長官などを歴任）両代議士にたいし、サケの漁業権をアイヌ民族に返還するよう要望書を出したものの、待てど暮らせど両代議士からは何の返事もなかった。それではアイヌの仲間と心をひとつにして北海道庁や政府を動かそうと、とりあえずウタリ協会釧路地区支部連合会（釧路・阿寒・弟子屈・白糠・釧路町・音別・標茶）で話し合ってみたものの、ある支部長から「釧路支部の会員だけが得するような事業には賛成できない」と反発され、出鼻をくじかれてしまった。

「釧路支部がひとつの漁業権を獲得すれば、それが前例となってアイヌ民族の漁業権獲得の道はおのずと開かれてゆくのになぁ。ここぞという時になると、きまってアイヌたちは団結しないでばらばらな行動をとる……」

武利は悔しそうに肩を落とし、蚊の鳴くような声でしゃべっていた。

その後、釧路沖に二カ統空いていたサケ定置網の権利は結局、アイヌ漁民の願いもむなしく和人漁民に譲渡されていったと聞く。和人社会群の法律やこれまでの和人の慣行のために、武利支部長はじめアイヌ漁民の声はまったく行政に反映されなかった。アイヌモシリでウタリが山海の幸をとる。また、その収穫物を和人に売りつけることは本来、アイヌ民族の自己決定権にかかわる問題である。しかし、アイヌ民族の征服者である大和民族の許可がなければ現在、北海道においてサケ一尾、捕まえることもできない。

マイノリティのアイヌ民族がみずからの政治的地位を自由にきめ、その経済的・社会的・文化的発展を自由に追求する権利（民族自決権）がありながら、彼（女）たちが鉄の鎖につながれ自由をうばわれていると感じるのは、そんな時である。この釧路市という一地点から和人に虐げられてきたアイヌの眼で全国を見渡してみると、これまで視野に入ってこなかったニッポン社会の根源的な矛盾がくっきり描きだされる……。

武利誠は一九六三年から八九年までのほぼ二六年間にわたって釧路支部長を務め、その間アイヌの先住権ばかりでなく人権擁護にも力を注いできた。在宅の体の不自由なアイヌ老人のために、アイヌの訪問介護職員を雇い入れる制度をつくるよう真っ先に市当局に働きかけたのは

老朽化した公営住宅の一角に住んでいたN。むかしはサケの「密漁」でなんども警察署に出頭した。年をとり、彼にとって酒だけが自分の心を慰めてくれる唯一の“精神安定剤”だった。「本当は酒など美味しくもない」と言ったNの複雑な想いを知るのは、一部のウタリだけか……。Nが亡くなる約半年前、それでも彼は希望の虹を追いかけて「おれたちの漁業権をとり戻す運動をはじめよう！」といって旧友の家々を訪ね歩いていた。

八三年一一月のことだった。武利支部長が市当局に赴いて要求する。

――ウタリ協会釧路支部の女性会員が先日、実際にアイヌの老人家庭をまわって調査した結果ですが、まだまだ元気な和人のお年寄りのところへ市からホームヘルパーが派遣されているのに、本当に介護の必要なアイヌ老人のところにはなぜか派遣されない。それは人種差別ではないか。アイヌの老人たちは家畜小屋同然のせまく粗末な家に暮らしています。女性会員があるアイヌ老人の家庭を訪ねたところ、盲目のフチと老衰したエカシの二人暮らし。おじいさんは寝たきりで誰も身の回りの世話をしてくれないから、あごひげは伸び放題で化け物のようだったという。近いうちに髪を刈るバリカンと、あごひげを剃るカミソリをもってその老人宅をたずね、部屋掃除もしてあげましょうと女性会員は話していた。

――介護の必要なアイヌ老人の世帯は七軒です。しかし、人種的偏見や差別が横行しているいまの世の中で、たとえ市から派遣された和人のホームヘルパーにたいし、任務だからといって無理やり仕事を押しつけるのも気の毒だし、一方でアイヌ老人は遠慮もあって和人ヘルパーを受けつけないというのだよ。だから、ウタリ協会の女性会員のなかでヘルパーの仕事を希望する者に対し、パート労働でも構わないから市で採用していただきたい。

この武利支部長の要望にたいし、市当局は答える。

「介護の必要なアイヌ老人をウタリ協会の会員のなかから市が採用するという件については、その方向で検討してまいります」

ややあって、武利の提案は認められた。二人の女性会員が訪問介護の臨時職員として市に採用され、一世帯一週間に二日程度の日程で老人介護の仕事がはじまった。ところが思いもかけず、肝心の介護をうける側のアイヌ老人たちはウタリ女性からの介護を拒絶したのだった。安易にアイヌ同胞と関われば、家族や親類の者たちが周囲の人びとからひどい差別をうける結果になりはしないか、アイヌ老人は危惧していた。武利たちにとっても予想外の事態がおこった。そこで、せっかくの彼たちの計画は、もろくも頓挫してしまったのである。

また、武利はそれ以外にも釧路市にたいし「ウタリ福祉対策」の項目にある「ウタリ老人ホーム」の新設を市に求めていたけれど、これについては一歩も話が前進しなかった。アイヌ老人が施設に入所すれば、和人の入所者からいじめられるケースも、ままあったのである。

地元選出の国会議員にたいしても①無年金の六五歳以上のアイヌ老人に年金を支給する制度をつくる②昭和一二年改正の北海道旧土人保護法では、ウタリ住宅は国が八割補助していたから、現在のウタリの新築住宅資金の八割を国家が補助する――などを要望したものの、残念ながらこれらも実現をみなかった。

さらに、武利支部長はアイヌ民族への差別を助長するような、いまでも根強く社会にはびこる偏見に満ちた言葉を追放するために走り回った。

例えば「行者ニンニク」とか別名「ヤマニンニク」という和語があり、また古名を「アララギ」と呼んだ食草は、アイヌ語で「キト」などと称していたにも拘わらず、北海道に入植した和人やその子孫たちは、意味ありげににやりと笑いながら、強臭を放つそれを「アイヌねぎ」とよぶ。おおくの貧しいアイヌの家屋には風呂場の設備がなく、入浴する機会も限られていたために、「アイヌの体は臭い」との和人の偏見に関連してつくられた俗語なのだ。

また、釧路や根室の海岸で採れるわかめに似た海藻を和人の年配者は、「アイヌわかめ」と呼び慣わしていた。八三年に釧路市立博物館が移転改築した時分、博物館では釧路地方の海岸でみられる海藻の標本のなかに、わざわざ「アイヌわかめ」を選び出して展示していた。釧路市内の小学生たちが社会見学で博物館を訪れたとき、アイヌの一児童は海藻の標本のなかに「アイヌわかめ」が展示されているのを観て、そのことを母親に訴えた。武利は会員であるその子の母親からその話を聞かされ、さっそく博物館の館長に面会をもとめた。そして、皮肉をこめて館長に言い放った。

「私たちアイヌも食べたことはなく、地元の人たちでさえなじみのうすい海藻がなぜ展示されなければならないのか、その理由が分からない。『アイヌわかめ』という名称が面白くてわざと展示したとしか思えないが?」

一九〇二年、道庁殖民部水産課の役人が名づけ、確かにそれがそのまま学名になっている。よくもこんなおざなりな学名をつけたものだと思う。ふだんわたしたちが食卓で食べているわかめは、釧路・根室地方など北海道東岸では生育しないため、この地方の人びとはぼそぼそした食感で決しておいしいとはいえない「アイヌわかめ」をわかめの代用品として食べていた時代もあった。

だが、いまでは中国・韓国産や東北地方から柔らかくおいしい養殖わかめが出回るようになって、「アイヌわかめ」の出番もすっかりなくなった。いまでは武利の猛抗議の甲斐あって、同博物館に展示されていた海藻の標本から「アイヌわかめ」は除かれている。

さらに、武利日誌を読みすすめる。

八〇年九月六日　ウタリ協会標茶支部主催の「ペカンペ祭り」のために、釧路支部から会員二人に清酒と魚などを会場の塘路《トウロ》湖畔に届けてもらう。

北海道広しといえども唯一、標茶町・塘路湖畔に残存したアイヌの神事であり、釧路支部では毎年秋に催されたこの「ペカンペ祭り」に必ず参加していた。トーロ（沼の処の意）湖北岸の岬において、アイヌ民族の食生活にとって欠かせないペカンペ（ヒシの実）採集にあたって執り行われたカムイノミである。ウタリの採集文化のひとつとして学術的にも注目されてきたし、武田泰淳の小説「森と湖のまつり」（一九五八年六月、新潮社）にもその祭りの光景が描写されている。

儀式では、湖の神々がアイヌに授けたペカンペであるから、まず祭司が神々に採集のおゆるしを願い、また神々のめぐみに感謝をおこない、「事故や災厄なくペカンペをとらせてください」と祝詞をあげる。男たちのカムイノミが終了すると、女たちが湖の神々のために伝統の唄や舞踊を奉納する。コタンの長老の妻が単独で丸木舟に乗りこみ、ヒシの実が繁茂している辺りに舟を浮かべ櫂で舟べりを音高くたたけば、それを合図にアイヌたちのペカンペ採りが一斉に始まるという具合である。

しかし、八二年九月一四日のペカンペ祭りに釧路支部が参加して以降、武利日誌には塘路湖畔のペカンペ祭りについての記述がなくなり、その後、マスコミの報道もなくなった。わたしが標茶町当局に訊ねたところ、昭和時代までは内輪で細々ながらペカンペの神事がつづけられてきたものの、平成になってからアイヌの指導者も代わり、アイヌ文化の伝承がたいせつなことはウタリの誰もが自覚していながら、コタンが消滅し、儀式を司っていたアイヌの長老が亡くなると同胞の交流が途絶えがちになって、この神事も休止状態に立ち至っているとのこと。四〇人ほどの会員を抱えていたウタリ協会標茶支部は年々会員数が減り、ここ数年は支部総会も開かれないまま解散し、道内でも標茶アイヌだけに残されてきたペカンペの神事も、こうして消え去ろうとしている。

満天下に知れわたった東日本大震災があった年のある夏の暑い日、わたしはハルトリに武利エカシを訪ねた。多毛を気にしていた彼は、若いときから毎日のひげ剃りを欠かさなかった。それが習慣化しているので、わたしはかれの無精ひげを一度として見たことがない。この日もあごひげをカミソリできれいに剃ってから仕事にとりかかっていた。作業場でムックリづくりに励んでいたが、もはやエカシのてきぱきしたかつての作業ぶりは見られない。老いが彼の集中力と体力を確実にうばっていた。美しい音色のでないムックリの作りかけが、大量にゴミ箱に捨てられてゆく。

ふだんは余計なことを言わない武利エカシだけれども、この日は特別に饒舌だった。

「おれの兄弟はみんな死んで、おれの飲み仲間もみんなあの世へ行ったというのに、おれだけがこの齢まで生き残っている。三十代で酒を断ったおかげかな、妻のおかげかな。おれのせいで妻にはいっぱい苦労かけてきたからなぁ」

問わず語りにしゃべりつづける。

「そういえば、おれは支部長を辞めて数年後に、ウタリ協会も辞めさせられたんだよなぁ」

会費を納めなかったのがその理由で、会員資格を失ってから早や二〇年余りが経過した。北海道アイヌ（ウタリ）協会の規則では、二年以上会費を滞納したときは会員資格を失うのである。たとえ、アイヌ文化の保存・伝承に貢献し、釧路市長からりっぱな表彰状をいただいたフチでさえ、その例外ではなかった。

「生活保護をうけているフチが経済的理由で会費を納められないからといって、ウタリ協会を辞めさせられるというのでは、あまりにむごい仕打ちではないか」

わたしは武利の後を継いだ秋辺得平支部長に質したことがある。その場には特殊法人・職業能力開発促進センター、通称「ポリテクセンター」の職員二人も同席していた。わたしの問いにたいし秋辺支部長は、「ウタリ協会に入るも出るも個人の自由ですからね」と言って、わたしの追及から逃れようとした。

わたしは思いあまってこう言った。

「この周辺の町内会でさえ生活保護の会員の暮らしを配慮して、会費の免除制度などを設けている。ウタリ協会は、貧しい会員同士が経済的にも精神的にも支え合うことを原点として、組織されたのではないですか？　ウタリ協会からも追い出され、差別にさらされ孤立しているフチは、これから誰をたよりに生きていけばいいのか。それは結局、安定した暮らしをしている一部のアイヌが、貧しいアイヌを差別していることになるでしょう」

彼は反論しなかった。その代わりにイタチの最後っ屁といわんばかりに、わたしに向かって「和人のあなたが北海道から出ていけばよい！」とののしる始末である。わたしも即座に言い返した。「五百数十万人の道民の一人であるわたしを本州に追いだしたからといって、アイヌ民族の根本的な問題が解決するとでも思っているのですか」と。

彼は沈黙した。

そもそも、わたしが秋辺支部長やポリテクセンターの職員と話し合いをもったのは、ウタリ協会釧路町支部の職業訓練事業をめぐる問題がきっかけだった。ウタリ協会の職業訓練は「ウタリ福祉対策」の一環としておこなわれ、人種差別によってまっとうな仕事にありつけないアイヌたちのために、織布・木彫製作・石材工芸・ＯＡ事務など再就職にひつような知識や技術、技能を身につけるための訓練をおこない、訓練期間中の数カ月間は生活費も支給される。

釧路職業安定所を通じ、ポリテクセンターから職業訓練の委託をうけたウタリ協会釧路町支部が、いざ織布の訓練生（定員一〇人）を募集したところ、予想に反し七人の会員しか集められなかった。定員に満たなかった場合、事業自体が中止されることを憂慮したものか、同支部は定員を満たすために秋辺得平率いる釧路支部から三人の訓練生を補充してもらって、職業訓練にこぎつけた。

この職業訓練は従来、公共職業安定所の所管であり、従来、ウタリ協会支部単独の事業として続けられてきた。ところが、釧路町と釧路市のウタリ協会支部が合同で職業訓練を行なっている事実を知った釧路市の会員の一部から不満や反発がおこり、その実情をうかがうためわたしは当初、同職安当局を訪れた。

職業訓練を受けようとする失業者の生活実態を調べ、職業訓練の対象者となりうるか否かをその実施要項にもとづきチェックするのが職安の業務だったからである。しかし、形勢不利と考えたものか同職安当局は、わたしの問いに答えないまま、あれこれ口実を設けては逃げ回っていた。とりあえず、わたしは職業訓練生一〇名を選抜したポリテクセンターの担当職員と秋辺釧路支部長、職業訓練を受託した釧路町支部のM支部長に面会を求めたのである。

当のポリテクセンターの担当課長は、釧路町支部と釧路支部による合同の職業訓練が、規則などに照らし適切であったか否かの判断をさしひかえ、だんまりを決めこんでいた。そのため、話し合いは本筋をはなれてどんどんエスカレートし、秋辺支部長は「津軽海峡をこえて本州に

「帰れ」とばかりに、わたしをなじったのだった。ただ、わたしは秋辺支部長との別れ際にこう言った。

「ウタリ協会支部がこのようないい加減なことをつづけていては、いつかアイヌ民族が肝心の先住権を政府にもとめる新局面で、行政に足をすくわれれば復権運動の障害になるのではないか」と。

振り返れば、このはなしも十数年前のことである。しかし、秋辺支部長との別れ際に指摘したわたしの一言は、杞憂に終わらなかった。前述したように〇九年から道議会ではアイヌ（ウタリ）協会釧路支部をはじめその他の支部での不適切な会計処理や不明朗な金銭の流れが追及されはじめ、アイヌ協会本部は政府や道庁、財団法人・アイヌ文化振興・研究推進機構にたいし、アイヌ協会各支部が不正請求したと言われる金額など約一八〇〇万円を関係官庁などに返している。

この問題を契機としてアイヌ協会は国民のひんしゅくを買い、世間の信頼を損ねてしまった。大きなダメージをまともに受けたのはアイヌ民族であり、折しも同協会の会員有志が「千島・道東アイヌ協会」を誕生させ、アイヌ民族の復権運動を本格的に始動させた間際のことである。

……

国内景気はさっぱりで、阿寒国立公園を訪れる観光客数もこれより下降しようがないほど低迷している。武利は蚊の鳴くような声でいう。

「いまでは阿寒湖畔で民芸品店を営んでいるおれの親類が唯一、おれの作ったムックリを注文してくれるたいせつなお得意様だ。おれの体力は年々衰えるばかりだし、それ位のペースで働いているのが丁度いいのかな」

彼がそんな話をして間もなく、最悪の事態がおとずれた。これまでひいきにしてくれた唯一の客、阿寒湖畔の民芸品店から「武利さんのムックリは、もう要らない」との連絡がかれのもとに届いたのだ。武利夫婦のムックリづくりの歴史にふいにピリオドが打たれた。以来、かれの恨み節をきく場面がめっぽう多くなった。

その日の帰り道、わたしはいつものようにハルトリのなだらかな坂を下りながら、夕焼けのハルトリの街並みを眺めわたした。表通りはともかくとして裏道やその界隈を歩くと、いまだ砂利道というところも散見され、わたしが想像するかぎり〝土人部落〟がつくられた当時と比べても、とり立ててハルトリ地区が新しく変貌を遂げたようには見えない。むかしながらの急峻な谷間の風景がいまもその原形をとどめており、ただ変わったとすれば谷間のあちこちに和人の新しい家屋が建っただけ。アイヌ民族が追放されたハルトリ地区では、行政によるめぼしい都市計画事業がほとんど実施されてこなかったのであろう。

「確かに仲ノ沢道路周辺はろくな生活環境整備が施されていませんが、それでも武利誠さんの住んでいる周辺はまだマシなほうですよ」

このように語ったのはわたしの知人で、千代ノ浦付近に在住している美しい目をした四十代のアイヌ女性であった。

「千代ノ浦周辺はアイヌの家などが点在しているだけ。下水道の整備が後回しにされているため、いまだ便所の水洗化は普及しておらず、むかしながらの汲みとり式の便所という家屋も多いのですよ。家の前の路地は砂利道のまま、周辺には一軒のスーパーマーケットもなく生活するには不便すぎます。釧路市内では歴史のある古い地域でありながら、表向きにはなかなか見えませんが、ハルトリだけが置いてきぼりをくっているようです」

あたかも行政は今もなお、アイヌ民族が比較的おおく暮らす地域を差別している、と訴えているかのようにわたしには聞こえた。

しばらく歩くと、左側に市が管理している共同浴場「竹乃湯」のすっかり老朽化したみすぼらしい建物がみえてきた。もう五年前から閉鎖され、防犯のため出入口や窓という窓はすべてベニヤ板が張りめぐらされている。一九六一年一一月、国の「不良環境地区改善施設整備事業」として建てられた。七六年に「竹乃湯」の大規模な修繕がおこなわれたけれど、二〇〇七年六月、老朽化した給湯ボイラーが壊れて使用不能となり、「竹乃湯」はほぼ半世紀の歴史に終止符をうち、そのまま施設を閉鎖してしまった。もちろん、閉鎖に至るまでには国や道庁とじゅうぶん協議したうえでの決定に相違ない。

閉鎖するまでの「竹乃湯」の入浴料金は大人二六〇円で、一般の銭湯の入浴料・三九〇円より割安に設定されていた。給湯ボイラーが壊れるまでは、年間九〇〇〇人から一万人ほどが利用していた。ボイラーが故障して一カ月ほどの空白期間があって、市当局はやっと七月二日に「竹乃湯」の出入口に貼紙をした。

隣保浴場利用者の皆様へ

このたびの隣保浴場休業につきましては、皆様に大変ご迷惑をおかけしておりますことを深くお詫び申し上げます。つきましては、日常的に本施設を使用され自家用風呂のない方への救済措置を次のように行ないます。なお、この補助につきましては、本年度三月三一日までとさせていただきます。

週三回を限度に、指定された銭湯でのみ使用できる定期券（本人の写真付き）を発行するというのである。要するに大人一回分・二六〇円の竹乃湯の入浴料を事前に市に支払い、市から銭湯の入浴料三九〇円の差額分である一三〇円を助成してもらって、銭湯にゆく。だが、定期券に貼りつける証明写真は自前で用意しなければならないし、銭湯に通うために乗合バスを使いたくとも、交通の便がわるい地域の利用客のことを考え合わせれば、やはり共同浴場の改築こそが唯一の解決策だったのではあるまいか。

しかも、アイヌであることを証明する写真つきの定期券や、多毛な体を銭湯でさらさなければならないウタリの苦痛を考えると、あまりに配慮に欠けたやり方であった。共同浴場が新築される以前の貧しい昭和の時代へ、いっぺんにタイムスリップしたかのような感慨にふけたウタリは、一人や二人ではなかったであろう。それでも、これまで「竹乃湯」を利用していた二六人が、定期券を購入するための手続きをとった。

わたしは、ハルトリのあるウタリの男に、共同浴場の改築について問うたことがある。かれは「竹乃湯」が閉鎖されたことにこだわる様子もなく、ざっくばらんに答えた。

「いくら貧乏なアイヌだからといっても、いまでは住んでいるアパートや公営住宅にはほとんど風呂が付いているし、改めて共同浴場を建てる必要もないと思うよ」

かれがとくに冷血漢というわけではない。風呂つきの持家に暮らす彼にとって、いまや風呂つきの家屋は当たりまえの設備と考えているふしがあった。自分の生活環境から一歩外にでれば、他人の暮らしの不便など考えも及ばない。あっけにとられたのはわたしの方だった。むろん、共同浴場は歴史的使命をおえ、過去の〝遺産〟になったとは絶対におもえない。

労働をおえた人びとが寒風にさらされながら共同浴場に向かう。「竹乃湯」は冷えた体を温めるばかりではなく、孤立するアイヌたちにとって旧交を温めあう格好の場所だったはずである。そんな「竹乃湯」が閉鎖された。これまで利用してきた年間一万人前後の客は、一体どこへ流れたというのか——。

「竹乃湯」が閉鎖されて以降、ハルトリから遠い場所にある銭湯にゆくのが億劫になったウタリはいないのだろうか。銭湯での和人たちの冷ややかな視線に怯えていた一人の足の不自由なアイヌの男は、「一風呂浴びたい」と時々おもいながらも、委縮したおのれの心がブレーキをかけ、いつの間にか一年の月日が流れてしまったと哀しげな笑いを浮かべながら話していたことを思いだす。たとえ不潔ではあっても、入浴しないからと言って直ちに健康を害するわけでもないから、何かのきっかけでもないかぎり銭湯にも出かけられないのだ。事はアイヌの人権に関わっている。

せっかくのくつろぎの場で、他人の偏見の眼にふれて気が張るくらいなら、銭湯にゆくまでもないと誰もが思うであろう。どうしても共同浴場が必要だと切実に感じているアイヌ老人。風呂場のない安アパートに入居している失業中の若者や、税金を滞納していて公住にも入居できないでいる中年男。そんなアイヌたちの存在が、わたしには気がかりでならなかった。

ふと、目をそらすと千代ノ浦海岸に面する閉鎖されたみすぼらしい共同浴場から、どす黒い海面に沈みかける橙色にかがやく夕陽のおごそかな風景が現出した。

「ニッポンは単一民族の国家だ」と権力者から教育され、そのように思い込まされてきた人民が大部分を占めるこのニッポン社会で、いつ民族の同権と自決の原則に基礎をおくまっとうな社会が到来するのだろうか。そのような社会が実現してこそ、やっとハルトリの丘に曙光があらわれるときであるのだが……。

（二〇一二年一〇月三一日）

主な参考文献

北海道庁『新撰北海道史第二巻通説一』北海道庁、一九三七年
――『新撰北海道史第三巻通説二』北海道庁、一九三七年
――『新撰北海道史第四巻通説三』北海道庁、一九三七年
――『新北海道史第二巻通説一』北海道、一九七〇年
――『新北海道史第三巻通説二』北海道、一九七一年
――『新北海道史第四巻通説三』北海道、一九七三年
阿部正己編『アイヌ史資料集第二期第四巻・英国人アイヌ墳墓発掘事件』北海道出版企画センター、復刻本、一九八三年
阿寒町史編纂委員会『阿寒町史』阿寒町、一九六六年
釧路市史編さん員会議『新釧路市史　第一巻』釧路市、一九七四年
北海道ウタリ協会『アイヌ史活動史編』北海道ウタリ協会、一九九四年
W・T・ヘーガン『アメリカ・インディアン史』北海道大学図書刊行会、一九八九年
トーマス・R・バージャー『コロンブスが来てから』朝日新聞社、一九九二年
ジュリアン・バージャー『世界の先住民族』明石書店、一九九七年
富田虎男、スチュアートヘンリ編『講座　世界の先住民族』第七巻、明石書店、二〇〇五年

●アイヌ民族に関する法律（案）

一九八四年五月二七日・社団法人北海道ウタリ協会総会において可決

【前　文】

この法律は、日本国に固有の文化を持ったアイヌ民族が存在することを認め、日本国憲法のもとに民族の誇りが尊重され、民族の権利が保障されることを目的とする。

【本法を制定する理由】

北海道、樺太、千島列島をアイヌモシリ（アイヌの住む大地）として、固有の言語と文化を持ち、共通の経済生活を営み、独自の歴史を築いた集団がアイヌ民族であり、徳川幕府や松前藩の非道な侵略や圧迫とたたかいながらも民族としての自主性を固持してきた。明治維新によって近代的統一国家への第一歩を踏み出した日本政府は、先住民であるアイヌとの間になんの交渉もなくアイヌモシリ全土を持主なき土地として一方的に領土に組み入れ、また、帝政ロシアとの間に千島・樺太交換条約を締結して樺太および北千島のアイヌの安住の地を強制的に棄てさせたのである。

土地も森も海もうばわれ、鹿をとれば密猟、鮭をとれば密漁、薪をとれば盗伐とされ、一方、和人移民が洪水のように流れこみ、すさまじい乱開発が始まり、アイヌ民族はまさに生存そのものを脅かされるにいたった。アイヌは、給与地にしばられて居住の自由、農業以外の職業を選択する自由をせばめられ、教育においては民族固有の言語もうばわれ、差別と偏見を基調にした「同化」政策によって民族の尊厳はふみにじられた。戦後の農地改革はいわゆる旧土人給与地にもおよび、さらに農業近代化政策の波は零細貧農のアイヌを四散させ、コタンはつぎつぎと崩壊していった。

いま道内に住むアイヌは数万人、道外では数千人といわれる。その多くは、不当な人種的偏見と差別によって就職の機会均等が保障されず、近代的企業からは締め出されて、潜在失業者群を形成しており、生活はつねに不安定である。差別は貧困を拡大し、貧困はさらにいっそうの差別を生み、生活環境、子弟の進学状況などでも格差をひろげているのが現状である。

現在行われているいわゆる北海道ウタリ福祉対策の実態は現行諸法諸制度の寄せ集めにすぎず、整合性を欠くばかりでなく、何よりもアイヌ民族にたいする国としての責任があいまいにされている。いま求められているのは、アイヌの民族的権利の回復を前提にした人種的差別の一掃、民族教育と文化の振興、経済自立対策など、抜本的かつ総合的な制度を確立することである。

アイヌ民族問題は、日本の近代国家への成立過程においてひきおこされた恥ずべき歴史的所産であり、日本国憲法によって保障された基本的人権にかかわる重要な課題をはらんでいる。このような事態を解決することは政府の責任であり、全国民的な課題であるとの認識から、ここに屈辱的なアイヌ民族差別法である北海道旧土人保護法を廃止し、新たにアイヌ民族に関する法律を制定するものである。この法律は国内に在住するすべてのアイヌ民族を対象とする。

第一【基本的人権】

アイヌ民族は多年にわたる有形無形の人種的差別によって教育、社会、経済などの諸分野における基本的人権を著しくそこなわれてきたのである。このことにかんがみ、アイヌ民族に関する法律はアイヌ民族にたいする差別の絶滅を基本理念とする。

第二【参政権】

明治維新以来、アイヌ民族は「土人」あるいは「旧土人」という公的名称のもとに、一般日本人とは異なる差別的処遇を受けてきたのである。明治以前については改めていうまでもない。したがってこれまでの屈辱的地位を回復するためには、国会ならびに地方議会にアイヌ民族代表としての議席を確保し、アイヌ民族の諸要求を正しく国政ならびに地方政治に反映させることが不可欠であり、政府はそのための具体的な方法をすみやかに措置する。

第三【教育・文化】

北海道旧土人保護法のもとにおけるアイヌ民族にたいする国家的差別はアイヌの基本的人権を著しく阻害しているだけでなく、一般国民のアイヌ差別を助長させ、ひいてはアイヌ民族の教育、文化の面での順当な発展をさまたげ、これがアイヌ民族をして社会的、経済的にも劣等ならしめる一要因になっている。政府は、こうした現状を打破することがアイヌ民族政策の最重要課題の一つであるとの見解に立って、つぎのような諸施策をおこなうこととする。

1 アイヌ子弟の総合的教育対策を実施する。

2 アイヌ子弟教育にはアイヌ語学習を計画的に導入する。

3 学校教育および社会教育からアイヌ民族にたいする差別を一掃するための対策を実施する。

4 大学教育においてはアイヌ語、アイヌ民族文化、アイヌ史等についての講座を開設する。さらに、講座担当の教員については既存の諸規定にとらわれることなくそれぞれの分野におけるアイヌ民族のすぐれた人材を教授、助教授、講師等に登用し、アイヌ子弟の入学および受講についても特例を設けてそれぞれの分野に専念しうるようにする。

5 アイヌ語、アイヌ文化の研究、維持を主目的とする国立研究施設を設置する。これにはアイヌ民族が研究者として主体的に参加する。従来の研究はアイヌ民族の意思が反映されないままに一方的におこなわれ、アイヌ民族をいわゆる研究対象としているところに基本的過誤があったのであり、こうした研究のあり方は変革されなければならない。

6 現在おこなわれつつあるアイヌ民族文化の伝承・保存についても、問題点の有無をさらに再検討し、完全を期する。

第四【農業・漁業・林業・商工業等】

農業に従事せんとするものに対しては、北海道旧土人保護法によれば、一戸当たり一万五千坪（約五ヘクタール）以内の交付が規定されているが、これまでのアイヌ民族による農業経営を困難ならしめている背景にはあきらかに一般日本人とは異なる差別的規定があることを認めざるをえない。北海道旧土人保護法の廃止とともに、アイヌ民族の経営する農業については、この時代にふさわしい対策を確立すべきである。漁業、林業、商工業等についても、アイヌの生活実態にたいする理解が欠けていることから適切な対策がなされないままに放置されているのが現状である。したがって、アイヌ民族の経済的自立を促進するために、つぎのような必要な諸条件を整備するものとする。

農業

1 適正経営面積の確保
北海道農業は稲作、畑作、酪農、畜産にたいべつされるが、地域農業形態に即応する適正経営面積を確保する。

2 生産基盤の整備および近代化

アイヌ民族の経営する農業の生産基盤整備事業については、既存の法令にとらわれることなく実施する。

3　その他

漁業

1　漁業権付与

漁業を営む者またはこれに従事する者については、現在漁業権の有無にかかわらず希望する者にはその権利を付与する。

2　生産基盤の整備および近代化

アイヌ民族の経営する漁業の生産基盤整備事業については、既存の法令にとらわれることなく実施する。

3　その他

林業

1　林業の振興

林業を営む者または林業に従事する者にたいしては必要な振興措置を講ずる。

商工業

1　商工業の振興

アイヌ民族の営む商工業にはその振興のための必要な施策を講ずる。

労働対策

1　就職機会の拡大化

これまでの歴史的な背景は、アイヌ民族の経済的立場を著しく且つ慢性的に低からしめている。潜在的失業者とみなされる季節労働者がとくに多いのもそのあらわれである。政府はアイヌ民族にたいしては就職機会の拡大化等の各般の労働対策を積極的に推進する。

第五【民族自立化基金】

従来、いわゆる北海道ウタリ福祉対策として年度毎に政府および道による補助金が予算化されているが、このような保護的政策は廃止され、アイヌ民族の自立化のための基本的政策が確立されなければならない。参政権の確保、教育・文化・の振興、農業漁業など産業の基盤整備もそのひとつである。これらの諸政策については、国、道、および市町村の責任において行うべきものと民族の責任において行うべきものとがあり、とくに後者のためには民族自立化基金というべきものを創設する。基金の原資については、政府は責任を負うべきであると考える。基金は遅くとも現行の第二次七ヶ年計画が完了する昭和六十二年度に発足させる。

第六【審議機関】

国政および地方政治にアイヌ民族政策を正当かつ継続的に反映させるために、つぎの審議機関を設置する。

1　首相直属あるいはこれに準ずる中央アイヌ民族対策審議会（仮称）を創設し、その構成員としては関係大臣のほかアイヌ民族代表、各党を代表する両院議員、学識経験者等をあてる。

2　国段階での審議会と並行して、北海道においては北海道アイヌ民族対策審議会（仮称）を創設する。構成については中央の審議会に準ずる。

あとがき

戦後間もなくの北海道にはまだ多くの炭鉱マチがあり、わたしも炭鉱長屋がたち並ぶマチに生まれ育った。マチ外れには、石炭の粉塵で真っ黒に汚れた川がながれ、その向かい側には窮乏する小さなコタンがあって、全国から集まってくる炭鉱労働者の文化とはまるで違う、いい意味でののどかなリズムの暮らしがあった。

小学校のわたしの学級には、一人だけ明らかに周囲の子どもとは容貌のちがうS君がいた。アイヌ民族の子・S君の兄たちは炭鉱をとりかこむ造材山の肉体労働にたずさわり、炭鉱マチを縦断する道路を馬車で往来しているのを時折、わたしは見ていた。S君家族の生活苦を知ったのは、小学校の遠足の日だった。S君は当日に限って学校を休んだ。たまたま遠足に向かう方向はコタンを通過した山中で、物置小屋のようなS君の家の前を通り過ぎなければ辿りつけない。S君の薄暗い部屋は人影もなくしんと静まり返っていた。

S君は遠足に持ってゆくおやつが買えず、粗末な食べ物を遠足に持っていけば同級生に笑われるに決まっているから、遠足を休んだのだろうと級友の誰もが思った。それから間もなくして、かれが学校に登校したところ、持参してきた弁当の中身がイモのみであることを学級の子どもにばらされ、恥をかかされた。S君は顔を赤らめ、ただうつむいていた。翌日、かれの姉が授業中の教室にやってきて、「弟は家の仕事を手伝っているので、しばらく学校を休みます」と担任の先生に伝えにきた。以後、かれが学校に登校するのは稀となってしまった。

和人による植民地化のために、北海道のアイヌ民族は奈落の暮らしに耐え忍んできた。貧しいS君やその家族、コタンを形成するアイヌたちになんの落度もなかったのに、こうして彼は和人の子どもたちの前でプライドを傷つけられた。

小学三年になると、暴力教師で校内に知れわたる青年教師・Tがわたしたちの学級担任となった。学級の児童たちは特別な子以外は、女も男もなく毎日のようにT先生の容赦ない腕力の犠牲となった。特別な子とは、S君を含めた数名のアイヌの子弟や、先生がえこひいきしている一部の和人の子である。

わたしは授業中、ちょっと集中力が途切れて窓のそとの景色をながめていたところを先生に見とがめられ、級友の目の前でしこたま柔道の技をかけられ一時、その恐怖のあまり不登校になりかけたこともあった。母は心を鬼にして「学校に行きたくない」というわたしを、強引に家から外に引っぱり出したので、仕方なく重い足どりで憂鬱な校舎へと向かわざるを得なかった。

たびたび先生から体罰をうけ、顔に青あざをつくって帰宅するわたしを見ても、頼りの両親は「それは暴力ではなく〝愛のムチ〟なのだ」とその場をとりつくろうとする。親が教師をなじれば、息子はその先生に付いてゆかなくなることを一番に心配していたのだろう。T先生の教え子にたいする暴力行為は、PTAの集会でも問題となった。

わたしが社会人になって母から聞いたのは、T教師はアイヌの出自であるということだった。いかにもT教師はアイヌ民族そのものの容姿だった。そうだとすれば和人であるわたしたち小学三年の級友は、アイヌ先生から〝仕返し〟されたというべきか。

わたしはある年の正月、偶然にもT先生がわたしとおなじマチに住んでいて、役場が主催する社会人学級で講演活動をしていることを町の広報誌で知り、すぐさま先生宅をたずねた。しばしT先生とむかし話に花を咲かせていたものの、つい長らく疑問に思っていたわたしの率直な胸の内を、ぶつけてしまった。

「あのころ、先生は毎日のように体罰として子どもたちを殴っていましたけれど、和人の子弟が憎かったのですか?」

すっかり年老いて小さくなった元教師は、しばらく沈思黙考していたが、それでもわたしを説得する適切な言葉が出てこなかった。

「あのころは教師として未熟すぎた。若気の至りだった…」

言葉を選びながらの苦し紛れの返答は、わたしの心をすり抜けていっただけだった。S君の哀しい面影とともに、アイヌ先生からビンタをくわされて半泣きする級友の残像が分かちがたく絡みあった追憶は、いまも心の奥底を彷徨っている……。

しかし、「北海道」に生まれ育った和人のわたしの半生は、アイヌたちの過酷な人生をみつめてきた証言者の立場でもある。殊に〇七年九月、国連総会で採択された《先住民族に関する国連宣言》以後のニッポン政府の尊大にかまえる態度に我慢がならない。この国はれっきとしたアイヌと和人の複合民族の国家でありながら、和人政府はアイヌ民族の自己決定権を断固拒否する構えを崩さない。経済・軍事面で脅威とみなす国々には手荒なまねはしないくせに、相手が弱小民族と見るや、人を人とも思わない人権後進国である。

わたしはいわゆる「護憲派」の立場であるが、日本国憲法といえども不磨の大典でないことも知っている。とくに、日本帝国主義の捨て石とされたアイヌ民族の自決権を想定していない現憲法には、根本的な不備や欠陥があると考える。戦後間もなくしてつくられた日本国憲法は、《先住民族の権利に関する国際連合宣言》に謳われている先住民族・アイヌの権利や、「民族間の平等」を想定しておらず、マイノリティであるアイヌ民族の先住権は、すべて大和民族に独占されたまま今日に至っている。

従って、国会の責務として現憲法のなかにアイヌ民族の権利を補完して、反植民地主義をつよく打ちだした真の平和憲法に作り替えなければならないと考える一人である。アイヌたちが独自に作成したものの、政府からにべなく突っぱねられた《アイヌ民族に関する法律（案）》を本書の参考資料としてあえて掲載したのも、そのような理由からである。

ふり返れば、数えきれないほどの厚い心のアイヌ同胞と交わり、彼（女）たちからアイヌ（人間）の情を教わって、わたしはやっと人間らしくなったような気がする。が、その出会った束の間にアイヌたちは一人また一人と斃れ、いまではその多くが霊となり先祖が暮らす神の国へと旅立っていった。今のわたしにできるのが、ただウタリの一人ひとりの影を追いながら、とりとめのない感傷にひたるだけとは、何とも悔しい限りである。

最後に、出版の機会を与えてくださった社会評論社編集部、とくに松田健二編集代表にはたいへんなお骨折りをいただいた。推敲の間もあたたかい激励と冷徹なアドバイスによってやっと、校了にこぎつけることができた。この場をお借りし衷心より感謝を申しあげる次第である。小舟のような本書はわたしの手をはなれて荒波の社会に船出するけれども、アイヌ民族の現状にすこしでも関心を寄せてくださる読者への、ささやかな〝水先案内〟の役を果たせれば、それだけで本望である。もちろん、文責はすべて著者にあることは言うまでもない。

著者

堀内光一（ほりうち　こういち）
1949年、北海道阿寒町（現・釧路市）に生まれる。
地方紙記者などをへて、現在ルポライター。
著書　『伏わぬ人々アイヌ』（新泉社）
『軋めく人々アイヌ』（新泉社）
『消されたアイヌ地』（三一書房）
『アイヌモシリ奪回—検証・アイヌ共有財産裁判』（社会評論社）など。
その他、『図書新聞』などに短編ルポ、評論を掲載。

先住民アイヌの曙光　民族自決権の奪回へ

2013年6月15日　初版第1刷発行

著　者：堀内光一
装　幀：桑谷速人
発行人：松田健二
発行所：株式会社社会評論社
東京都文京区本郷2-3-10
☎03（3814）3861 FAX03（3818）2808
http://www.shahyo.com
組版：合同会社 悠
印刷・製本：株式会社倉敷印刷